2024年第1辑
总第1辑

主办单位　浙江大学教育学院

主编　张应强

浙大教育学刊

图书在版编目(CIP)数据

浙大教育学刊.第1辑/张应强主编.—北京:商务印书馆,2024
ISBN 978-7-100-23505-1

Ⅰ.①浙… Ⅱ.①张… Ⅲ.①教育学—文集 Ⅳ.①G40-53

中国国家版本馆CIP数据核字(2024)第052809号

权利保留,侵权必究。

浙大教育学刊
(第1辑)
张应强 主编

商 务 印 书 馆 出 版
(北京王府井大街36号 邮政编码100710)
商 务 印 书 馆 发 行
北京虎彩文化传播有限公司印刷
ISBN 978-7-100-23505-1

2024年3月第1版　　　开本 787×1092 1/16
2024年3月第1次印刷　　印张 15

定价:80.00元

主 办 单 位
浙江大学教育学院

编委会主任
顾明远(北京师范大学)

编委会(按姓氏笔画排序)
田正平(浙江大学)
刘海峰(浙江大学)
李　实(浙江大学)
陈洪捷(北京大学)
周谷平(浙江大学)
钟秉林(北京师范大学)
袁振国(华东师范大学)
徐小洲(浙江大学)
眭依凡(浙江大学)
谢维和(清华大学)
Adam Nelson(威斯康星大学麦迪逊分校)
Ruth Hayhoe(多伦多大学)
Simon Marginson(牛津大学)

主　　　编：张应强
副 主 编：阚　阅　孙元涛　韩双淼
编辑部主任：韩双淼
编　　　辑：赵　康　段世飞　屠莉娅　翟雪松

目录

发刊词 ………………………………………………………………（1）

本期专题　中国教育学自主知识体系建设

论马克思主义教育学及其话语体系 ………………………… 冯建军（3）
论中国教育学自主知识体系建构的路径 ……………… 侯怀银　王钰捷（16）
建构中国教育学自主知识体系：逻辑起点、基本逻辑与方法论 …… 高　伟　王晓晓（26）

教育基本理论

"立德树人"的逻辑蕴意解析 ………………………………… 王洪才（41）
中华文化中"教育"和"培养"的现代复兴
　　——基于文化交融视角的考察 …………………………… 郝文武（53）

教育学学科建设

一个学科与其专业组织共同发展的轨迹
　　——中国高等教育学会高等教育学专业委员会三十年发展历程 …… 阎光才（68）
论教育学本科专业的兴废 …………………………………… 王建华（77）

高等教育

高校教师教学与科研的关系：历史考察与国际比较 ………… 黄福涛（86）

"双循环"视域下西部高等教育发展格局的时代诉求与行动路径
·· 祁占勇 杜 越(100)

教育治理与教育评价

新时代教育评价改革研究的主题图景与未来愿景············ 朱德全 王志远(115)
论教育与国家治理的关系······································ 宣 勇 伍 宸(133)

道德教育

偶像榜样化,榜样偶像化?
——对偶像时代榜样与榜样教育危机的思考·················· 高德胜(148)

人才培养与教学改革

新时代生态文明教育的路径优化······························ 陈时见 杨 盼(159)
从"形具"到"神生"
——通识教育课程建设的阶段及其质量评估要点············ 陆 一 林 珊(170)
教育的节奏与创新人才培养的循环···························· 陈先哲 王 俊(184)

国际与比较教育

卓越人才培养的荣誉逻辑:基于英美大学荣誉学位制度的反思
·· 邓 磊 邓媚莎 王红琴(198)
"走出去"后如何"走进去"?
——嵌入性视角下马来西亚英国国际学校治理机制变革研究
·· 滕 珺 张曦煜(210)

征稿启事··(231)

发刊词

教育的使命,在于为一个尚未出现的社会培养生活在未来并能开创未来的人;教育的基本功能,在于通过文化传承和创新,增进人类福祉,促进国家发展,满足人对美好生活的向往。当今时代,新一轮科技革命和产业变革对人类价值观和世界秩序的影响日见明显,人类教育实践既面临巨大挑战,也迎来了前所未有的机遇。"行之力则知愈进,知之深则行愈达",教育实践与教育理论相互激励、共生共荣。为学术研究者、政策制定者和教育从业者提供公共的交流平台和对话空间,既是《浙大教育学刊》创刊的初衷,也奠定了本刊的学术基调。

本刊坚持面向学术前沿、政策前沿、实践前沿,聚焦重大教育理论和实践问题,坚持"理论联系实际,倡导交叉研究,鼓励学术争鸣,服务教育学科建设,促进教育改革发展"的办刊方针。

本刊倡导实现中国情境、历史意识、时代眼光、国际视野的有机统一,发展立足中国国情、扎根中华优秀文化教育传统、回应时代之问、面向人类未来的教育思想理论,服务中国教育学自主知识体系建设,促进教育科学繁荣发展。本刊期盼的论文是:具有鲜明的问题意识,能在与中西方先贤的对话中传承和发展学术思想,能从国内外教育发展经验中迸发实践真知,能在思辨的历史哲学研究传统与实证的社会学研究传统之间保持平衡。

我们热切欢迎国内外同仁与《浙大教育学刊》一起,共同踏上这一探索之旅。我们坚信,在广大作者和读者的大力支持下,《浙大教育学刊》一定能打造成为精进学术思想、支持政策决策、服务实践探索的学术平台和学术公器。

| 本期专题 |
中国教育学自主知识体系建设

论马克思主义教育学及其话语体系[*]

冯建军[**]

摘　要：马克思主义教育学话语体系是"马克思主义教育学"和"教育学话语体系"的复合概念。马克思主义教育学不同于马克思主义思想，是以马克思主义为指导的教育学，马克思主义教育思想是其思想灵魂。教育学话语体系突出教育学的学科立场，是教育学的概念、范畴、命题的系统化表达。马克思主义教育学话语体系是以马克思主义为指导的教育学话语体系，马克思主义是其指导思想，教育学话语是其载体。中国马克思主义教育学话语应与中国式教育现代化实践相结合，与中国教育思想传统相结合，合理吸收西方教育学的理论资源，建立具有中国特色、中国风格、中国气派的教育学话语体系。

关键词：马克思主义教育学　教育学话语体系　中国特色社会主义教育学

---

[*] 本文系国家社科基金（教育学）重大招标课题"中国特色社会主义教育学话语体系研究"（VAA220010）的研究成果。
[**] 冯建军，教育学博士，南京师范大学教师教育学院院长、道德教育研究所所长，教授，博士生导师。

习近平总书记指出："马克思主义是我们立党立国、兴党兴国的根本指导思想。"①"坚持以马克思主义为指导,是当代中国哲学社会科学区别于其他哲学社会科学的根本标志,必须旗帜鲜明加以坚持。"②所以,建设中国特色社会主义教育学,必须旗帜鲜明地坚持马克思主义。在中国特色教育学"三大体系"建设中,话语体系是学术体系的反映、表达和传播方式,是构成学科体系之网的纽结。③但"实际工作中,在有的领域中马克思主义被边缘化、空泛化、标签化,在一些学科中'失语'、教材中'失踪'、论坛上'失声'"④。这种情况在教育学中同样存在。因此,坚持马克思主义,建设中国特色社会主义教育学,必须建构马克思主义教育学话语体系。

"马克思主义教育学话语体系"是一个复合概念,其既可以理解为"马克思主义"—"教育学话语体系",即强调教育学话语体系的马克思主义性质,属于中国特色社会主义话语体系;又可以理解为"马克思主义教育学"—"话语体系",即聚焦于"马克思主义教育学"的话语体系,属于教育学话语体系。可见,理解"马克思主义教育学"和"话语体系""教育学话语体系",是界定"马克思主义教育学话语体系"的前提。

一、马克思主义教育学与马克思主义教育思想

马克思主义教育学与马克思主义教育思想的关系是什么？当前马克思主义在教育研究中主要有两类情况：一类是对马克思主义经典作家关于教育论述的研究,其构成马克思主义教育思想。马克思、恩格斯是马克思主义的缔造者,也是马克思主义教育思想的创立者。马克思、恩格斯关于教育问题的论述,构成了马克思主义教育思想的基本内容和框架。马克思主义是开放的、发展的,列宁、斯大林、李大钊、陈独秀、毛泽东、周恩来、邓小平等信仰马克思主义的无产阶级革命家,沿着马克思、恩格斯开辟的道路,不断地发展马克思主义。无产阶级革命家关于教育的论述,也都成为马克思主义教育思想的重要组成部分。所以,"马克思主义教育思想是以马克思主义经典作家为主要代表的马克思主义者根据马克思主义基本原理,观察分析教育问题,在长期

---

① 习近平:《高举中国特色社会主义伟大旗帜 为全面建设社会主义现代化国家而团结奋斗——在中国共产党第二十次全国代表大会上的报告》,人民出版社2022年版,第16页。
② 习近平:《在哲学社会科学工作座谈会上的讲话》,《人民日报》2016年5月19日第2版。
③ 冯建军:《构建中国特色教育学的"三大体系"——基于改革开放后教育学发展的分析》,《社会科学战线》2021年第9期。
④ 习近平:《在哲学社会科学工作座谈会上的讲话》,《人民日报》2016年5月19日第2版。

的革命实践中逐步形成和丰富发展起来的,关于教育的基本观点和学说的体系"①。

国内对马克思主义教育思想的研究颇多。20世纪80至90年代,我国出版了一批研究马克思主义教育思想的著作,主要有《马克思主义教育论著讲座》(北京师范大学教育系,1980)、《马克思主义教育思想研究文集》(全国马克思主义教育思想研究会,1980)、《毛泽东教育思想研究文集》(全国马克思主义教育思想研究会、华中师范学院教育系,1982)、《马克思主义教育哲学》(刁培萼、丁沅,1987)、《马克思教育思想研究》(王焕勋,1988)、《人的全面发展理论与现时代》(陈桂生,1988)、《马克思主义教育思想研究》(张健,1989)、《马克思主义教育思想史初编》(车树实,1990)、《马克思主义教育思想引论》(石佩臣,1990)、《马克思主义教育思想史》(国家教育委员会人事司,1992)、《马克思列宁教育论著选讲》(厉以贤,1992)、《马克思主义教育论著研究》(陈桂生,1993)、《马克思主义教育思想概述》(章能全,1998)。

另一类是一些教育学者以马克思主义的立场、观点研究教育问题,并构建马克思主义教育学的学术体系、知识体系和话语体系。杨贤江的《新教育大纲》(1930)被认为是中国第一部系统地用马克思主义观点研究教育现象、探索教育规律、阐明教育理论的著作。② 他以辩证唯物主义和历史唯物主义的立场和观点明确了教育是"社会的上层建筑之一";指出教育产生于人的生活需要,是"帮助人营社会生活的一种手段";认为教育具有阶级性,并以社会阶级的发生划分了教育变迁的阶段;以马克思主义经济基础与上层建筑的关系阐述了教育与经济、政治的关系,提出了教育商品化和教育政治化,批判了教育神圣说、教育清高说、教育中正说、教育独立说。但该著作只是把"马克思主义教育学"作为"新兴社会学科",与新康德主义教育学、实用主义教育学、三民主义教育学等并列。中华人民共和国成立后,马克思主义作为党和国家的意识形态,成为教育学的指导思想。教育学自觉地以马克思主义为指导,建设马克思主义教育学。陈桂生的《教育原理》(第1版,1993;第2版,2020)、"马工程"《教育学原理》(2019)均具有较为明显的马克思主义教育学的特点。

总体上看,目前马克思主义教育学研究明显偏少。已有的研究文献也很少明确界定"马克思主义教育学"的内涵,以至于有的学者把李大钊、陈独秀、瞿秋白、恽代英等的早期马克思主义教育思想混同为马克思主义教育学。教育学是一门学科,有其特定的研究对象、研究方法、基本范畴、逻辑框架和形式要求,故不能把思想混同于学科。从字面意义上说,教育思想是上位概念,教育学是下位概念,即教育学隶属于教

---

① 石佩臣:《马克思主义教育思想引论》,高等教育出版社2017年版,第2页。
② 李浩吾:《新教育大纲》,福建教育出版社2007年版,特约编辑前言第10页。

育思想。中国古代儒家、道家、法家均有着丰富的教育思想,但中国古代并未产生教育学,作为学科的教育学是20世纪初从西方引进的。马克思、恩格斯、列宁、斯大林、毛泽东和邓小平等都是以实现无产阶级和人类解放为毕生使命的革命家,他们有关于教育的丰富论述和教育思想,但不是职业的教育家,更不是教育学家;他们关于教育的认识主要服务于无产阶级革命事业的需要,是无产阶级革命事业的一部分,而不是以创造知识为目的的教育学。因此,不能把马克思主义教育思想简单等同于马克思主义教育学。

马克思主义教育思想的主要代表是马克思、恩格斯、列宁、斯大林、毛泽东、邓小平等无产阶级革命家、政治家;马克思主义教育学的言说主体则是马克思主义教育学研究者,他们以马克思主义思想为指导,研究教育问题,揭示社会主义教育发展的规律,并按照教育学的学科规范构建马克思主义教育学。首先,马克思主义教育学是教育学,研究教育学的一般问题,并在普遍意义上揭示教育学的一般规律。其次,马克思主义教育学是基于马克思主义的立场、观点和方法,对教育学的问题做出符合马克思主义的回答,体现教育学的马克思主义性质。因此,马克思主义教育学是把马克思主义的立场、观点和方法具体运用到教育领域所形成的教育学,[①]是以马克思主义为指导的教育学。马克思主义教育思想是马克思主义教育学的上位指导思想,不能把马克思主义经典作家和无产阶级革命家关于教育的论述简单地、僵化地搬到教育学中,以此充当马克思主义教育学。马克思主义经典作家和无产阶级革命家关于教育的论述有其革命和斗争的实践逻辑,这一逻辑不同于教育学的学科逻辑、学术逻辑。把马克思主义经典作家和无产阶级革命家的教育论述简单照搬到教育学中,既破坏了马克思主义教育思想的逻辑,也破坏了教育学的逻辑。

我们既不能把马克思主义教育思想与马克思主义教育学混同起来,也不能否认二者的密切联系。马克思主义是教育学的指导思想,马克思主义教育思想更是马克思主义教育学的灵魂,是马克思主义教育学的思想内核。马克思主义教育学必须与马克思主义教育思想保持一致,以马克思主义教育思想把握社会主义教育的本质,认识社会主义教育的功能、目的、内容等,以此更好地服务和指导社会主义教育实践。

马克思主义对教育学的指导体现在三个层面。第一是对马克思主义经典作家论述的直接引用。马克思主义经典作家虽然不是职业的教育家,但教育作为无产阶级革命事业的重要组成部分,因而他们对于教育也给予了极大关注,有着丰富的论述和深刻的思想认识。这些论述揭示了社会主义教育发展的规律,指明了共产主义教育

---

① 侯怀银、辛萌:《论马克思主义教育学传统》,《西北师大学报》(社会科学版)2012年第3期。

的目的,即使在今天,仍然可以直接引用在马克思主义教育学之中,成为马克思主义教育学的重要内容。第二是对马克思主义立场、观点和方法的活学活用。恩格斯指出:"马克思的整个世界观不是教义,而是方法。它提供的不是现成的教条,而是进一步研究的出发点和供这种研究使用的方法。"① 习近平总书记强调:"我们坚持以马克思主义为指导,是要运用其科学的世界观和方法论解决中国的问题,而不是要背诵和重复其具体结论和词句,更不能把马克思主义当成一成不变的教条。"② 马克思主义对教育学的指导,更多的是把马克思主义作为科学的世界观和方法论,把马克思主义基本思想、观点和方法运用到教育学中,比如历史唯物主义、辩证唯物主义、实践唯物主义的思想,历史分析法、阶级分析法、普遍联系的方法等。当然,马克思主义关于生产力、生产关系以及社会存在与教育的关系,人的本质,人的全面发展,教育与生产劳动相结合等理论,对于教育学同样有着直接的指导意义,有助于正确认识社会政治、经济、文化与教育的关系,科学地阐明社会主义社会的教育目的。第三是"坚持把马克思主义基本原理同中国具体实际相结合、同中华优秀传统文化相结合"③。具体到教育学研究上,就是把马克思主义的基本原理同中国教育的具体实践相结合、同中国教育传统相结合,不断丰富和发展马克思主义教育思想,创立中国马克思主义教育学。自中国共产党成立以来,中国共产党人在革命、建设和改革的不同历史时期,始终自觉地以马克思主义为指导,挖掘中华民族悠久的教育思想传统的精华,结合中国教育发展的实际,创造了毛泽东教育思想、邓小平教育理论、"三个代表"重要思想和科学发展观教育理论、新时代中国特色社会主义教育理论等中国化的马克思主义教育思想。这些中国化的马克思主义教育思想,是中国特色社会主义教育学的指导思想,需要被吸收并转化为中国马克思主义教育学。因此,马克思主义教育学虽然不等同于马克思主义教育思想,但马克思主义教育思想蕴含于马克思主义教育学之中,是马克思主义教育思想的灵魂。缺少马克思主义教育思想的教育学不是马克思主义教育学。

马克思主义教育学不限于中国,但马克思主义是中国共产党的指导思想和国家意识形态,所以中国教育学理应是马克思主义教育学。我们今天之所以重提马克思主义教育学,是因为进入21世纪以来对马克思主义教育思想的研究有所弱化,马克思主义对教育学指导的自觉性降低,亟待加强。强化马克思主义对教育学的指导地

---

① 中共中央马克思恩格斯列宁斯大林著作编译局:《马克思恩格斯文集》第 10 卷,人民出版社 2009 年版,第 691 页。
② 习近平:《高举中国特色社会主义伟大旗帜　为全面建设社会主义现代化国家而团结奋斗——在中国共产党第二十次全国代表大会上的报告》,人民出版社 2022 年版,第 17 页。
③ 习近平:《在庆祝中国共产党成立 100 周年大会上的讲话》,《人民日报》2021 年 7 月 2 日第 1 版。

位,并非排斥其他哲学思想对建设教育学的价值——马克思主义本身也是在吸收德国古典哲学、英国古典政治经济学和19世纪法国及英国的空想社会主义等学说基础上形成的,是不断发展的开放的理论体系。马克思主义是研究教育学的指导思想,是建设教育学的方法论,但它不能替代教育学的专门知识、学说和理论。教育学还要广泛吸收心理学、社会学、信息技术等学科的研究成果,尤其在教育方式方法上要吸收心理学、脑科学的研究成果,提升教育教学方法手段的科学性和有效性。数字技术不仅为中国教育学发展提供动力源,客观上也为中国教育学的建设提供了发展机遇,不断推动中国教育学的观念重塑、理论重构和体系重建。① 因此,马克思主义教育学也要合理吸收其他学科成果和西方教育理论,在多学科的滋养中茁壮成长。

总的来说,中国马克思主义教育学是马克思主义教育思想中国化的产物,它是以马克思主义,尤其是当代中国马克思主义为指导,扎根中国大地,吸收中国优秀教育文化,从中国式教育现代化的现实出发,直面中国教育问题,总结改革开放以来中国教育实践经验而建构的中国特色社会主义教育学。

二、话语、教育学话语与中国教育学话语

话语是人们叙述或表达的语言,即语言是话语表达的外在形式。但话语还涉及谁来表达、表达给谁、为什么表达、表达什么、怎么表达以及表达得怎样等问题。因此,话语的构成要素包括话语主体、话语客体、话语目标、话语内容、话语方式、话语效果等,涉及话语所代表的价值观、表达的思想、表达的方式和表达的效果。体系是若干要素或意识互相联系、互相制约而构成的一个整体。② 话语体系不仅是语言符号体系,更是系统表达某些思想、观点的理论知识体系。③ 对于一个国家的哲学社会科学来说,话语体系是国家思想文化与价值体系对自身存在和外部存在发展变化的系统思考与回应,反映着一个国家思想文化与价值体系的发展程度和表达程度。④ 从这个定义看,话语体系具有思想性、价值性、权力性和实践性四个方面的特征。

第一,思想性。哲学社会科学的话语是思想的表达,是由概念、命题和逻辑表达出来的系统思想。语言的表达是外壳,思想是内核,没有思想的话语是无意义的废

---

① 李永智、马陆亭、姜朝晖等:《中国教育学论纲》,《教育研究》2023年第4期。
② 夏征农、陈至立主编:《辞海》,上海辞书出版社2009年版,第2237页。
③ 郭湛、桑明旭:《话语体系的本质属性、发展趋势与内在张力——兼论哲学社会科学话语体系建设的立场和原则》,《中国高校社会科学》2016年第3期。
④ 贺耀敏:《中国话语体系的建构》,中国人民大学出版社2021年版,第16页。

话。话语的价值取决于思想的价值,而不是言说的方式。

第二,价值性。话语不仅涉及要表达什么思想,还关切所表达的思想是站在谁的立场上,为谁服务。所以思想表达、话语言说的背后是价值观。中国特色哲学社会科学所表达的话语,必须反映国家的利益和人民的利益,必须站在国家立场、民族立场和人民立场上,具有意识形态的功能。

第三,权力性。话语内含言说者一定的思维方式、思想认同、价值立场和民族观念。在国家层面,话语体现着一个国家在国际舞台上"说话和发言的资格和权力"[①]。话语权是说话的分量、说话的影响力。谁拥有世界的话语权,谁在世界上就有分量、有影响力。同理,要想在世界上有影响力,就应该拥有世界的话语权。当代中国从站起来、富起来发展到强起来,其在国际舞台上发挥的作用越来越大;但在话语方面,往往处于有理说不出、说了传不开的境地,缺少自己的核心概念、话语体系和国际话语权。哲学社会科学话语权是文化软实力的重要组成,在当前已成为制约中国在国际舞台上强起来的重要因素。所以,必须建立与中国社会发展的实力相匹配的中国哲学社会科学话语体系。

第四,实践性。话语不是异想天开,更不是主观臆造,而是源自实践并能够改变实践。中国哲学社会科学的话语是中国特色社会主义实践的提炼和总结,它把中国实践上升到理论高度,形成中国经验、中国理论,进而反过来指导中国实践、引导中国发展。所以话语源于实践的经验,同时具有转化为实践的力量。

由此可见,虽然话语在形式上是主体"怎么说"的一种语言表达,其实质蕴含着主体"说什么—怎么说—为谁说—说的目的"的逻辑,"是主体基于特定实践形成的理论观点、价值立场、政策部署、社会实践和影响力量"[②]。

话语体系是由概念、命题和逻辑结成的思想体系、理论体系,具有理论性、系统性,其本质是一种理论话语体系。但话语不只是表现为系统的理论,还代表一种价值观和权力,并深刻影响着实践。因此,话语除了理论话语,还有政策话语、实践话语。有学者指出,"话语体系是话语主体运用一系列的概念、范畴,面向客体,对特定的思想理论内容展开的体系化表达,包含着主体的立场和逻辑,并且通过有效的传播手段、策略、方法,来取得一定的影响或者占据主导"[③]。在这一定义中,话语体系包含话语主体、话语客体、话语内容、话语手段、话语目的。话语体系的目的不在于说话,而在于话语能够为人所接受、肯定,取得话语权,这正是当今中国话语体系建设的

---

① 孙元涛:《论中国教育学的学术自觉与话语体系建构》,《教育研究》2018年第12期。
② 袁振国:《中国共产党教育话语体系的百年构建》,《南京师大学报》(社会科学版)2021年第5期。
③ 周栋:《中国特色社会主义话语体系研究》,中共中央党校博士学位论文,2018年,第43页。

目的。

马克思主义教育思想话语是对马克思主义教育思想的研究,是马克思主义教育思想研究的理论话语;教育政策话语是指党和国家各个时期的教育方针、政策、法规和制度;教育实践话语是指政策执行过程中所形成的典型案例和经验。教育的理论话语、政策话语和实践话语相对独立、各言其所,又具有内在一致性,即理论转化为政策,政策落实为实践。保持"理论—政策—实践"的一致性,才能使党的教育方针政策以马克思主义教育思想为指导,并在实践中得到落实。

教育学话语是哲学社会科学话语体系的一部分。有学者指出,"教育学话语是指主体在一定社会文化背景下,针对教育和教育学——研究对象的主体意志的实践性表达,具有科学性与普适性、规范性与实践性、民族性与历史性"[①]。"教育学话语是主体通过一定结构的语言符号传达教育观念、教育思想、教育情感、教育意图的言语,是主体的教育观念、思想、精神、情感的表达。"[②]"教育学话语是话语主体基于教育学的共性,按照其内在的思想、实践等逻辑体系传达出具有个性的话语。"[③]概略地讲,教育学话语是相对于政治学话语、经济学话语等其他学科话语而言的,突出的是教育学话语的学科性。教育学在本质上是育人之学,教育学话语是围绕"培养什么人、怎样培养人、为谁培养人"而组织的学科话语体系。因此,教育学话语是对教育学学科话语的表达。不管教育学话语表达的主体是谁,只要是教育学话语,都应该是围绕"育人"实践表达的话语。所以一般意义上,教育学话语体现的是教育学"育人"的本质属性。

现实中不存在抽象的教育学话语,任何形式的教育学都具有特定的主体。因为教育学是关于教育的学问,而任何教育都是属于特定社会、国家的教育,故教育学话语是为某一特定阶级、集团或政治实体所使用和服务,代表一个国家的利益和社会的价值观。在这个意义上,现实中的教育学虽或许没有标明某国教育学,其实都是特定国家的教育学。不同国家的教育学主要关切本国的教育制度、教育目的、课程与教学、教育内容与方法、教育管理体制等。有人反对"中国教育学"这个提法,是因为只看到了教育的共同属性,而没有看到教育的国别性。教育的共性寓于其国别性之中。现代社会不存在抽象的教育,只存在国别的教育。中国教育学既遵循"育人"的一般规律、一般属性,也反映中国"育什么人""怎样育人""为谁育人"的特殊性,二者缺一不可。缺少教育学的共同性,教育学话语就失去了学科立场,也就无法成为教育学话语;缺少教育学的国别性,在一般意义上谈人、谈教育,都是抽象的人、抽象的教育。

---

① 王燕敏、柳海民:《论我国教育学话语的建构》,《教育科学》2015年第4期。
② 李江源:《教育问题:教育学话语"生成"的起点》,《四川师范大学学报》(社会科学版)2018年第6期。
③ 赵梦雷:《论中国特色教育学话语体系构建的逻辑》,《当代教育科学》2020年第6期。

习近平总书记指出:"古今中外,每个国家都是按照自己的政治要求来培养人的,世界一流大学都是在服务自己国家发展中成长起来的。"① 现代教育都属于特定国家,反映特定国家政治和社会发展的要求,是特定国家和社会的教育。

有学者认为,中国教育学话语就是中国人的话语,是汉语教育学话语,其实不然。中国教育学无关乎是不是中国人、是不是用汉语说,即便是外国人用外语,也可能是中国教育学,关键在于说什么、怎么说。中国人用中文说的未必都是中国教育学,关键在于是否扎根中国大地,是否用中国的话语言说中国的教育问题、解读当代中国教育的变革、建构中国的教育理论。中国表达、中国实践、中国经验、中国文化是中国教育学话语的要素。② 对中国真正具有引导力的"思想",最终只能形成于中国的文化与社会境脉之中,并最终会带有"中国话语"的特征。③ 诚然,建构中国教育学话语体系固然要凸显"中国"元素,但不能"唯中国"独尊。中国教育学要面向世界,拥有国际视野,要学习一切人类教育文明的成果,积极融入世界主流,向世界讲述中国的教育故事,成为世界的中国教育学,既对中国教育做出贡献,也为世界提供中国方案、贡献中国智慧,解决世界所面临的教育问题。

三、马克思主义教育学话语体系

国内有马克思主义教育思想话语体系的研究文献,但缺少马克思主义教育学话语体系的研究文献。马克思主义教育思想话语体系与马克思主义教育学话语体系的关系,如同上面提到的马克思主义教育思想与马克思主义教育学的关系——二者紧密相关,但又有所不同。马克思主义教育学话语体系是从学科视角开展研究的话语体系,马克思主义教育思想话语体系蕴含在马克思主义教育学之中。马克思主义教育学的重要任务,就是对马克思主义教育思想进行学科化、学理化研究,使之转化为马克思主义教育学。

马克思主义教育学话语体系是马克思主义话语体系与教育学话语体系的结合。马克思主义教育学话语体系是以马克思主义为指导的教育学话语体系,是以马克思主义的立场、观点和方法对教育学的概念、命题、原理和实践原则等进行系统化表达

---

① 习近平:《在北京大学师生座谈会上的讲话》,《人民日报》2018年5月3日第2版。
② 冯建军:《构建教育学的中国话语体系》,《高等教育研究》2015年第8期。
③ 吴康宁:《"有意义的"教育思想从何而来——由教育学界"尊奉"西方话语的现象引发的思考》,《教育研究》2004年第5期。

的话语体系。马克思主义话语体系是其指导思想，教育学话语体系是其具体内容。马克思主义教育学话语体系，涉及两者的本质联系。从广义上说，马克思主义教育学话语包括马克思主义教育思想的话语，即马克思主义经典作家和无产阶级革命家关于教育的论述，也包括学者们对马克思主义教育学研究的话语。虽然马克思主义教育思想与马克思主义教育学并不等同，但马克思主义教育学必须体现马克思主义教育思想，包含其思想观点。但同时要注意的是，不能把马克思主义教育思想话语在教育学中做简单化、教条化的处理，以马克思主义教育思想话语（包括无产阶级革命家的教育论述）代替马克思主义教育学话语，而应将马克思主义教育思想有机融入教育学话语体系之中，进行学理化、学科化研究。因此，马克思主义教育学话语体系是以教育学话语为载体，表征马克思主义教育思想的话语体系。

正确理解马克思主义教育学话语体系，需要把握以下一些基本特征。

第一，马克思主义教育学话语体系以马克思主义基本思想、观点和方法为指导，具有马克思主义的显著标志和特色。马克思主义教育学话语体系是马克思主义指导下的教育学话语体系。马克思主义、马克思主义教育思想是马克思主义教育学活的灵魂。判断是不是马克思主义教育学，就是看有没有体现马克思主义的基本思想、观点和方法，这是最显著的标志。只有体现了马克思主义思想的教育学话语，才是马克思主义教育学话语。建构马克思主义教育学话语体系，应该增强教育学者的马克思主义自觉意识，自觉以马克思主义思想为指导，研究教育学、建构教育学思想。

第二，马克思主义教育学话语体系是"坚持把马克思主义基本原理同中国具体实际相结合、同中华优秀传统文化相结合"[①]的教育学话语体系。贯彻落实习近平总书记提出的"两个结合"的思想方法，要把马克思主义基本原理同中国具体教育实际相结合、同中国教育传统相结合，从历史中学习、继承和发扬中国教育传统，面向现实，总结中国教育改革与发展的经验，从中提炼中国教育学的标识性概念和独特范畴，建构中国教育学自主知识体系。构建中国马克思主义教育学话语体系，必须把中华优秀传统文化作为中国教育学的根和魂，体现中国思维、中国价值和中国气象。加强对中国式教育现代化实践经验的总结，使中国教育学真正扎根中国大地，回答中国之问、世界之问、人民之问、时代之问。马克思主义教育学是真正适合中国、解决中国时代问题的教育学。

第三，马克思主义教育学话语体系是科学性和政治性的统一。20世纪初，马克思主义传入中国，直至新中国成立之前，马克思主义对于教育学来说都是作为"新兴

---

① 习近平：《在庆祝中国共产党成立100周年大会上的讲话》，《人民日报》2021年7月2日第1版。

学科"或一种哲学流派而呈现的。新中国成立之后,马克思主义成为国家的意识形态。但它不只是政治性的意识形态,而首先是科学理论,因为它创造性地"揭示了人类社会发展的一般规律……为人类指明了从必然王国向自由王国飞跃的途径,为人民指明了实现自由和解放的道路"①。马克思主义教育学要反映马克思主义教育思想,包括马克思主义经典作家的教育思想、中国共产党各代领导人的教育思想,凸显马克思主义教育学的政治性和意识形态性质。但马克思主义教育学绝不是将马克思主义的经典语录简单地照搬到教育学中,作为一门学科,它必须以马克思主义为指导,对中国教育的实践进行学理化阐释、学科化把握,揭示中国教育实践背后的科学规律,形成马克思主义教育学的概念、范畴、观点、理论,实现马克思主义教育学科学性与政治性的统一。马克思主义教育学是一门致力于探索社会主义教育发展规律,实现共产主义教育理想的教育学。

第四,马克思主义教育学话语体系是以中国为主位的教育学话语体系。马克思主义教育学话语体系是以中国社会主义教育实践为主干,对社会主义教育事业的发展经验和建设模式的提炼,旨在突出"中国性",坚守中国教育立场和中国教育的话语。② 中国是马克思主义教育学的主位,但主位不是唯一,只有在与其他国家教育学的比较中,才能彰显主位的存在;我们反对照搬西方理论,但也反对盲目排斥西方理论。邓小平同志指出,"必须大胆吸收和借鉴人类社会创造的一切文明成果,吸收和借鉴当今世界各国包括资本主义发达国家的一切反映现代社会化生产规律的先进经营方式、管理方法"③。习近平总书记指出:"文明因多样而交流,因交流而互鉴,因互鉴而发展。"④因此,我们要以海纳百川的开放胸怀,学习和借鉴世界一切教育文明成果,在文明交流互鉴中推动中国教育学走向世界,成为世界中的中国教育学。在对待国外的成果上,"借鉴是必要的,但这种借鉴是有批判、有分析的借鉴,是以中国立场、中国价值为导向的借鉴,绝不能把国外的某些学术观点、学术模型和学术方法直接套用到中国,更不能把它们当成'唯一准则'来裁剪中国现实,指导中国哲学社会科学'三大体系'的建设"⑤。中国主位的教育学话语体系必须是中国立场、中国中心的马克思主义话语体系。

第五,马克思主义教育学话语体系是继承和发展的教育学话语体系,体现了历史

---

① 习近平:《在纪念马克思诞辰200周年大会上的讲话》,《人民日报》2018年5月5日第2版。
② 周仕德、刘翠青:《论中国特色教育学知识体系的新时代构建》,《中国教育科学》2023年第1期。
③ 邓小平:《邓小平文选》第3卷,人民出版社1993年版,第373页。
④ 新华社:《习近平出席亚洲文明对话大会开幕式并发表主旨演讲》,2019年5月15日,https://www.gov.cn/xinwen/2019-05/15/content_5391897.htm。
⑤ 孙乐强:《"两个结合"与中国自主知识体系的建构》,《南京社会科学》2023年第7期。

继承性与时代创新性的统一。话语体系不是凭空臆造的,而是历史积淀和发展的结果,具有历史继承性。没有历史的继承,话语就是碎片化的,难以形成体系。"中国教育学百年历程实质上就是一个追寻、选择马克思主义教育思想,学习借鉴苏俄式马克思主义教育学,结合本国实际,运用和发展马克思主义教育学的艰难过程。"①马克思主义教育学是发展中的教育学。马克思主义经典作家的教育思想是马克思主义教育学的原点,由此开始,在中国革命、建设和改革开放的不同时期,在中国共产党领导下,无产阶级革命家和马克思主义教育学者对马克思主义教育思想都做了创造性的继承与发展,创造了毛泽东教育思想、邓小平教育理论和中国特色社会主义教育理论等中国化马克思主义教育思想,为建设中国特色社会主义教育学奠定了基础。新时代,"习近平总书记关于教育的重要论述,是马克思主义基本原理与中国教育实践相结合的重大理论结晶,其思想伟力已经深刻地改变了中国教育的实践"②。它既是中国教育改革与发展的行动指导,也是马克思主义教育学话语的重要组成部分。

总之,马克思主义教育学话语体系,是以马克思主义为指导,以中华优秀传统文化和教育传统为根和魂,以中国教育实践为主干,以取得中国教育学的国际话语权为目的,基于中国立场和学科立场建构的融通中外,具有中国特色、中国气派、中国风格的教育学新概念、新范畴、新思想、新体系。

On Marxist Educational Studies and Its Discourse System
FENG Jian-jun

Abstract: The discourse system of Marxist educational studies constitutes a composite concept encompassing both "Marxist educational studies" and the "discourse system of educational studies". Distinguished from Marxist ideology, Marxist educational studies is guided by Marxism, with Marxist educational thoughts serving as its intellectual cornerstone. The discourse system of educational studies accentuates the disciplinary standpoint within the discipline, providing a systematic articulation of its concepts, categories, and propositions. The discourse system of Marxist educational studies is one guided by Marxism, with Marxism serving as its guiding ideology and educational discourse as its conduit. The discourse of China's Marxist educational studies should be intertwined with the modernization of Chinese

---

① 周谷平、徐立清:《马克思主义教育学中国化历程初探》,《教育研究》2002 年第 10 期。
② 李永智、马陆亭、姜朝晖等:《中国教育学论纲》,《教育研究》2023 年第 4 期。

education, integrating with traditional Chinese educational philosophies, and judiciously assimilating theoretical reservoirs from Western educational theories, in order to establish an educational discourse system characterized by its distinctly Chinese attributes, style, and ethos.

Keywords: Marxist educational studies   discourse system of educational studies   educational studies of Socialism with Chinese characteristics

论中国教育学自主知识体系建构的路径*

侯怀银　王钰捷**

摘　要: 建构中国教育学自主知识体系,既是中国教育学发展的时代使命,又是教育学本土建构的学术努力。中国教育学自主知识体系的建构路径,主要包括以下几方面。一是在借鉴与融合西方教育学和其他学科知识体系的过程中,实现教育学原创性知识生产,即注重内部自洽与外部汇通、学科交叉与科际整合;二是立足中国教育实践,促进教育学领域"知行合一",既增强对中国教育实践的体认,又着力于生产符合中国教育发展前沿的知识;三是兼顾本土化与国际化,兼容特殊性与普适性知识,即注重深度耕耘教育知识史上的已有成果,以及提炼人类教育发展的一般性教育知识;四是发挥不同主体的作用,以产出持续性原创知识,即加大国家政策的扶持力度,形成富有引领性的教育学派,发挥学术组织主力军的作用。

关键词: 中国教育学　自主知识体系　知识生产

---

* 本文系国家社科基金"十四五"规划2021年度教育学重大课题"中国特色现代教育学体系发展与创新研究"(VAA210003)的研究成果。
** 侯怀银,教育学博士,山西大学中国社会教育研究院院长、教育科学学院教授,博士生导师;王钰捷,山西大学教育科学学院硕士研究生。

一、问题的提出

教育学作为哲学社会科学的重要组成部分,其自主知识体系建构是中国教育学发展的重大课题和时代使命。中国教育学自主知识体系,是在引进和吸收西方知识、合理借鉴与教育学相关的其他学科成果的基础上,通过传承中国优秀文化传统与教育传统,从知识层面概括和提炼教育实践经验,在对教育领域的概念和命题等进行诠释和解答的过程中生成的,能够为人所理解和掌握的具有结构化、层次化的知识系统。① 回应新时代繁荣中国特色哲学社会科学与推进中国式教育现代化的重大战略,锚定建构中国教育学自主知识体系的目标,是中国教育学人的使命与担当。

中国教育学自主知识体系是一条指向历史、现实和未来的建构之路。在西学东渐过程中,西方知识体系对我国传统知识体系产生了冲击。我国的知识体系转向以现代学科分类为典型特征的西方知识体系,出现了近代知识体系与传统知识体系之间的断层。在推进中国式现代化过程中,我国教育学亟须打破现代化等于西方化迷思,站在人类教育学发展的基础上,在与中国教育实践的互动中,追问并解决困扰当代教育发展的重大问题,提升中国教育学的独立学术品格和力量,在世界舞台上发出"中国声音"。② 近年来,我国学者在教育学"三大体系"建设方面形成了若干成果,但对教育学自主知识体系的研究较少。学科体系、学术体系、话语体系的建构与完善,深受知识生产的影响和制约。基于此,我们有必要对中国教育学自主知识体系建构的路径展开探究,以期为中国教育学的发展提供思路。

二、在借鉴与融合中实现教育学原创性知识生产

中国教育学自主知识体系建构的关键,在于要对"自主"与"他主"进行区分,以增强自主知识体系的原创性。这在中国教育学领域主要表现为对中国教育学与西方教育学、教育学与其他学科两对关系的处理。基于此,我们需要实现内部自洽与外部汇通相结合、学科交叉与科际整合相结合。

---

① 陈洪捷、侯怀银、余清臣等:《中国教育学自主知识体系建设(笔会)》,《苏州大学学报》(教育科学版)2023年第3期。
② 田汉族、卢曲元、谢少华:《论中国教育学走向世界》,《湖南师范大学教育科学学报》2010年第1期。

(一) 内部自洽与外部汇通

近代之前,受科举制度影响,中国知识体系主要由经史子集构成,并未出现作为学科的教育学。后由于培养师资的迫切需求,教育学在直接照搬西方理论体系的情况下引入中国,导致中国的教育学缺乏本土的学科理论根基。改革开放以来,中国教育学虽形成了相对齐全的学科体系,构建了相对完备的人才培养体系,但其自主知识体系建构仍处于初步尝试阶段。① 虽然经过了从对西方基础知识的引介、逻辑吸纳到自主知识建构的发展历程,我国教育学的知识体系和学科建设中的很多方面仍然留有西方的影子。自主知识体系的建构并非要将中国与西方阻隔、对立起来,而是要在中西文明互鉴的基础上,实现内部自洽与外部汇通,做到"以我为主,为我所用"。中国教育学自主知识体系的建构离不开对西方先进教育思想、理论、方法的借鉴和吸收,但要警惕将西方教育学奉为圭臬,要注意到对西方教育学知识体系的过分依赖会消解教育学的本土创生能力。我们可以将西方教育学作为重要的学术资源,为中国教育学原创性知识的生产提供养料,实现两者的融通;但也应打造可广泛传播和易于理解的新概念、新范畴、新表述,形成具有中国特色的教育学理论框架、逻辑体系、表达方式,以便与西方教育学展开平等对话与交流。

(二) 学科交叉与科际整合

随着信息技术的迅猛发展,世界日新月异,知识体系的丰富性、层次性和更新速度在学科发展、社会贡献和育人效果等方面发挥着越来越重要的作用。教育学知识生产进入由模式Ⅰ向模式Ⅱ和模式Ⅲ的转变过程,② 即知识生产方式经历由学科内到跨学科,再到超学科的模式演化,知识生产的异质性和情境性增强;传统知识强调追寻客观真理,现代知识生产越来越具有基于生命立场、过程取向和价值关怀的特性,强调知识在教育过程中通过师生互动的生成性和对学生发展的意义。③ 在此知识生产模式下,知识来源于社会情境中的问题,并为社会建设服务,在教育学知识生产过程中,跨学科的知识生产成为必然。

自主知识体系建构,旨在使研究者不再拘于教育学科内部,而是围绕特定情境下的现实问题进行自主化知识生产,教育学跨学科交叉成为未来学科发展、知识生产的增长点。其一,保持开放科学的心态,构筑大教育学学科视野。积极推动教育学与人

---

① 周仕德、刘翠青:《论中国特色教育学知识体系的新时代构建》,《中国教育科学(中英文)》2023年第1期。
② 郭瑞迎:《教育学知识生产模式的转型与问题》,《教育理论与实践》2014年第7期。
③ 郭元祥:《知识的教育学立场》,《教育研究与实验》2009年第5期。

文社会科学乃至自然科学的交叉融合,通过交叉学科建设以回应现实关切。在此过程中,教育学与相关学科之间的张力不断增强,教育学边界不断扩展,但同时也要注意找准教育学自身的角色定位。其二,合理借鉴其他学科的理论和方法。教育学因面向不断发展变化中的人而具有独特性与多样性,教育学对教育世界的理解和阐释,依赖于其他学科的理论与思维方式。因此,教育学人应广泛涉猎哲学社会科学领域内的相关知识,要意识到具备扎实的学科基础知识,是经验凝练为知识进而转化为理论的基础。教育学知识的生成,既需要从多学科视角来解读不同语境下教育的存在与发展,又要用教育学立场来审视其他学科解释的合理性与适切性。①

三、立足中国教育实践,促进教育学领域"知行合一"

中国教育学自主知识体系的缺乏,主要由于学术意识与问题意识之间存在着对峙性关系。这集中表现为教育学研究严重依赖西方知识、理论、方法,而未能有效地从中国教育实践中生成教育知识。在认识到西方现代知识对人类社会发展产生的巨大影响的同时,我们也要看到,以中国为代表的东亚儒家文化圈与以欧美为代表的西方基督教文化圈之下所形成的社会科学蕴藏着不同的思维逻辑。一直以来,中国的知识生产以实用主义、务实性为主导,在此逻辑下的中国实践为知识生产和知识创新提供了源源不断的动力。因此,中国教育学自主知识体系的建构是以中国教育实践为中心的实践知识论,其研究对象主要集中在中国社会文化背景下的教育世界,旨在解决中国教育实践中的现实问题与前沿问题,在学理本位与问题本位的交错渗透中消解教育理论建构与教育实践关怀之间存在的对峙性张力,②力求在中国教育学学术研究过程中,立足中国本土、中国实际,形成系统化、理论化的教育知识体系。

(一) 增强对中国本土教育实践的体认

实践是知识创新的源泉,理论的创造总是从问题开始,教育学知识的生产以实践问题为起点。中国教育学的知识生产长期难以获得实践共同体的呼应和认同,这使得教育学界存在一种焦虑情绪。教育学研究者需要努力促进教育学领域内的"知行合一",统筹知识创新与社会发展需求,促进教育实践经验的默会知识与学术研究的

---

① 侯怀银、原左晔:《教育学交叉学科在中国发展的回顾与展望》,《大学教育科学》2021年第5期。
② 胡军良:《当代中国教育学研究方法论的哲学反思》,《教育理论与实践》2012年第19期。

显性知识之间的良性互动和转化,从而使中国教育学真正具备兼顾"经世致用"与"学术想象力"的实践性和科学性。① 具体而言,我们可以借助多种研究方法促进教育学理论与实践的相互滋养与生成。一直以来,中国教育学研究多以思辨研究为主,实证研究和质性研究虽逐渐兴起,但仍占比较少。我国教育学人要在扎根本土的基础上通过多角度、多层次的探究与思考,以"中国问题"为中心,以"中国实践"为支点,以"中国问题"与"中国实践"的互动为手段,在不断生成理论性知识与实践性知识的过程中推动我国教育学发展模式由"引进式"迈向"原创式"。② 我们应推动多种教育研究方法齐头并进乃至融合使用,形成扎根中国境脉的教育理论,为教育知识生产注入新的活力;我们应扎根实验基地,开展理论研究和实践探索,促使知识生产走出书斋之阁,面向实践。此外,我们还可以借助当下先进的信息技术手段,提高研究的效度和教育学知识的信度。

(二)着力生产符合中国教育发展前沿的知识

教育学的知识生产应面对鲜活的教育现实,回答特定时代的教育问题,总结时代的教育经验,创建反映时代特征的教育学知识体系。有研究者提出:"所谓原始创新,就是以回答新时代中国教育问题与世界教育前沿问题为目标,面向世界教育学学科发展前沿和中国教育事业改革创新发展的关键领域、区域教育发展重大需求,来建设中国特色、世界水平的教育理论体系。"③自主知识体系的建构,应在反思过去中国教育学自主知识体系缺失的客观现实的基础上,致力于建构符合新时代特点、为现代教育发展服务的教育学知识体系。一方面,教育学自主知识体系的建构要具备广阔的知识视野,要善于从积淀的人类知识中萃取精华,关注社会经济、政治等方面的前沿动态,生产符合时代发展的教育知识。例如,当下"建设高质量教育体系,实现教育现代化"已成为新时代中国教育的一项战略任务和时代使命。另一方面,高质量教育体系建设可以作为当前中国教育学知识体系建设的基本参照。我们应立足中国式现代化的时代背景,加强教育学的基础理论研究以及知识创新,回答教育发展进程中的重大理论和实践问题,以满足中国式教育现代化发展的现实需要,赋能高质量教育体系的发展,为当下中国教育高质量发展供给知识。

---

① 王润泽、赵泽瑄:《中国式现代化视域下新闻学自主知识体系构建的思考》,《新闻与写作》2023年第3期。
② 叶澜:《中国教育学发展世纪问题的审视》,《教育研究》2004年第7期。
③ 郭丹丹:《教育强国建设的理论供给——中国教育学自主知识体系建构座谈会综述》,《教育研究》2023年第5期。

四、兼顾本土化与国际化,生产涵盖特殊性与普适性的知识

如果说过去的教育学本土化是对中国教育学自身发展的纠偏,那么当下自主知识体系的建构则是在过去本土化基础上的拓展与深化,蕴含着与世界接轨和平等交流的旨趣。"中国教育学既是中国主体意识逐渐凸显的过程,也是与世界交往对话的国际化过程。"① 建构中国教育学自主知识体系,既要回归中国传统与文化,也要实现本土化与国际化的统一。

(一)深度耕耘教育学知识史的已有成果

自主知识体系的建构,要遵循知识生产、累积的规律以及知识体系演进的原则,对中国教育传统和中国教育学累积形成的知识谱系、概念、术语和思想等进行学理化、体系化创新,使之成为中国教育学知识体系推陈出新、古为今用的源头活水。在中国教育发展历史长河中,无论是以国学为代表的思想文化传统,以及以儒家教育传统为代表的中国教育文化传统,② 还是在一次次跌倒重来的中国教育学百年发展历程中取得的累积性成果,都是中国教育学自主知识体系建构的坚实基础。我们需要通过系统梳理中国教育学的宝贵思想遗产,探寻中国教育学发展的内在逻辑。

教育研究者除了要有原创性的知识生产,也要对已有的经典文本进行诠释,尤其是对中国古代教育领域涌现的典型经验、典型案例、典型人物进行学术解读,从而丰厚中国教育学知识体系的历史底蕴。瞿葆奎教授晚年主编的"二十世纪中国教育名著丛编",广泛搜集教育知识文本,力图形成中国教育学界稳固的知识体系,便是上述尝试的代表。当然,仅仅对经典文本进行搜集和重刊是不够的,我们还要对其加以诠释,从而完成教育学知识的再造。需要注意的是,对经典文本的挖掘与诠释,需要提高研究者的传统文化涵养和融通传统文化的能力。有研究者指出:"虽然海归研究者已成为中国社会科学的中坚力量,但由于他们在传统方面的薄弱训练,致使他们不足以结合中西知识传统。"③ 因此,教育学知识体系的自主性建构,首先要培养学人的文化继承意识,唤醒他们精神上的自觉。中国教育学者作为中国传统文化最具责任感的继承人之一,要提高对经典文献的解读能力和传统文化涵养,融通古今中外各种有

---

① 侯怀银、王霞:《改革开放以来中国教育学研究之路》,《中国教育科学》2013 年第 1 期。
② 李政涛、王晓晓:《高质量教育体系建设的中国特色与中国贡献》,《国家教育行政学院学报》2022 年第 7 期。
③ Rui Yang, Meng Xie, Wen Wen, "Pilgrimage to the West: Modern Transformations of Chinese Intellectual Formation in Social Sciences," *Higher Education*, Vol.77, No.5, 2019.

益资源,使之成为中国教育学知识体系的有机构成。

(二) 提炼人类教育发展的一般性教育学知识

教育发展立足于创造人的整全生命、推动社会的整体发展。因此,无论在中国还是世界其他国家,教育学知识存在一定的共通性,自主知识体系的建构并不一味强调特殊性而规避对普遍性的追求。我们希望在全球化框架下来探讨学术知识,借助中国历史文化和思维逻辑,对教育公共知识提供一种与西方不同的理解方式,并在此基础上构建符合学术规范的、属于中国自己的话语体系。这就要求在关注本土教育实践、研究本土教育经验以生产教育知识的同时,努力提炼出具有普适性的教育知识,使其具备与其他一般理论、其他国家教育学对话的能力,从而为世界贡献中国智慧与中国方案。中国教育学自主知识体系的建构,既要形成一套致力于解决中国本土教育发展问题的特殊性教育知识体系,又要抽象、提炼出一套有益于人类教育发展的一般性教育知识体系。

五、发挥不同主体的作用,保障持续性原创知识产出

中国教育学自主知识体系的建构,不是一朝一夕的速成之事,需要教育领域几代人持续不断的努力。我们需要发挥从国家到组织再到个人不同主体的共同作用力,为自主知识体系的建构提供不竭的动力。

(一) 加大国家政策机制的扶持力度

目前,我国教育学知识生产采取自上而下的规划式生产制度,国家规划在知识生产中发挥重大影响。如何建立科学的评价制度以促进学术创新,是重中之重。国家政策要加大对知识生产和创新的扶持力度,不断完善学术机制,具体包括评估机制、职称晋升机制、项目课题机制、经费资助机制等,营造鼓励创新的环境。针对有研究者曾指出的中国教育学构建过程中存在的犬儒主义研究心态等问题,[1]我们必须加以扭转。学术评价制度应立足于挖掘知识生产者自身的潜力,提升其专业能力,进而实现知识生产在数量和质量上的双重提升。[2] 针对目前偏重量化的学术评价制度易

---

[1] 曹永国:《无畏的中国教育学自觉之批判》,《现代大学教育》2016 年第 6 期。
[2] 阎亚军:《独立自主的中国教育学何以可能——知识生产方式的视角》,《高校教育管理》2012 年第 6 期。

造成浮躁学风，也必须建立相应的配套政策与机制，对这一不良风气与影响加以扭转。对教育学研究者而言，教育学自主知识体系的建构，需要教育学人长期扎根、深耕于此。一方面，要适当调整学术评价制度以更好地催生学术思想创造力，使教育研究者不囿于生存的需要，不被评价审核制度牵着走，而是基于研究者个人兴趣、本土问题展开研究；要尊重教育学术团体成员的个体学术自由，使教育学术团体不必单纯追求成果的数量，而将研究重心放在知识生产的质量上。另一方面，政府以设立相关项目与课题的方式给予知识生产者相应的资金支持，以确保他们的劳动报酬与其贡献保持和谐适度。对教育实践者而言，应简化教学工作之外的不必要的烦琐管理程序，让教育实践者有精力投入理论的自觉反思和创生之中。要加强基层学术组织建设和管理，减少科层制的行政管理模式对教育工作者精力的消耗，使后者有更多的时间用于经验反思总结和理论研究。

（二）形成富有引领性的教育学派

中国教育学自主知识体系的建构者，不仅包括教育学研究者，还包括教育实践者，两者应积极发挥其主体性作用，以不同的途径和方式为自主知识体系的建构贡献自己的智慧和力量。一方面，教育学研究者要主动投身中国教育实践，完成教育知识生产和教育实践变革。为超越只是强调抽象性和唯我性的教育学知识，教育研究者要改变长期以来过于注重教育认知活动而忽视教育实践活动的倾向，把目光投向更加丰富多彩的教育实践。① 另一方面，要使教育实践者参与到教育学知识体系的建构中来。一直以来，教育学研究者对教育实践者的态度呈现较为明显的两极分化状态，教育理论者与教育实践者之间存在着一种不平等关系。② 要重视教育实践者的声音，帮助教育实践者真正融入实践、思考实践，在研究性变革实践中创生知识，使缄默知识外显为中国教育学知识体系，成为其重要的组成部分。

系统化的中国教育学自主知识体系的建构，单靠教育研究者个体的力量是无法实现的，一定要有群体的介入，形成合力，实现"群体重叠"③，进而不断丰富教育知识的"意义空间"④。因此，中国教育学自主知识体系的建构，离不开学术共同体的支

---

① 刘旭东：《从知识的教育学到实践的教育学》，《高等教育研究》2008年第7期。
② 李太平、王莹：《从中介到创生：教育学者介入教育实践的再认识》，《教育研究与实验》2022年第5期。
③ "重叠"是重复、叠加之意，具体而言，重复是指学术群体从不同角度，运用不同方法对某一论题的反复论证，并叠加上教育主体的独特理解。见雷云：《教育知识的社会镜像》，中国社会科学出版社2017年版，第116页。
④ "意义空间"是研究者受维特根斯坦的"逻辑空间"启发而创造的术语。"意义空间"呈现的是已发生的教育事实和未发生的教育事实，亦即"可能"的教育事实。见雷云：《教育知识的社会镜像》，中国社会科学出版社2017年版，114页。

持,他们肩负着知识生产和向外传播的双重使命。要促使教育理论者和教育实践者各尽所长,融合各自优势,促成教育学派建设,并通过形成核心力量群体和学术传承机制,为中国教育学原创性知识生产提供持续稳固的动力。目前,中国教育学已形成了一批扎根中国大地、具有中国特色的代表性学派,如"生命·实践"教育学派等,其中的个别学派已然在国际教育学界享有盛誉。我们需要不断加强具有国际影响力的中国教育学派建设,促进自主知识体系的建构。

(三) 发挥学术组织主力军的作用

学术组织要重视学科建设和领域人才的培养,形成较为稳固的学科化、领域化研究中心。在目前的中国学术界,高校是知识生产的主力。国家"双一流"建设为高校的进一步发展提供了助力,高校也应承担起教育学学科建设以及培养高质量教育学人才的责任。过去,教育知识生产缺乏原创性,归根结底是由于缺乏教育理论思维,这被认为是"制约教育学研究进展的重要因素"①。高校应改善同质化、扁平化的人才培养机制,实行多元途径的人才培养。如在现行的课程体系中加入人文教育要素,添加制度化的、与中国教育现实经验相关的理论以及实践课程等。要培养具备深刻的理论自觉和反思精神的研究人员,唤醒其历史自觉和文化自觉,确立基于民族自豪的文化主体性,使其具有对庞杂的传统文化和外来文化进行选择、涵化、消化的能力。② 学术组织应积极搭建相应的学术平台,加强教育学知识生产主体之间的有效联系,开展有组织科研,促成教育学学术共同体形成,促进教育学学术交流。

On the Pathway to Constructing Autonomous Knowledge System of China's Educational Studies

HOU Huai-yin, WANG Yu-jie

Abstract: The construction of an autonomous knowledge system of China's educational studies represents both a contemporary mission for the development of Chinese educational studies and an academic endeavor in the indigenous construction of the discipline. The pathway to establishing an autonomous knowledge system in China's educational studies primarily encompasses the following aspects: through the process of drawing from and integrating Western pedagogy and knowledge systems

---

① 任永泽:《教育学研究的理论思维》,《教育发展研究》2008年第Z1期。
② 陈来:《历史自觉和文化主体》,《读书》2008年第5期。

from other disciplines, there is an emphasis on the production of original knowledge in the field of educational studies, striking a balance between internal coherence and external convergence, as well as fostering interdisciplinarity and cross-disciplinary integration. Grounded in China's educational practices, it seeks to promote the "integration of knowledge and action" within the field of education. This entails a heightened recognition of Chinese educational practices, while also actively contributing to the generation of knowledge aligned with the frontier of educational development in China. It strives to accommodate both localization and internationalization, encompassing specialized as well as universal knowledge, with a focus on delving into the historical achievements in the education research and distilling general educational knowledge pertinent to the development of humanity. To yield a sustained flow of original knowledge, various entities must play their respective roles, necessitating increased support from national policies, the formation of pioneering schools of thought on education, and harnessing the leading role of academic organizations as the main force.

Keywords: China's educational studies   autonomous knowledge system   knowledge production

建构中国教育学自主知识体系：
逻辑起点、基本逻辑与方法论*

高 伟　王晓晓**

摘　要：建构中国教育学自主知识体系首先要考虑逻辑起点问题。一般意义上，该问题存在两个逻辑起点：一是"中国—教育学"，即基于中国本土的实践问题对西方教育学知识进行创造性转化；二是"中国教育—学"，即在中国本土的文化传统中找寻教育价值，从中国本土的教育实践和教育问题出发，创建"中国教育"之学问，建构中国教育学的内生逻辑。以明确的逻辑起点建构中国教育学自主知识体系，需要进一步探究其基本逻辑：一是在"事实—价值"维度，将教育事实的明证性与价值的明证性统一起来；二是在"逻辑—表达"维度，形成自治、它洽、融洽的知识体系。建构中国教育学自主知识体系的关键在于方法论，其或可分为比较方法论、观念史方法论和系统方法论。

关键词：中国教育学　自主知识体系　逻辑起点　方法论

自教育学近代引入以降，中国学界便有建构中国教育学的自觉。对中国教育学的发展不能做教条化的解释，即将中国教育学的产生与发展理解为一个译介、模仿、学习、创新的过程。事实上，教育学自传入中国，就已经是被汉语所把握并打上了民

---

* 本文系国家社科基金 2021 年度教育学一般课题"新中国教育观念演进研究"（BAA210023）的研究成果。
** 高伟，教育学博士，江苏师范大学教育科学学院（教师教育学院）院长，教授，博士生导师；王晓晓，华东师范大学教育学系博士研究生。

族文化烙印的教育学。至于是否存在"中国教育学",学界抱有着相当理性和谨慎的态度。正如叶澜所指出的,"中国教育学"是否确实有必要与可能存在、是一个真命题还是假问题,需要进一步做多方面的讨论与论证,这是中国教育学存在与发展必须回答的前提性问题。① 而教育学自主知识体系建构,既可以被视为建构"中国教育学"的一部分,并且"向前再行一步",也可以被视为一种比建构"中国教育学"更大的抱负。对当下的中国教育学而言,如何将建构自主知识体系接纳为本己的学术性任务,从学科、学术、学理的内生性意义上提供合理性辩护,是最需要思虑之处。

一、中国教育学自主知识体系建构的逻辑起点

在学理意义上,建构中国教育学自主知识体系不是原则,而是问题。作为原则,它本身已是依据,唯当作为问题,它才值得被研究和追问。一旦将中国教育学自主知识体系课题化,其"何所由来"就成为一种"逼视"。如对"何所由来"有所把握,就需要审视建构自主知识体系的逻辑起点。逻辑起点既是"从之所出",又是"向之所归"。

逻辑起点不同,为建构自主知识体系进行合理性辩护的论证方式就不同,路径与策略也就各异。一般来说,为建构中国教育学自主知识体系进行合理性辩护不外乎两种类型。一是目前的教育学知识体系不够用、不好用、不能用,需要创制一种新的知识体系,以满足教育实践的需要;二是中国教育学虽然已有其知识体系,但其属于依附性知识体系,需要创制中国自主、中国原创的知识系统以满足教育话语的需要。这两种辩护方式并非互不相容,但却会导向两种不同的建构范式。前者导向反思性建构范式,后者导向价值性建构范式;前者基于反思,后者基于立场。问题是思维的起点,概念是逻辑的起点。反思性建构的逻辑起点是"中国—教育学",价值性建构的逻辑起点是"中国教育—学"。

(一)"中国—教育学"

"中国—教育学"问题是中国教育学产生与发展的原初性、原发性问题。教育学一经传入中国,便与中华民族救亡图存的历史使命紧密地联系在一起。教育学问题最初主要体现为学科问题,即教育学的中国化问题。民国建立前夕,便已经有人提出,"教育学有共同之原理,亦有本国之国粹。保持本国之国粹,文之以近世教育之新

---

① 叶澜:《新时代中国教育学发展之断想》,《中国教育科学(中英文)》第 2021 年第 5 期。

理,庶可以振将亡之旧国,而与列强媲美也"①。教育学之编写应当"采取注重本国特殊之国民性,参合东西洋各种教育学说,标示中国的教育指针"②。实际上,中国传统文化并不缺乏对教育的学理性、学术性思考,在中国文教的大传统下,教育本就以一种观念形态、思想形态以及实践存在着。因此,中国教育与学科教育学的"对接"问题,是"教育学中国化"的核心问题。"对接"是事实,"结合"才是目的。"结合"至少包含两层意思或两个途径:一是西方科学教育学与中国教育文化传统的结合,二是西方科学教育学与中国教育实践的结合。虽然"结合"的目的都是为了中国教育问题之解决,但其背后立场却各有不同。前者侧重于教育文化传统的学科"转化",后者侧重于西方科学教育学的实践"改造"。值得注意的是,这两种"结合"都已经有了以"我"为主的价值诉求,表现为中国教育学自始至终都在寻找教育学的文化根基。1936年,邱椿游学于美国,访谈杜威、克伯屈等美国知名教育哲学大家,谈及教育哲学研究与中国文化的关系问题。诸位教授都认为,中国的教育哲学应该从中国的文化中生长,讨论的出发点应该基于中国的实际需要。③

中国教育文化传统若想具有现代学科的规范性、要想适应现代学科的话语方式,就不得不依据现代学科的话语方式进行转化。其转化的路径大概有二:一是"以西解中",即以西方教育科学的概念、范畴来"对应"中国传统教育的概念、范畴,其中已经包含了译介者别出心裁或者别有用心的"创造"。翻译一个概念,其实就是在翻译一种文化。这种别有用心的翻译,就已经打上了传统文化的烙印,顺从了中国人的思维习惯和内在心理特征。二是"以中解西",即用传统教育的概念、范畴来"比附"西方教育学概念,对于不易比附的概念、观念,则往往对其有所删削和改易。这也就意味着中国教育文化传统的转化与西方科学教育学的引入,并不存在完全照抄照搬的问题。黄济先生曾经指出:"在当时来说,移植西方的教育思想到中国来,就是进步之举;而且在他们的移植工作中,绝不是囫囵吞枣、生吞活剥地拿来,而是经过他们的咀嚼,增加进他们的唾液,而成为对我们有滋补价值的营养品。旧中国的教育哲学专著,无论是师从德国的古典哲学,还是师从美国的实用主义,都有自己的严谨的体系和明确的观点,是移植而不是简单的摹写,是学习又有个人的创见,是中国的而不是外国的,在其中渗透了他们的心血和创造性的劳动成果。"④"以西解中"与"以中解西"两个进路,是建立在不同的"体用论"基础之上的。19世纪末以降的中西体用大讨论,虽然

---

① 《绍介与批评·教育学讲义》,《教育杂志》1910年第5期。
② 中央教育科学研究所:《中国现代教育大事记》,教育科学出版社1988年版,第259页。
③ 邱椿:《关于讲授教育哲学的几个问题之讨论》,《教育杂志》1936年第11期。
④ 黄济:《教育哲学通论》,山西教育出版社1998年版,第308页。

没有从根本上解决中西文化关系问题，但客观上为中西教育"对接"奠定了理论基础。

西方科学教育学若想对中国教育实践具有解释力和引领力，就不得不对自身进行本土改造。中国教育实践与西方科学教育学的"结合"，从根本上讲，不是原封不动照搬照用的，而是化用和活用的。中国教育发展史也证明，照搬照抄的教育学，经不起教育实践的检验，必须走"结合"的道路。但这种对中国教育学的解释框架，已经预设了西方教育学与中国教育学、一般教育学与特殊教育学的对立，尤其特别预设了西方教育学的在先性和一般性。因此，教育学的本土改造并未从根本上改变西方教育学理论的基本概念和框架体系，从而只能生产依附性知识体系。这进而产生了一个关键性问题，即经过改造的教育学够不够用、好不好用、能不能用的问题。如果不够用、不好用、不能用，自然就有重新建构的必要。在这种思考框架下，中国教育实践是衡量"中国—教育学"的根本尺度和标准。中国教育学反映中国教育的事实，反映中国教育的需要，本就"理所当然"。[①] 这种以指向实践问题解决为旨归的"中国—教育学"，事实上已经在某种意义上实现了中国教育与西方教育学之间的价值反转，即西方教育学不再是权威性的解释框架，中国教育实践也不再是这一解释框架的"材料"或应用场景；恰恰相反，中国教育实践才是检验教育学科学性的最终标准。

（二）"中国教育—学"

基于"中国教育—学"的逻辑起点所进行的合理性辩护与基于"中国—教育学"所进行的合理性辩护有根本的不同。虽然二者都指向教育学对于解决实践问题的有效性，但前者更侧重强调诠释中国教育的话语权利，即教育学不仅在问题解决上是有效的，而且在解释"中国教育"上也是有效的。从根本上讲，"中国教育—学"是一种话语诉求。中国教育学的自我意识，主要表现为教育学的相对独立性与教育学的自我性两个层面，前者是后者的前提性认识。教育学的相对独立性是指中国教育学试图寻找教育学自身的逻辑。随着20世纪八九十年代中国教育学科的元研究逐渐发展，反思教育学的学术体系问题被提上议程，即伴随教育学的分类和壮大，依靠模仿和应用其他学科的逻辑会遮蔽自身逻辑。有学者感叹"教育学的终结""教育学的危机"，正在于此。这是教育学学术体系的内在逻辑问题。教育学的学术体系建构具体包括两大要素，即学术研究活动和学术成果。具体来说，就是通过对教育问题的梳理与呈现、分析与解释，形成并建构教育学的学术命题、学术观点和学术思想等。[②] 教育学

[①] 陈桂生：《略论教育学"中国化"现象》，《教育理论与实践》1994年第4期。
[②] 侯怀银：《着力构建教育学"三大体系"》，《中国社会科学报》2022年11月17日第1版。

的自我性,是指教育学在把握"中国教育"和表达"中国教育"中所形成的自我认同感和自我效能感,即教育学的自我定位问题。这一定位的本质在于,教育学与中国教育和社会的发展水平以及中国在世界文明格局中的地位是否匹配的问题。对此一问题的追问,构成了中国教育学自主知识体系建构的必要性基础。

教育学自主知识体系所把握的是"中国教育",这不是教育学如何中国化的问题,而是如何彰显"中国教育"的"中国性"的问题。教育具有天然的文化品格,索尔蒂斯(J. F. Soltis)认为,"寻找教育的那个真正的定义,很可能就是要为教育寻找一种正确的或最佳的纲领的表述,而且这本身就是规定要在教育活动中寻求的某些有价值的手段或目的"①。因此,教育学本质上是规范性的。即便教育学有其描述性,但这种描述性仍然建立在一定文化观念的基础之上,从而具有价值判断的性质。"中国教育"具有其独特的历史逻辑和价值逻辑,这是中国教育学需要把握的事实,也是必须诉诸的价值。"中国教育"的"中国性"显示为双重意蕴,一是"中国教育"的"中国"价值,一是"中国教育"的"世界"价值。"中国教育"之所以可能,是因为"中国教育"日益成为"中国"的有机部分,"中国"成为"世界"的重要成员。也就是说,只有当"中国"真正进入世界历史之际,"中国教育"才凸显出来,建构自主知识体系的必要性也才凸显出来。因此,从根本上讲,建构教育学自主知识体系最为关键的问题,是如何理解"中国教育"这一从之所出,又向之所归的逻辑起点。换言之,唯当"中国教育"成为中国教育学的自觉理解和自觉把握,教育学的"中国性"才是可能的,自主知识体系建构才是可能的。

"中国教育"是价值事实。它并非教育在中国所呈现出来的自然样貌,而是价值的统一性。"中国教育"的统一性,是中国教育在历史特别是近现代历史进程中进入世界历史并积淀而成的自我认同,进而使得中国教育学的学科意识、学术意识和话语意识成为可能。如果我们把中国教育放置在中国前途与命运的大格局之下,放置在中国与世界的现代大变局之下,放置在中国的整体性之下,"中国教育"的统一性即表现为中国的教育现代进程所渐次构筑的中国教育现代性。中国教育现代化是中国式现代化的重要组成部分,或者说中国教育现代化集中体现了中国式现代化的本质特征。党的二十大报告指出,中国式现代化有五个方面的特征,即人口规模巨大的现代化、全体人民共同富裕的现代化、物质文明和精神文明相协调的现代化、人与自然和谐共生的现代化,以及走和平发展道路的现代化。中国教育现代化的道路,也建基于

---

① 索尔蒂斯:《教育的定义》,沈剑平、唐晓杰译,载瞿葆奎主编:《教育学文集:教育与教育学》,人民教育出版社1993年版,第36页。

这五个本质特征之上。

建构中国教育学自主知识体系,"中国—教育学"与"中国教育—学"既是辩护方式,也是逻辑起点。两种逻辑起点代表了两种不同程度的自主性,前者是较低程度的"自主",即基于中国本土的实践问题对他国的教育学知识进行创造性运用;后者是较高程度的"自主",即能够基于中国本土文化和当下世界教育问题,提出既面向中国又面向世界的"中国方案",亦即不是诉诸"中国化"改造,而是从中国本土的文化传统中找寻教育价值,从中国本土的教育实践和教育问题出发,创建"中国教育"之学问。后者的话语诉求,更切近建构中国教育学自主知识体系的本质。中国教育学自主知识体系,是关于"中国教育"的学问和知识体系,其指向是为全球知识体系贡献中国智慧、中国方案。① 中国教育学自主知识体系的逻辑起点或许是多元的,但却不容忽视,因只有寻获了逻辑起点,并按教育学自主知识体系建构的自身逻辑展开,才有可能避免黑格尔所批评的"从心情、幻想和偶然直觉"出发。

二、中国教育学自主知识体系建构的基本逻辑

对如何建构中国教育学自主知识体系的探讨,已经在学界热烈地展开,诸如立足中国、融通中西、转化传统、互鉴对话等等。这些思考成果无疑都是正确的,但与其说这些思考是对建构路径的探讨,不如说是对建构原则的阐述。究竟如何建构中国教育学自主知识体系? 此一问题仍然有待提出。从一个明确的逻辑起点建构自主知识体系,需要进一步探究其形成的基本逻辑。

中国教育学自主知识体系的自我主张,内在地包含了其基本逻辑的根本要求。2022年4月25日,习近平总书记在视察中国人民大学时指出的学术任务、思想追求和问题解决,已经为建构中国教育学自主知识体系指明了方向。哲学社会科学工作者要"自觉以回答中国之问、世界之问、人民之问、时代之问为学术己任,以彰显中国之路、中国之治、中国之理为思想追求,在研究解决事关党和国家全局性、根本性、关键性的重大问题上拿出真本事、取得好成果"②。这从本质上提出了中国教育学自主知识体系的"格局"和自我主张,即处理"中华民族伟大复兴战略全局"和"世界百年未

---

① 郭丹丹:《教育强国建设的理论供给——中国教育学自主知识体系建构座谈会综述》,《教育研究》2023年第5期。
② 习近平:《习近平在中国人民大学考察时强调 坚持党的领导 传承红色基因 扎根中国大地 走出一条建设中国特色世界一流大学新路》,《人民日报》2022年4月26日第1版。

有之大变局"中产生的重大且关键性的教育问题。

建构中国教育学自主知识体系，从根本讲就是回应两个"大局"所产生的重大且关键的教育问题，并且在这两个"大局"中寻求自我定位，表达自我主张。中国教育学的自我主张，从根本上讲包括自我知识主张与自我价值主张两个层面。自我知识主张是指立足中国经验，用中国理论阐释中国实践，用中国实践升华中国理论，打造融通中外的新概念、新范畴、新表述；自我价值主张是指澄明中国教育的中国价值和世界价值，充分、鲜明地展现中国故事及其背后的思想力量和精神力量。中国教育学的自我主张必须是有意义的主张，是有所依傍、有所旨归的主张，而不是自作主张。在理解和把握有意义的中国教育学的自我主张的本质的前提下，需要处理好两个维度的问题。正是这两个维度构成了建构中国教育学自主知识体系的基本逻辑。

（一）事实—价值维度

教育学在学科属性上表现为描述性与规范性的统一，它既是对事实—现象的描述，也有对事实—现象的价值判断。教育事实有二：一是经验事实，一是逻辑事实。教育学的经验事实，是指教育事实在历史实践中是如此这般的，需要教育学来描述性地归纳/总结，即 separation/generalization。而教育学的逻辑事实，是指它背后有着不同于"看起来"的历史—实践逻辑。

中国教育学必须直面中国教育的事实，"思入"中国教育的现场，这本身就是非常困难的。因为不带有任何偏见地、非预设性地、真实地反映事实，从来都是对思维品质的考验。更大的困难则在于，所有事实都需要解释，事实在不同的解释框架下会显现其各自有别，甚至截然对立的样貌。如此，教育事实以何种方式进入教育学就非常值得追问了。如何解释、言说中国教育价值，是与描述、解释中国教育事实密切联系的大问题。

因此，最重要的是如何建立中国教育价值坐标系、建构中国教育价值系统的问题。中国教育价值主要有二，一是对于"中国"的价值，即对中国来说，教育在哪些方面有所作为；另一是对于"世界"的价值，即对世界来说，中国教育在哪些方面有所作为。中国教育当然首先要对"中国"有价值，但当中国真正走入世界并成为世界文明格局中的重要一员时，中国教育就不得不考虑它对于中国在世界的影响意味着什么。因此，中国教育学就必须要承担起体现中国教育价值，并推动中国教育价值走向世界的时代使命。最关键的问题是，中国教育学所言说的"中国教育价值"是否具备一般性的问题。中国教育在其历史发展过程中，已经形成了独具特色的中国价值，这些价值集中体现在教育的价值基础即社会主义核心价值观中，同时也体现在中国式现代化的价值追求中。在多元现代性视野下,价值是多元的,多元价值之间可以相互理解、相互认同。正如费孝通先生所指出的那样,"各美其美,美人之美,美美与共,天下大同"。每个民族、国家和地区的教育,都有其反映特色、满足其需求的教育价值。这些价值都有其现实的正当性。教育有没有普遍价值是一个见仁见智的问题,学界对此已有颇多讨论。但有一点是明确的,当一种教育价值观念是值得学习和模仿,能够对世界范围内的教育问题之解决提供可能方案,人们愿意自觉自愿地去模仿它、接受它并践行它时,这种教育价值就具有共享性。能否提供一种可供世界共享的教育价值,是中国教育学的时代任务,当然也是检验其是否有效的重要指标。

建构中国教育学自主知识体系,需要考虑中国教育事实与中国教育价值的内在统一性。中国教育价值是真切地蕴含于中国教育事实之中,并通过教育事实体现出来的。如何把握中国教育事实,形成概念和范畴,特别是形成具有足够解释力的教育学知识体系,是一个大问题;如何在整个教育学学科体系、学术体系和话语体系中,将事实的明证性与价值的明证性统一起来,则是一个更大的问题。在西方哲学史上,休谟首次区分了事实知识与价值知识,且否认了事实与价值之间的关联性;康德把世界分为事实世界与价值世界,把人的认识分为事实认识与价值认识,事实上即是将事实与价值二分;韦伯则认为科学应是"价值中立"的。这些观点似乎都没有注意到事实与价值之间复杂的张力关系。有学者指出,科学不可能是完全中性的,它本身就有"历史性、与境性、相对性、集成性、两面性"等特点。[①] 当教育学日益成为科学教育学之际,的确有重审教育认识的必要。

(二)逻辑—表达维度

知识体系是指基于一定的逻辑基础、在特定的文化生态中形成的、具有民族性或地域性的知识总和,并按照一定的标准进行分类后得到的知识系列。[②] 中国教育学要形成系统化、体系化的知识,就必须按照一定的逻辑要求展开,在学科体系、学术体系和话语体系上统摄融通,彰显中国教育学的完整性。

在逻辑上,一种可以称为体系化的知识系统应满足三个方面的要求。一是各知识模块、各观点之间要能做到自洽。自洽的最基本意思是前后一致,从前提到结论的推导不能矛盾,而且各陈述之间不自相矛盾。威拉德·冯·奥曼·蒯因(Willard Van Orman Quine)的融贯论哲学认为,检验真理的标准并非在于陈述与某一个客观

---

① 李醒民:《科学的文化意蕴——科学文化讲座》,高等教育出版社2007年版,第107—110页。
② 翟锦程:《中国当代知识体系构建的基础与途径》,《中国社会科学》2022年第11期。

存在的物质世界的对应性,而是一组陈述的内部自洽性。一个自洽的知识系统未必是正确的,但一个不自洽的知识系统则一定是不正确的。当然,一个完美的自洽知识系统是一种形而上学的假设,也不存在一成不变的系统内部的自洽。但知识系统的内部论证必须是完整的,各逻辑推理之间彼此要相互支撑。二是各知识模块、各观点之间要能做到"他洽"。所谓"他洽",是指逻辑的展开过程要有理有据,要从学脉里找到理论依据。自洽系统虽然可以做到"自圆其说",但如果这个"自圆其说"是空无依凭的、无所依傍的,那么它将因不能沟通和理解而无法进入"历史",从而也会失去意义。三是各知识模块、各观点之间要能做到融洽。逻辑的融洽性不是形式思维的要求,而是辩证思维的要求。它是指知识系统自身与外部条件、时代精神之间的良序互动。因此,逻辑融洽性所指向的,不是逻辑是什么的问题,而是逻辑应该是什么的问题。

自洽、他洽、融洽是思维品质的基本要求,也是对建构中国教育学自主知识体系的基本逻辑要求。对现有的知识、观点进行系统性梳理与反思,找到学术史的内在依据,建立与其他知识系统可以沟通与对话的平台,是一个大的系统工程。这意味着建构中国教育学自主知识体系必须要从基础做起,要从基础工作开始扎实地推进,绝非一朝一夕之功。这一进程可以是自然的,即在教育学自身发展过程中,通过教育学的内部发展规律自然形成;也可以是有组织的,即通过学术研究共同体别出心裁的创造,以有意识、有目的地创制出来。但有一点是明确的,中国教育学要想建构其自主知识体系,必须要直面教育学的完整性;也就是说,它不是某种枝节的修补策略,而是全局的战略调整。

采用怎样的表达方式,是建构自主知识体系的逻辑外要求,即这套逻辑系统在何种意义上是可以被理解的,也就是一个表达策略的问题。学界已经充分注意到,建构自主知识体系要基于互鉴和对话,特别是东西方文明之间的互鉴和对话。这里的互鉴和对话,既是一个相互学习、取长补短、融通中西的问题,也是一个交流、对话的问题。形象地说,就是"我"说的"话","你"能听得懂,不仅"你"能听得懂,而且也愿意听。这就涉及话语平台建设和叙事策略建构。习近平总书记指出,要向世界"讲好中国故事"。中国教育学怎么讲好中国教育故事,是一个巨大的挑战。在某种意义上,中国教育学要想赢得思想的高度和有力的辩护,就不得不致力于"中国叙事学"的创生。① 能够对话和交流,是自主知识体系的有效性、价值性的基本保障。

---

① 高伟:《教育现代化的"中国叙事"》,《中国德育》第 2023 年第 7 期。

三、中国教育学自主知识体系建构的方法论

建构中国教育学自主知识体系的关键在于方法论。一种理智的建构行为,只有在一定的方法论指导之下才是可能的。当下建构中国教育学自主知识体系,最困难、最紧要的,归根到底是方法论问题。要想建构中国教育学自主知识体系,首先就得考虑方法论建设,就要回答用怎样的方法论去建构。此处吃紧,不得不察。有学者指出,"教育学者的研究路径,应从大量教育实践中的现象出发,对丰富的感性材料进行分析,概括和抽象出反映现象的本质,形成中国教育学的理论框架。生成理论体系的难度非常大,但要用好方法、勇于追求"[①]。需要注意的是,目前最需要的是方法论,而不是方法。建构中国教育学自主知识体系的"工具箱"其实并不匮乏,问题在于方法论建构首先反思的是方法与研究对象的适切性问题[②],建构自主知识体系应该从知识体系本身出发,从形成知识体系的内部规律本身出发选择方法论。中国教育学自主知识体系的建构何以选择合适的方法论,是由方法论的"中国式"问题意识决定的,可以从如下三种方法论做起。

(一)比较方法论

中国教育学的发展是特定时空与实践下的综合产物。自近代以降,中国教育学的建构始终遵循着持续走向现代性,拥抱全球化和多元文化,同时因地制宜地自我决断,不断寻求自我性,努力为世界现代化进程提供中国方案的道路。它几乎从一开始就将自己置于一种"比较"的境地。第一,作为教学科目的教育学引进中国之初,已然形成多元范式的西方教育学理论几乎以共时性方式涌入中国,中国教育学的教材建设就不得不以"比较"的方式对其进行知识体系的系统梳理;第二,自中国教育学的意识觉醒之时,便已将自身置入中国教育学与西方教育学对勘的解释框架之中。因此,中国教育学的产生和发展本就依托"比较法"建成,前者指向中国教育学学科知识体系的建构,后者关乎中国教育学学术知识体系的创生。

"比较法"的运用,是中国教育学自主知识体系建构的内在必有之义,也决定着中国教育学思想创生的方法论探索基础。中国教育学自主知识体系要为世界提供中国方案,最终还需要建立起中国教育学的话语体系,而话语体系的建设,要求将中国教

[①] 郭丹丹:《教育强国建设的理论供给——中国教育学自主知识体系建构座谈会综述》,《教育研究》2023年第5期。
[②] 叶澜:《教育研究方法论初探》,上海教育出版社2014年版,第14页。

育学的建构与传统接续,用中国的特殊范畴和逻辑来叙述中国教育,并完成现代中国教育学学术主体身份的确立,建构起学术价值逻辑的中国范式。因此,运用比较的方式进行中国教育学自主知识体系建构,其本质是处理中国教育学的"古今中西"问题,具体表现为打通过去—现在—未来,遵循历史逻辑;打通区域—国家—世界,树立"大世界"观,形塑视野和格局。① 从而使得中国教育学提供既有中国特色意涵,又超越中国而指向具有普遍性,属于中国人也属于全人类的中国教育方案。②

  中国教育学自主知识体系建构的比较方法论或可分为分判、会通、诠释、创造性转化四个层次。所谓分判,就是对中国教育传统文化思想和西方教育学理论形成客观的了解。近代中国知识分子虽已对中西文化进行了多方面的考察,但由于中国教育学缺乏"自在自觉的学术话语",对中国教育传统文化的分判工作依旧有失偏颇,不利于中国教育学主体性的确立。因此,当今中国教育学的分判工作,应超越"以中解西"和"以西解中"的解释学范式,在分判中保持中西教育学自身的意味,对之进行一番"客观的了解"③;重新梳理中国传统教育思想,以期从中提炼出中国教育传统文化之核心范畴与思想内核,重新确立中国教育哲学的主体性。"分判无会通之宗旨,则无方向。"④因此,比较方法论的第二个层次就是会通,顾名思义,就是领会和打通。近代中国教育学的会通基于"体用论"的比较范式,将处于不同时间维度的"中体"和"西用"进行比较,陷入以"中体"补"西用"的精神缺失,或以"西用"补"中体"的物质缺失。总之,两者的比较是机械的,并未达到"通"的境界,以至于中国教育现代化进程呈现出"同化于西方"抑或"复兴传统文化"的钟摆现象。为了解决这一问题,"会通"或可转为问题导向,以综合运用古今中西的教育资源解决中国教育问题。遵循通学术性和通时代性两大原则,既要接着中国教育传统学术思想往下说,更要以时代之问决定中国教育传统思想的时代转化方向。本质上看,这种古今中西的比较融通,始终是一种"化西为中"和"重复性的创造"工作,也就是比较的第三个层次——诠释,从而实现"中国本位的中西互为体用"⑤、实现"中西文化的创造性综合"⑥。进一步讲,这是一个"传统的创造性转化"⑦的命题,包括"古为今用之转化"与"西为中用之转化",中西之争以现代性问题的困惑激发了古今之争,从而"外激内活",进而"推陈出新",

---

① 高伟:《教育现代化的"中国叙事"》,《中国德育》2023年第7期。
② 刘铁芳:《中国教育学的意涵与路径》,《湖南师范大学教育科学学报》2023年第4期。
③ 牟宗三:《中国哲学十九讲》,上海古籍出版社1997年版,第355页。
④ 牟宗三:《中西哲学之会通十四讲》,上海古籍出版社1997年版,第231页。
⑤ 傅伟勋:《从西方哲学到禅佛教》,生活·读书·新知三联书店1989年版,第433页。
⑥ 高力克:《历史与价值的张力——中国现代化思想史论》,贵州人民出版社1991年版,第271页。
⑦ 林毓生:《中国传统的创造性转化》,生活·读书·新知三联书店1994年版,第63—64页。

实现"古今转化"。当前学界所说的"互鉴与对话",正在于此。

(二) 观念史方法论

中国教育学自主知识体系所把握的是"中国教育"。何以把握"中国教育"这一实践？或许可以使用观念史方法论。中国教育学的发展始自"传统中断"与"全盘引进",新时代中国教育学要做关于"中国教育"的学问,保证中国教育学自主知识体系的"中国性",就必须以回望中国现代教育观念变迁的历史进程为基底,对中国教育的前期发展有所把握,并接着中国教育的历史实践"往下说",继续讲述教育的中国叙事。通过接续历史传统建构中国教育学,是理解"中国教育"的内在必有之义。可以说,讲述什么是"中国教育",本身无法脱离它自身的历史传统。"中国教育"是一个历史事实,"历史"这个概念有着双重所指：(1)过去所做的事情；(2)所说的过去的事情。① "过去所做的事情"是纯粹经验意义上的事情,"所说的过去的事情"乃是一种观念。作为历史经验的中国传统教育实践并非完全客观的经验,而是我们当下如何认识中国教育实践。因为人类对历史经验的认识,只能是现在的证据在现在所创造的那个观念世界。② 教育观念支撑着教育行动,因此每一个时代的中国教育,都是一种教育观念的外在表现,教育观念也可以解释中国教育何以如此。无论传统的中国教育还是现代的中国教育,其本质都是解释和建构的结果,观念史方法论能够将解释、言说中国教育价值,与描述、解释中国教育事实结合起来。

马克思主义哲学是中国教育研究方法论的重要方法论基础。③ 因此,我们这里所说的观念,是马克思主义哲学的观念,即观念作为实践和理论中介形态的观念。所谓中介,并非观念之于实践的应用和套用,而是从实践中生成观念。因此,观念便是现实的而非抽象的。观念史方法论作为一种新的研究方式,能够把涉及中国教育的思想史、文化史、科学史等内容囊括其中,从总体上把握中国教育的观念、解释中国教育的实践,为中国教育的未来发展打下良好的基础。具体而言,观念史方法论之所以能帮助中国教育学"思入"中国现实,帮助中国教育学理解和接续中国教育传统,在于它以一种"史论结合"的教育史观,"思入"中国教育的历史和当下,梳理出中国教育历史发展背后的体系性观念,包括社会、文化等塑造教育历史形态的观念性的力量,理清中国教育观念的本质和内在要求,最后以历史为经,以问题为纬,梳理出中国教育历史中的教育观念变迁,解释中国教育由何而来、因何而变,提供一种中国教育观念

---

① 赵汀阳：《历史之道：意义链和问题链》，《哲学研究》2019年第1期。
② 柯林伍德：《历史的观念》，何兆武、张文杰译，商务印书馆1997年版，第225页。
③ 叶澜：《教育研究方法论初探》，上海教育出版社2014年版，第136页。

发展的规律和逻辑,形成中国教育发展的解释框架,解决中国教育未来走向何处的问题。进而,中国教育学得以把握中国教育事实,形成概念和范畴,通过系统的观念建构,形成具有解释力的教育学知识体系,丰富中国特色教育话语体系,在未来全球教育新形态、新模式、新秩序中融入中国立场、中国价值。

(三) 系统方法论

马克思主义基本原理是中国教育学自主知识体系建构的基本方法,也是方法论的基本原则。这是由中国教育的性质与中国教育发生、发展的历史实践所决定的。习近平总书记在庆祝中国共产党成立100周年大会上提出,"把马克思主义基本原理同中国具体实际相结合、同中华优秀传统文化相结合"①(以下简称"两个结合")。"把马克思主义基本原理同中国具体实际相结合"的实质,是在解决中国社会主要矛盾和根本问题中创造性运用马克思主义;"把马克思主义基本原理同中华优秀传统文化相结合"的实质,是以马克思主义的观点、方法对中华传统文化进行创造性转化。②这一论述为系统性地解决中国教育的发展问题提供了方法论指导。

首先,建构中国教育学自主知识体系,来源于"两个结合"。中国教育学自主知识体系所指向的,是中国教育现代性的创造问题,或者说是中国教育现代性的内在要求。它所回答的中国教育的历史方位、中国教育的未来发展这些现代性议题,事实上都是"两个结合"对教育思想和教育实践的要求。没有"两个结合",没有中国式现代化的创生,也就不会有中国教育学自主知识体系这一命题。中国的教育现代化,是马克思主义与中国具体教育实践相结合的现代化、中国传统文化的现代化。这也是理解中国教育学自主知识体系的出发点和原则。

其次,建构中国教育学自主知识体系,贯彻了"两个结合"。建构中国教育学自主知识体系,关键在自主。恩格斯曾指出:"(一个民族)只有当它作为一个独立的民族重新掌握自己命运的时候,它的内部发展过程才会重新开始。"③中国教育学的"中国性"和"民族性"是自主知识体系的核心特征和根本标志。这就要求中国教育学对中国教育的把握,必须坚持辩证唯物主义和历史唯物主义,实事求是,一切从实际出发;同时,中国教育学也必须把中国教育现代化看成是从"内部"生长起来的而非被迫的、复制粘贴的现代化。唯当如此,"中国教育—学"的产生才是一个自主的过程。

---

① 习近平:《在庆祝中国共产党成立100周年大会上的讲话》,《人民日报》2022年7月2日第2版。
② 韩庆祥:《全面深入理解"两个结合"的核心要义和思想精髓》,《马克思主义研究》2021年第10期。
③ 中共中央马克思恩格斯列宁斯大林著作编译局:《马克思恩格斯全集》第18卷,人民出版社1964年版,第630页。

最后,建构中国教育学自主知识体系,体现了"两个结合"。这里我们仍然需要回到建构自主知识体系的本质,即中国教育的自我主张上来。这一主张是中国的,也是世界的;是中国教育的中国主张,也是中国教育的世界主张。因为中国既是中国之中国,也是世界之中国。当我们在此一本质上审视中国教育学,便不难发现,中国教育学已经自觉将自己塑造为世界文明格局中的一部分,塑造为世界历史的一部分,塑造为新的文明形态的一部分。在文化传承发展座谈会上,习近平总书记明确指出:"要坚定文化自信、担当使命、奋发有为,共同努力创造属于我们这个时代的新文化,建设中华民族现代文明。"①此一"现代文明",并非民族主义的"文明",而是人类命运共同体意义上的"文明"。人类命运共同体是中国为世界现代化进程提供的中国方案,这一方案实质上是中国古代政治哲学思想"天下体系"的现代性转化,以及对马克思主义共同体性质的国际主义思想的中国特色转化。中国教育现代化,不仅是中国式现代化的重要组成部分,也是推动中国式现代化的重要力量。因此,构建人类命运共同体是中国式教育现代化的根本任务,也彰显出中国式教育现代化的价值追求,这不仅是中国教育的本土价值,也是中国教育的世界价值,是中国教育学最为核心的价值取向和奋斗目标。

将建构中国教育学自主知识体系接纳为中国教育学的本己性任务,接纳为本己的学术性任务,是建构中国教育学自主知识体系的"第一步"。我们必须清醒地认识到,建构中国教育学自主知识体系是一个长期的历史任务,绝非一朝一夕之功;是一个需要扎实推进的系统工程,绝非某种应时的宣言或口号;是一个战略性的自我调适,绝非枝节性的修修补补。就此而言,建构中国教育学自主知识体系,还有很长的路要走。

Constructing an Autonomous Knowledge System for China's Educational Studies:Logical Starting Points,Basic Logic and Methodology

GAO Wei,WANG Xiao-xiao

Abstract: The primary consideration in constructing an autonomous knowledge system of China's educational studies revolves around the issue of its logical starting point. Broadly speaking, two logical starting points exist. The first is "China-Educational Studies", entailing the creative transformation of Western educational

---

① 习近平:《习近平在文化传承发展座谈会上强调　担负起新的文化使命　努力建设中华民族现代文明》,《人民日报》2023年6月3日第1版。

knowledge and research based on localized Chinese practice. The second is "China's Education-Studies", which entails deriving educational value from China's cultural traditions, starting from local educational practices and issues, and establishing an academic pursuit of "China's Education", thus forming the endogenous logic of China's educational studies. To construct an autonomous knowledge system with such clearly defined logical starting points, it is imperative to delve further into its basic logic. The establishment of an autonomous knowledge system of Chinese educational studies bears inherent logical requisites. These include the "Fact-Value" dimension, wherein the evidential aspects of educational facts are unified with value-based evidence, and the "Logic-Expression" dimension, culminating in an autonomous, mutually compatible, and harmonious knowledge system. The crux of constructing an autonomous knowledge system of China's educational studies lies in methodology. The methodology for constructing an autonomous knowledge system of China's educational studies might be categorized into comparative methodology, conceptual-historical methodology, and systematic methodology.

Keywords: China's education   autonomous knowledge system   logical starting point   methodology

| 教育基本理论 |

"立德树人"的逻辑蕴意解析

王洪才*

摘　要：立德树人不仅是学校教育的根本任务,而且是衡量学校办学成效的根本标准。但关于立德树人的内涵尚未完全明晰,亟待厘清,否则将妨碍立德树人根本任务的落实和办学成效的提升。立德树人包含三重基本含义:一是立德主体与立德客体的关系,二是树人目标与树人手段的关系,三是立德过程与树人效果的关系。科学揭示这三对关系,有助于深入认识立德树人的蕴意,克服立德树人所遭遇的现实阻力,从而为深化立德树人效果、把立德树人作为衡量办学成效的根本标准提供理论指引。

关键词：立德树人　三重内涵　内在逻辑

立德树人反映了我国社会主义教育实践的基本规律和中国式教育现代化的基本特色。[①] 习近平总书记关于教育的重要论述,把坚持立德树人作为根本任务列为"九个坚持"的第二位[②],足见其重要性;总书记在全国教育大会上提出把立德树人作为

---

* 王洪才,教育学博士,厦门大学教育研究院教授,博士生导师。
① 顾明远:《新时代教育发展的指导思想——学习习近平总书记在全国教育大会上的讲话》,《北京师范大学学报》(社会科学版)2019年第1期。
② 刘伟:《深刻领会做好新时代教育工作的根本遵循》,《中国高等教育》2018第22期。

评价学校办学成效的根本标准,正是从立德树人作为学校教育的根本任务而言的[①]。但在现实的学校教育实践活动过程中,人们对立德树人的基本含义仍然把握不准,经常对立德树人做方便性理解,甚至对立德树人的内涵不求甚解,这些都阻碍了把立德树人根本任务落到实处,当然也就无法真正将立德树人作为评价学校办学成效的根本标准了。有鉴于此,非常有必要深入探讨立德树人的科学内涵,厘清立德树人所包含的逻辑关系脉络,为更好地坚持把立德树人作为根本任务扫清思想障碍,从而为实施立德树人作为评价学校办学成效的根本标准打下可靠的理论基础。

一、"立德树人"还有许多未解之谜

有学者考证,"立德"与"树人"本是两个词,后来才合成一个概念。"立德树人"一词首次进入大众视野是在2007年之后[②]。2007年8月31日,胡锦涛同志在全国优秀教师代表座谈会上明确提出,"要坚持育人为本、德育为先,把立德树人作为教育的根本任务",从而在全国掀起了关于"立德树人"的讨论热潮。在今天,立德树人已为人们所熟知,似乎立德与树人本就不可分离;人们下意识地认为立德自然具有树人效应,立德的目的就是为了树人,无论是对己身还是对他人。中国古人所云"修身、齐家、治国、平天下",就蕴含了"立德树人"的内涵,但这里的立德主体是自己,树人目标也是自己,即立德目的是为了使自己成为国家治理人才。这似乎也是儒家传统的"内圣外王"之道。教育中的立德与树人,则有一个主体与客体之分,即立德主体指教师,树人的对象是学生。如此,主体与客体是分离的。当然,立德树人最终要求主体与客体的统一,因为我们也期望学生成为立德的主体,同时也是成就自我的主体。这样就是从主体与客体的统一到分离再到统一。主体不同,任务自然不同,方法也就不同,如何进行科学把握也就成为一个问题。

毫无疑问,教育工作的根本任务就是育人,就是为了培养好人,而德育是教育中最重要的环节。其中,教师以身示范是最好的德育活动,所谓"言教不如身教"就是这个意思。教师如能够以身示范,则意味着其必须德行充沛,足以施教化的力量;如果出现了不良示范,就可能对学生产生负面影响。这就要求教师必须立德在先。因为德行具有无形的示范力量,所以人们经常把德行修为如何视为育人成功的关键所在,

---

[①] 马陆亭、刘承波、张伟等:《教育思想理念的重大创新——关于教育改革发展规律的"九个坚持"》,《中国高等教育》2019年第2期。
[②] 戴锐、曹红玲:《"立德树人"的理论内涵与实践方略》,《思想教育研究》2017年第6期。

也即当一个人的良好德行建立之后,才能够给周围的人以正面的引导,"立德"与"树人"之间就具有强关联性。当国家明确把立德树人作为学校办学成效评价的根本标准和学校教育的根本任务时[1],它就不再是一个日常概念,而变成了一种政策话语,从而也就不自觉地向科学话语转变——因为它既然要作为一个政策概念出现,就必须科学严谨,从而具有说理性和指导性,否则就难以以理服人,在实践中亦无法发挥最大化效用。

事实上,在实践中,人们对立德树人的内涵并没有真正研究清楚,只是粗略地知道立德与树人之间具有正向关系,但对于究竟如何做才能更好地立德树人并不清楚,甚至很茫然,这样在指导工作和自我行动中就难免茫然无措。所以要真正用立德树人标准来衡量学校办学成效,并且把立德树人作为学校工作的根本任务来抓,就必须首先弄清楚立德树人的科学内涵。

不得不说,立德树人是一个综合命题,其中蕴意非常丰富,很难用一个简单的命题加以表达。当我们把它作为一个科学命题来对待时,就可以发现立德树人可被分为三大问题和六个小问题:(一)立德的主体与立德的内涵各是什么——1. 谁来立德或立谁的德?2. "立德"究竟立什么样的德?(二)"树人"的内涵与树人的方法各是什么——1. 我们究竟想"树"什么样的人?2. 如何才能"树"这样的人?(三)"立德"与"树人"的基本关系是什么——1. "立德"是否必然产生"树人"的效果?2. 如何"立德"才能真正"树人"?上述这些问题都不是自明的,需要科学地予以揭示,否则就会阻碍立德树人作为学校教育工作的根本任务的落实,阻碍其成为衡量学校办学成效的根本标准。

二、立德的主体与立德的内涵

立德树人首要回答"谁"来立德或立德的主体是谁,其次要回答立德的对象或立什么样的德。我们知道,德的内涵多种多样。习近平总书记把德分成大德、公德、私德三种,提出了"明大德、守公德、严私德"的著名论断。[2] 何谓"大德"?中国道家讲大德为"生生之德"[3],在现实中即表现为具有家国情怀,如爱国、具有正义感、维护公共秩序、同不良现象做斗争等。但大德都有哪些,很难完全列举,只能进行概括。

---

[1] 王栋梁:《新时代落实立德树人成效评价研究》,《学校党建与思想教育》2020年第9期。
[2] 习近平:《在纪念五四运动100周年大会上的讲话》,《人民日报》2019年5月1日第2版。
[3] 赵奎英:《"立大德""树大人""成大美"——中华传统美育精神与中国当代美育目标探讨》,《中国文学批评》2020年第4期。

如何才能明大德,其中的道理是什么,做到什么程度才算明大德,这些都需要清晰阐释。很显然,大德不可能自动生成,需要进行教育培养,需要良好的文化氛围熏陶。我们从小接受的爱国主义教育,实际上就是教人明大德。教科书的修订基本上都是围绕明大德进行的,学校教育的中心任务也是围绕明大德进行的。今天进行的社会主义核心价值观教育,其重点也是进行明大德的教育。

公德概念在日常生活中出现得比较频繁,从而比较容易被人们理解——我们在日常生活中经常遇到一些不遵守公共道德规范的人,如乘车不排队和有加塞行为的人、随地吐痰的人、在公共场所抽烟的人,这时人们就会指责他们缺乏公德。这里的公德一般是指公共道德,它的内容一般都可以明示的方式告知人们,如公共交通规则、城市市民公约、公共场所行为守则等。对中小学生而言,有学生守则、校园文明规则等;对大学生而言,有大学生守则、宿舍文明规则、大学校园管理规则等。人们发现,在学校开展公德教育比较成功,在进入社会后,公德教育反而更困难了,这个现象不能不引人重视。

私德概念在社会生活中不怎么通用,也不怎么受到重视,这确实是需要格外重视的一件事情。在现代社会生活中,人们越来越注重个体的独立性,越来越重视个体的隐私,因此私德问题也应该受到重视。私德一般是指具有同理心,所谓"己所不欲,勿施于人";现代社会特别注意保护别人隐私、注意交往的距离、关注别人的感受等,这些都与人们处理私人关系中的分寸与尺度有关,往往属于个人修养范畴。如何把握好私德的尺度也是一个问题,似乎无论什么时候都难以制定一个统一的实施标准。有的人很具有民族大义,甚至能够为民族的事业舍生取义、杀身成仁,但他们在具体行为上常常不拘小节,也即不怎么重视私德,那么我们对这些人该如何评价?有的人洁身自好,私德甚好,但对公共事务不热心,也缺乏家国情怀,我们对这些人又该怎么看?当然,也有的人大德、公德和私德俱佳,近乎完人,不过这样的人少之又少。可以发现,大德、公德、私德不是绝对统一的,有时甚至是分离的。

不难发现,在社会上每个人都应该成为立德的主体,但立德的首要主体应该是党员干部,因为人们对党员干部的期望更高。在学校,立德主体是教师,但首先应该是学校领导干部,因为他们是管理者,其自身行为对教师具有直接影响,往往对教师具有示范效应。在高校,校党委书记、校长的行为示范性最强,他们的一言一行,不仅对身边的工作人员,而且对全校师生都会产生巨大影响。当然,在学校中人数最多的重要影响群体是教师,因为教师直接承担育人责任。教师的行为直接影响学生。可以说,教师的一言一行都具有示范性,如果教师不注重自身修养、不重视自己言行后果,就可能在无意识中将不良的思维方式和不好的行为习惯传递给学生。

可见,立德的内涵与立德的目标紧密相连,当立德目标确立之后,立德内涵也就生成了。作为教师,首先要遵守公德,做一个优秀公民,否则就不配作为教师。其次必然要遵守师德,履行教书育人使命,成为一个合格的教师。而师德的范围非常广泛,不仅包括该如何与学生交往,也包括该如何对待教学与科研工作。敬业乐群是教师的一种基本品德,一个不敬业的教师很难是称职的,一个不合群的教师当然也是无法得到人们尊重的。对教师而言,敬业的核心内涵就包含了尊重事实、追求真理、捍卫真理,这也是知识群体的个体价值观。其最基本要求就是恪守学术道德,杜绝学术不端行为。敬业也包含了尊重学生的人格尊严、尊重学生的主体性、平等对待每个学生、热心解答学生疑难、有意识地引导学生自觉成人成才。高校教师经常面临的一个重大道德难题,就是如何对待教学与科研的冲突,即究竟是该把巨大的精力投入科研领域,还是应该投身到教学中;是把自我发展放在第一位,还是把育人放在第一位。从理论上讲两者不应该是矛盾的,但在实践中两者的矛盾几乎是不可调和的,往往是以牺牲一方为代价才能成就另一方。毋庸赘言,教学与科研之间的冲突对立德树人的成效产生了严重的负面影响。

管理者作为学校育人的重要主体,往往是学校制度的制定者、执行者和维护者,他们在育人成效方面应该担负更大的责任。因为制度直接影响教师行为和学生行为,制度制定得合理与否非常关键。在现实管理中,往往是由于合理制度供给不足导致教学效果不好、育人质量不高,这些往往是教师个人努力无法解决的。因此,制度的德性对育人效果具有至关重要的作用,但这种作用又往往容易被忽视,这也是治理体系现代化与治理能力现代化需要解决的课题。

作为学校办学的主要责任人,学校领导人必然在育人过程中担负着极其重要的责任,他们应该正确地领会国家教育方针政策,能够主动贯彻科学发展观的基本思想,应该具有正确的政绩观,因为这些都关系到育人的成败。其中,领导人的个人人格魅力在学校治理过程中发挥着极其重要的作用。学校领导人是否具有民主作风,是否善于倾听不同声音,是否主动采用科学和民主的决策机制,都会对学校育人过程和育人成效产生根本性影响。我党在干部选拔任用过程中所采用的"德能勤绩廉"标准和所坚持的德才兼备原则,都包含了对领导干部的德的要求。

三、"树人"的内涵与"树人"的方法

"立德树人"需要澄清的第二大问题是,究竟树什么样的人以及采取什么样的方

法来树人。毫无疑问,我国是社会主义国家,当然要培养社会主义建设者和接班人,即首先要把人培养成为社会主义建设者,如果做得更好,就可以培养成为社会主义接班人。显然,培养社会主义建设者是达到我国社会发展要求的基本水准,培养社会主义接班人则是一个更高的标准。即无论是政治素质还是专业素质都必须更好,否则就难以担当推进中华民族伟大复兴的历史重任。

毋庸置疑,社会主义建设者首先应该是一个善者。通俗地讲,他必须是一个好人,是一个遵纪守法之人,是一个恪守社会伦理规范之人,是一个注重信义之人,是一个注重公益胜于私利之人。显然,做一个好人并不那么容易。社会上不乏一些功利之徒,他们对个人利益孜孜以求,遇到公益行为则绕道而行,能躲多远就躲多远。社会上也流行着一种本位主义论调,所谓"屁股决定脑袋""屁股坐在什么地方就说什么话",这反映出公共精神的严重缺失,造成了严重的部门主义,使社会形成了不同程度的割裂,严重影响到社会关系的和谐。许多人口头上说一套而实际又做一套,表现出严重的言行不一。这样的人一旦身居高位,自然造成的社会影响极坏。

信守承诺是中华民族的基本美德。但在现实中,不少人轻言许诺,无法履行就无理爽约,而且内心毫无愧疚感。我们知道,道德起于羞耻,如果人无羞耻感就难以有什么道德感。重信守诺是做人的基础,"人无信不立",社会信任感缺失,往往就与这种不讲信义的人越来越多有关。人们经常说市场经济是一种信任经济,如果人与人之间缺乏基本的信任,就无法进行有效的正常交往,就会导致交易成本越来越高,这显然与市场经济追求效益的初衷是相悖的。而且,一个人如果不讲信义,就难以获得别人信任,也就无法获得人们帮助,无法真正立足于社会——我们知道,一个人能否获得发展,固然依靠个人努力,但如果没有他人帮助就会变得千难万阻,道路坎坷;如果能够得到他人帮助,再大的困难都可以克服。而别人之所以提供帮助,就在于信任他,相信他不至于危害别人。如果一个人不讲究信义,自然就得不到别人的信任。这种对信义的恪守就是德行表现,这也说明"人无德不行"。

社会主义建设者还应该是一个智者。通俗地讲,他应该是一个具有智慧的人,也即一个明辨是非的人、一个善于抉择的人,而非事理不明的人。作为智者,他就应该能够果断地拒绝一切恶行,从善如流。作为智者,首先在于善于反思自己,知道自己存在哪些不足,从而能够主动改正不足。"勿以善小而不为,勿以恶小而为之",这种对善的追求就是一种道德修养,就是品德的形成过程,"积善成德,而神明自得","吾日三省吾身"所讲的也是这个道理。作为智者,其次在于善于以人为镜,通过观摩别人发现自己的不足,这是一种善于学习的能力体现,没有这种学习能力,一个人的进步就不可能很快。作为智者,最为优秀的品质就在于善于发现问题、分析问题并且能够解决问题,这实际上就是一种研究者的品质。社会主义建设者也应该成为一个研究者,因为现实社会变化速度非常快,很多事物都没有现成答案,都需要去探索。如果一个人缺乏研究能力,就很难成为合格的社会主义建设者,在创新驱动发展的时代尤其如此。作为智者,最重要的品格在于他能够为自己确立奋斗目标,找到适合自己的前进方向,从而使自己永远具有前进的动力。人如果缺乏目标,就容易充满失落感,从而丧失斗志。人在确立奋斗目标的过程中,既要全方位地审视自己的能力素质,也要使自己生活得更加充实,当然更是为了证明自己的人生价值。人在自我目标抉择的过程中,就必然会不自觉地与社会需要联系在一起,否则就不会得到社会支持,所确定的目标就没有实现的可能性。只有具有远大理想和理性奋斗目标的人,才能成为社会主义的接班人。

当然,成为社会主义的接班人必然具有更高的考量标准。其中,具有远大理想是第一位的,没有这一点就无法使自己脱颖而出。因为具有远大理想,才能够使人充满奋斗动力,也才能激发个人的创造潜能,使个人具有更高的工作效能,这些都是他脱颖而出的前提条件。成为社会主义接班人的必要条件,是他必须对社会主义无比忠诚,如果对社会主义持怀疑态度,就难以具有坚定的政治立场,当然也难以具有远大的理想抱负。只有他对社会主义怀着无比忠诚的赤子之心,才能使他坚定地坚持共产党领导和走社会主义道路,自觉践行以人民为中心的行动路线。同时,成为社会主义接班人必须具有卓越的专业才能,否则就难以取得人们信任,肩负起领导的重任。在社会专业化程度越来越高同时又越来越走向综合的新时代,扎实的专业基础是一个人取得突出成绩的前提。而一个人只有取得了突出的业绩,才可能获得人们比较充分的信任,才能获得许多人的支持。没有众人的支持,工作就难以取得成效。社会主义建设是通过一个个具体成绩累积起来的,没有扎实的专业本领,就很难具备通观全局的领导才能。故而作为领导干部的后备队伍,必须具有过硬的心理素质,必须具有通观全局的能力,必须具有舍身为公的决心,必须具有扎实的专业本领,如此才可能成为合格的社会主义接班人。

我们知道,教育的基本职能就是教人从善。成为社会主义建设者和接班人都代表具备了行善的本领。那么如何才能培养出合格的社会主义建设者和接班人呢?毫无疑问,要通过学校教育进行。学校教育最大的优势就是拥有广泛的知识,学校也是知识分子最为集中的地方,每个教师都是专业的知识工作者,所以育人主要是通过知识传递而实现的。因此,我们不可避免地要进行知识的传授,通过知识传授培养学生具有远大的志向、具有建设社会主义的本领。对于其中的优秀分子,则需要培养他们具有带领人民群众克服困难团结奋斗的能力,即注重培养其领导才能。显然,进行这样的能力培养,不仅对每个教师的素质都提出了很高的要求,而且对育人环境也提出了很高的要求。育人环境不仅包括物理环境和文化环境,还包括制度环境,因为制度环境对人的影响更为直接和持久——物理环境对人的影响虽然直接但不深刻;文化环境对人的影响是深刻的,但却是慢效的;制度环境则不然,往往直接影响人的心理和行为,不仅具有速效性,而且非常持久,故制度环境建设的任务尤为迫切。制度环境不仅对学生身心健康会产生巨大影响,对教师身心健康的影响同样巨大,因为人们的心理和行为都为制度所规范,从而制度对人的影响和成长具有长远效应。所以在既定的制度框架下,如何发挥教师的主观能动性是对教师能力素质的极大挑战,因此教师如何通过"立德"实现育人目标就是一个重大课题。

不言而喻,教师必须自觉地实践育人的使命。这无疑对学校教师提出了很高要求,那么教师需要如何做才能达到育人效果呢?亦即他需要立什么样的德才能达到良好的育人成效?我们知道,教师的基本工作就是教书育人,教师的德性必然体现在教书育人过程中,如何才能育好人就是教师必须思考的问题。无疑,教师必须具备"四有"[1]条件,即首先必须具有扎实的学问,这是作为教师的前提条件;其次必须具有理想信念,这是对教师的基本政治素质的要求;再次必须具有道德情操,这是教师从教的准入资格;最后必须具有仁爱之心,这是教师获得成功的关键。做"四有"好老师,是习近平总书记对广大教师的殷切希望[2],也是教师做好"四个引路人"的前提条件[3]。显而易见,这一切都与教师的知识储备有关——教师的阅历和经历都是其知识储备的来源,只有具备充足的知识储备才能在面临育人难题时应对自如。

目前,对教师最大的挑战是如何让学生爱学习,树立远大的理想目标,摆脱功利主义的纠缠,自觉地、努力地成为社会主义建设者与接班人。为此,教师必须知道掌握什么样的知识才能有效地将之传递给学生,并且让学生主动地去探求知识,具有自觉成才的意识,立志成为社会发展所需要的人。显然,这种知识不仅包含专业方面的知识,而且包含有关学生发展的心理知识,还有教育教学的方法知识,特别是要掌握与学生进行交流交往的艺术。可见,这里的知识不是指狭义的知识,而是广义的知识,因为它包含诸多能力,是一种具有智慧蕴含的知识,其中当然也包含了美德知识。我们知道,在今天这个信息发达时代,简单的知识传授已经失去了市场,如果缺乏教学艺术就很难育人成功。教学艺术不单纯是需要教学法知识,还包含了做人的知识

---

[1] 杨修平:《习近平总书记"四有"好老师的教育哲学意蕴》,《中国教育学刊》2018年第7期。
[2] 夏文斌:《引导教师做"四有"好老师》,《中国高等教育》2019年第Z3期。
[3] 杨胜才:《习近平关于好老师重要论述的主要内涵、价值意蕴及践行路向》,《学校党建与思想教育》2020年第13期。

和人对美追求的认识。因为只有让人感受到"知识的追求是美的",才能激发人追求知识的内在动力。

四、立德与树人的辩证关系

第三个大问题是立德与树人之间有一种什么关系?它们之间是一种必然关系吗?从原则上讲,立德自然就有育人效果,因为德行只要被感受到,就可以影响人,也就具有育人效果,只不过影响人的多少或深浅不同罢了。但对于学生而言,有的德是可以理解的,有的德不一定能够被理解。显然,不能被理解的德就很难产生积极的育人效果。这也意味着立德与树人之间并不是一种简单关系,而是具有很大的复杂性。如果一种德行无法被理解或感受到,那么它的价值或影响力自然就会降低。德行本是无价的,对其进行价值评估似乎并不合理。但学校作为育人机构,必须考虑育人效果如何,那么对德行的评价就在情理之中了。如此就产生了一个问题:是否所有的德行都具有教育的效果,都能达到树人的目的?答案显然是否定的。在现实中,学生并不一定会接受所有的道德教化,因为学生对道德的认知往往是与功效结合在一起的,如果一种品行对自己的发展没有益处,那它就会自动被忽视。只有当德行与个体的成功之间确立了比较稳固的联系,才能较好地达到育人效果。从某种角度看,学生的道德标准已经超越了简单的动机论①,而且非常注重实效,这实际上是一种现代性品质的体现。从另一个角度看,单纯的道德灌输已经失效,如果不能证明道德教条在实践中非常有效,就很难具有说服力。注重实效,这是时代的特征,道德教育也应该与时俱进②。这就意味着立德具有选择性,并非所有德都能够产生教化的结果。这无疑也是当今道德教育遇到的难题。

我们知道,立德从根本上是自我修养的结果,是个体在社会活动过程中不断磨砺意志品质的结果。这也意味着德性具有强烈的个性化特质,也即不同的人对道德的倾向性是不同的。被一个人认为是很好德行的东西,很可能不被另一个人认可。这说明人们在接受道德之前往往会加上个体理性标准,也即对动机与效果进行综合和平衡;进而也说明今天的道德教育不能完全从社会需要的角度出发,必须把个人发展或个人利益考虑进去,如此才具有实践的基础,不然道德教育要么只能停留在口号和

---

① R. M. 亚当斯、姚大志、姚得峰:《动机功利主义》,《世界哲学》2011年第1期。
② 龚群:《动机后果主义与德性后果主义》,《吉首大学学报》(社会科学版)2019年第3期。

空话状态,要么只能停留在理想的天空。要使道德教育获得实效,必须关注学生的发展需要。对于教师而言也是如此,如果立德树人不能结合教师专业发展实际,那么它也很难成为教师自我发展努力的目标。换言之,教师对道德的追求,不仅是对自我的严格要求,也是在与社会发展需要对标,只有在符合社会选择并对自我发展有利时才能被个体接受。

由此可见,只有教师在实现自我发展目标过程中所形成的品德才具有实效性,才能对学生产生真正的教育意义,因为它已经通过自身行为的示范性做了注解。这些品德形成都不是事先能够确定的,而是在行动过程中产生的。我们知道,很多时候,如果一个人刻意要达到什么效果,多半都不如意,但有时不经意的行为却收到了非常好的效果,即所谓"有意栽花花不开,无心插柳柳成荫"。人们对德行的追求也是如此:开始时对坚持什么并不确定,往往是在社会实践过程中经过一系列成功经验,并进行反思之后才会逐渐形成了个体的品格追求,最终成为个体的人格品质。可以说,社会评价在德行形成过程中发挥了重要作用乃至主导作用。一个人一旦具有美德,就能够产生令人向往的效果。因为美德不仅能够让人感到它的善,而且能够感到它的美,如此就能够产生育人效果。所以立德树人的关键在于德行的美,换言之,如果德行不能带来美好的享受,就无法产生让人自觉跟随的效果。

在现实中,我们常常有意向学生灌输道德品质,促进学生的行为改善,但效果往往不佳,因为这时道德常常变成了一种强加的东西,而非他们自愿追随的东西。对于学生而言,第一个任务就是求知、就是追求真理,从本质上讲这也是对道的追求,因为求真本身就是善。在追求真理过程中获得了能力成长,这种成长也能够给人带来一种美的享受,从而增强人对它进一步追求的动力。如果这种追求变成了一种意志品格,就意味着品德的形成,就是育人的成功。显然,这种德性是一种大德。遗憾的是,许多学生并没有形成这种对真理执着追求的品格,从而有不少人变成了"刷分器",成为功利之徒,这其实是教育的失败,因为没有达到育人效果。那么,老师该怎么做呢?

对于以教书育人为天职的教师而言,他的第一位责任应该是揭示知识之美,使学生获得求知的快乐。这可能是名师与教书匠的根本区别,因为美才是知识的真正内涵。[①] 换言之,如果无法揭示出知识的美,就无法展现知识的真,也就无法呈现知识的善。"知识是美的"并非一个新命题,人们经常说数学知识是美的[②],具有简洁之

[①] 张都爱:《重思柏拉图什么是美的追问——基于〈大希庇阿斯篇〉》,《理论探索》2013 年第 1 期。
[②] 数学家张恭庆院士谈到数学之美的时候,提到它具有高度的抽象性、严密的逻辑性、应用的广泛性与描述的精确性四个特点。参见苏邹:《数学之美——中国科学院院士张恭庆访谈》,《今日科苑》2005 年第 2 期。

美、对称之美、逻辑之美①。其实,任何知识都具有数学知识的影子。例如,我们做出一个概念界定之时要尽可能地做到简明扼要,这就是对简洁之美的追求;我们要求概念界定是对事物的本质规定性的概括,就是要与事物本身相对应,实际上是对对称之美的追求;我们要求概念界定后在使用概念的过程中保持前后一致,做到自洽,事实上也是对逻辑之美的追求。当然,这些都是对知识的形式之美的追求,而知识的实质之美在于知识能够解答疑难问题,能够为人们谋福利,能够产生改变社会、改变生活和改变生产的效果,这即是善,也是知识的真正价值所在。显然,知识作为善的表达,是其能够吸引人的出发点。知识揭露了世界真相,常常给人们心理以冲击,满足了人的好奇心,给人以美的享受,从而好奇心成为人求知的第一动力。但如果评价制度不当,只注重结果,不问求知过程,那么人们就不能再保持这种好奇心,同时也就不会进一步过问知识的价值以及是否会带来美的享受,这可能正是今天教育的困境所在,它也正是应试教育的渊薮所在。

在现实生活中,许多老师都难以揭示知识之美,从而在大学课堂上经常出现"抬头率"非常低和沉闷课堂的现象,这说明此时课堂所传授的知识缺乏吸引力。之所以如此,就在于教师未能展示知识的功用,没有揭示出知识的内在之美。如果学生感受不到知识是有用的②,是美的③,就感受不到知识的价值,也就会对知识不感兴趣。所以揭示知识的有用性是对教师基本功的直接挑战,如果不能证明知识是有用的,则可能就是在浪费学生的时间。大学生已经成人,他们已经具有了基本的判断能力,当他们无法辨认要学习的知识是否有用时,就可能采取应付的态度。这也是大学出现许多"水课"的原因。如果教师无法保证所传授的知识是真知识,就无法揭示知识是有用的、美的。

对知识真假的认证方式无非通过两个途径:一是实践检验,包含亲身实践和科学实验;另一个就是逻辑证明,即证明所传授的知识符合公理的内在规定。这两种证明方法都是充满挑战的,也是具有魅力的,都对学生具有吸引力,能够满足学生的好奇心。如果缺乏这个证明过程,知识自身就会黯然失色,容易沦为干巴巴的教条灌输,引起学生的反感。如此,教学非但不能起到育人的效果,反而滋生了学生的叛逆思想。所以,教师的道德修养集中体现在对知识之美的揭示上,如果不能揭示知识是美的,就无以达到树人目的。

---

① 陈大柔:《数学形式美及其科学创新功用》,《科学学与科学技术管理》2001年第7期。
② 罗兴刚:《美善:柏拉图理想人格的构型》,《道德与文明》2020年第3期。
③ 严春友:《感性作为美的维度:为美学奠基》,《河北学刊》2022年第5期。

An Analytical Exploration of the Philosophical Implications of "Cultivating Virtue and Nurturing Talents"

WANG Hong-cai

Abstract: Cultivating Virtue and Nurturing Talents not only constitutes the essential mission of school education but also serves as the primary criterion for assessing the effectiveness of educational endeavors. However, the full connotations related to cultivating virtue and nurturing talents is yet to be achieved, requiring urgent clarification. Otherwise, it will hinder the implementation of the fundamental task of cultivating virtue and nurturing talent, and the improvement of educational effectiveness. An in-depth analysis reveals that cultivating virtue and nurturing talents encompasses three fundamental meanings: first, the relationship between the subject and object of virtue; second, the relationship between the goal and means of nurturing individuals; and third, the relationship between the process and outcomes of nurturing individuals. Scientifically unraveling these three sets of relationships contributes to a systematic understanding of the philosophical implications of cultivating virtue and nurturing talents. This, in turn, contributes to overcoming practical obstacles faced in this endeavor, ultimately offering theoretical guidance for deepening the efficacy of moral education and establishing it as the fundamental criterion for educational effectiveness.

Keywords: cultivating virtue and nurturing talent; triple connotation; internal logic

中华文化中"教育"和"培养"的现代复兴

——基于文化交融视角的考察

郝文武[*]

摘 要：自"教""育"两字首次出现在甲骨文中，至今已有三千多年。虽然《孟子》中有"教育"一词，但它在中国古代其他教育名著中极为罕见，其普遍使用是在进入20世纪之后。"培养"也蕴含在中华古老文化中，但以"培养"来界定教育，则发端于20世纪后期。"学习"是教育和培养的基础和目标，中华文化中的"师范"，也以"学"为基础，其通过现代复兴才获得了现代意义，并在世界文化交融中转变为"教师教育"。

关键词：教育 敩 培养 师范教育 中华文化复兴 文化交融

文化具有丰富内涵，文字是文化的基本表达方式，教育是文化传递的基本途径。表达和阐释教育的本质、规律、方式等的"教育"一词，不仅是文化的基本表达方式和文化传递的基本途径，其本身就是文化的重要内容。有了人类就有了教育，虽然"教育"一词的出现要比人类的教育实践晚得多，但也有几千年的历史。在中国，出现在甲骨文中的"教""育"已有三千多年的历史，《孟子·尽心上》中出现"教育"一词，也已经距今两千三百多年了。中国古代的主要教育名著，虽然有用"教"论述教育的，但更多的是用"学"论"教"和教育，罕见以"教育"论教育。普遍使用"教育"论教育，是进入

---

[*] 郝文武，陕西师范大学西北基础教育与教师教育研究中心主任、教育学部教授，博士生导师。

20世纪之后的情况。中国古代教育论著中也鲜见使用"培养"一词。以"培养"来界定教育,是从20世纪中期翻译苏联教育学著作开始的。古代中国用"学"论"教"和教育,既说明"学"与"教"、学习与教育存在难以分割的联系,也说明古人对它们关系的认识存在模糊性。现代学者对"学"与"教"、"学习"与"教育"的关系有不同认识。因此,研究"学"与"教",以及"学习"与"教育"的渊源,对于我们正确认识"学"与"教"、"学习"与"教育"的关系,具有重要意义。

一、中华文化中"教育"的现代复兴

"无名,天地之始,有名,万物之母。"有了人类就有了教育,但不等于就有了"教育"。"教育"一词是有了文字后才逐渐形成的,是随着人类社会的发展而发展的。在中国,许多学者将《孟子·尽心上》中的"得天下英才而教育之"作为"教育"的起源,但这在古代中国文献中十分罕见。《大学》《中庸》《论语》《诗经》《尚书》《礼记》《周易》《春秋》中都没有"教育"。《学记》约1200字,有"学"47个、"教"20个、"习"1个,但没有"育"和教育。《大学》全篇共2200余字,有"学"和"教"各6个,但没有"育""习""教育"。《论语》约16000字,开篇第一句话就是"学而时习之,不亦说乎?"其中有7个"教"、66个"学"、3个"习",也没有"育"和"教育"。《劝学》约2000字,第一句就是"学不可以已",其中有22个"学","教""习"各1个,仍没有"育"和"教育"。

戊戌变法时期是近代中国文献开始使用"教育"一词的分界线。在戊戌变法之前,康有为、梁启超、张之洞、严复等,如同古人,都以论"学"而论"教"。康有为专论教育的《长兴学记序》(1891),梁启超专论教育和涉及教育的《变法通议》(1896)、《公车上书请变通科举折》(1898)等,从题目到正文都是用"学"来论教育。梁氏另一篇专论学校教育的《湖南时务学堂学约》(1897),有"学"58个、"教"22个、"习"12个,没有"育"和"教育"。张之洞的《劝学篇》(1898)约43000字,有"学"510个、"教"166个、"习"46个、"育"4个、"学习"3个,仍没有"教育"。之后,严复的《与外交报主人论教育书》(1902),虽然题目是"论教育",但正文则更多的是论"学";清廷制定的《钦定学堂章程》(1902)、《奏定学堂章程》(1904)也很少使用"教育"。可见,在戊戌变法之前及此后的最初几年,"教育"一词尚未得到广泛应用。

"教育"的普遍使用是从梁启超等人开始的。戊戌变法之后,梁启超东渡日本居住14年之久,在此期间和回国之后,他发表的《教育政策私议》(1902)、《教育当定宗旨》(1902)、《中国教育之前途与教育家之自觉》(1917)、《趣味教育与教育趣味》

(1922)等,都以"教育"论教育。同时,容闳的《予之教育计划》(1909)、张謇的《论严格教育旨趣书》(1912)、蔡元培的《对于教育方针之意见》(1912)和《新教育与旧教育之分歧》(1918),以及陈独秀、李大钊、恽代英、黄炎培等人的著作,都开始普遍用"教育"论教育。

虽然日本近代普遍使用"教育"一词,但也只比中国早约30年。1873年,日本文部省出版《百科全书·教导说》,第一次把"education"译作"教育"。1879年,日本政府颁布《教育令》,第一次在官方文件中使用"教育"——《教育令》开篇第一条便是"全国教育事务由文部卿统管"。1907年,文部省为《教育敕语》颁布官定英译,取名"The Imperial Rescript on Education",将 education 与"教育"的对译关系稳定下来。[1] 但由于受到中国文化影响,近代日本人也主要用"学"表示"教育",即"以学论教"。如1878年,元田永孚为明治天皇逐章讲解《论语》,称《论语》以《学而》开篇,乃是因为全书20篇"只此学之一字。人生天地之间,自天子以至于庶人,毕生事业,只此学字……达成此学,可为圣人,不达此学,必为庸愚"[2]。

近代中国与世界的文化交流与融汇,既促进了古老中华文化中"教育"的复兴,也有使"学"的内涵逐渐式微的倾向。其一,"教育"的出现不仅使"教"和"育"合而为一,而且使本身包含在"学"中的"教""育""习",从"学"中分化出来,使它们既相互联系又相互区别,把古老中华文化中"学"的整体性内涵具体化。中国古代的"学"有丰富含义,孔子说的"学而时习之""学而优则仕",类似现代的"学""学习";《大学》的"学",既有"教育""学习"的含义,也有"大学问"的含义;而"中学为体,西学为用",以及张之洞《劝学篇》中的"学为力""智为力",则不仅涉及教、育、教育、学、习、学习、学科、学问、学术、学者等,而且几乎包含了知识论和认识论的所有内容。这既使"学"具有很强的包容性和概括性,比较容易使知识生产活动与物质生产活动区分,也使得"学"有明显的模糊性,我们通过"学",很难对教育、学习、学术、学科等不同活动的主体、目的、过程和方式做系统、细致分析和调控。"教育"的出现,使得"教"和"育"合而为一,也使得包含"教""育""教育"和"学""习""学习"的古老中华文化中"学"的整体思维具体化,这本来是有利于在认识论和实践中分析两种不同活动的主体、目的、过程和方式,充分发挥师生两种不同主体的作用的,但也可能形成重视"教""教育"而轻视"学""学习",使"学"的精髓逐渐式微的倾向。

---

[1] 刘幸、施克灿:《"Education"何以译为"教育"——以日本有关学术史料为基础的讨论》,《教育研究》2021年第11期。
[2] 刘幸、施克灿:《"Education"何以译为"教育"——以日本有关学术史料为基础的讨论》,《教育研究》2021年第11期。

其二,"教育"虽然"教"在前"育"在后,但"育"的内涵更为丰富,不仅"教"及其"育"包含在整体的"育"中,"育"除了"教"的"育",也有非"教"的"育",而且从人类和个体人的成长过程来看,是先有"育"而后有"教",教育的本质和价值精髓在于"育人",而不仅是"教人"。古代中国"上所施,下所效"的"教人使作善",也包含在"育人""养子使作善"之中。古人强调"十年树木,百年树人",其实质是强调育人的重要性和长期性。这既说明"教"和"育"具有不可分割的本质联系,也说明"育"在古代中国深入人心。将两者整合为"教育",既有把"学"细化的作用,有利于同等重视"教""育"的育人功能,但也有可能形成重"教"轻"育"的倾向。

其三,自然之育,学校、家庭、社会之育等,对人的成长和发展都具有重要作用。首先,人具有生物性,是天地日月、阳光雨露等自然环境"育"的结果,否则就没有人。其次,人是社会历史文化及其教育、家庭及其教育等"育"的结果,文化对人的影响更加广泛、深刻和长久。无论是精华还是糟粕,传统文化都不仅对人的各个方面具有现实性影响,而且有代代相传的永久性影响。最后,人是学校有目的、有组织、有计划的"教"和"育"的结果。从强调充分发挥人的主观能动性来说,教育对人的身心发展具有主导作用。但无论是个体的人还是社会的人,首先要适应自然和社会发展,然后才是认识、利用和改造社会主客观世界。教育对人的身心发展的主导作用,也是在适应自然和社会发展基础上的有限主导作用,而非"万能"的主导作用。

其四,"教育"虽然在古代中国"失传"和式微,但根在中国。受尽列强欺凌而求变图强的近代中国,秉持"中学为体,西学为用"方略,向日本学习,这对加强中日文化交流和借鉴发挥了积极作用。中国古人如何翻译education,尚不好考证,但无论把日本人将education译为"教育"看作是日本的创新,还是将之看作是对中国古老文化的借鉴,其结果都是促进了东西方文化的结合或融合。"教"和"育"合而为一,促进了中华古老文化"教育"的复兴,但也存在淡化、肢解甚至"丢失"中华古老文化中"学""学习"的精髓的问题,从而形成重"教"轻"学"甚至轻"育"的倾向。这种倾向究竟是英文中education与learn、study原本关系中就存在的倾向,还是日本人在翻译和实践中形成的倾向,抑或是中国人在翻译和实践中形成的倾向,还有待全面深入考察。

二、中华文化中"培养"的现代复兴

教育是培养人的活动,这是当代中国对教育本质的最普遍和最简明的界定。但"培养"一词在古代和近代教育名著中均未见使用。《辞海》对"培养"的解释是"栽培养育",如培养花木,引申为教育、造就人才。"培养"与教育联系起来,早先出现在《宋史》中。《宋史·苏轼传》记载:"轼之才,远大器也,他日自当为天下用。要在朝廷培养之,使天下之士莫不畏慕降伏。"元代欧阳玄的《示侄》也提道:"吾宗孙子多好学,争持卷轴求余诗。……初阳萌动慎培养,万木一本含春滋。"古代中国有招揽人才的养士制度,但此"养"有别于"培养"之"养"。

近代中国的教育名著更多使用"养人才""育人才""造就人才"等表述,未见"培养"一词。郑观应的《学校》(1892)、梁启超的《变法通议》和《论科举》(1896)、康有为的《请开学校折》(1898)等,都是如此。20世纪40年代前的中国教育名著,更多使用"帮助""发展""养成""造成"等表述,未见"培养"。如蔡元培在《教育独立议》(1922)中指出,"教育是帮助被教育的人,给他能发展自己的能力,完成他的人格,于人类文化上能尽一分子的责任,不是把被教育的人,造成一种特别器具,给抱有他种目的的人去应用"①。在《美育》(1930)一文中亦指出:"美育者,应用美育之理论于教育,以陶养感情为目的者也。"②又如陈独秀在《新教育是什么?》(1921)中指出:"新教育是学校,旧教育是科举。"旧教育教人"做成伟大的个人,为圣贤,为仙佛,为豪杰,为大学者","新教育是注重在改良社会,不专在造成个人的伟大"。③ 陶行知在《试验主义与新教育》(1919)中则指出,"教育为一种专门之事业,必学焉而后成"④,他还在《民主教育》(1945)中指出,"民主教育是教人做主人,做自己的主人,做国家的主人,做世界的主人"⑤。恽代英在《民治的教育》(1924)中指出,民治教育是"要人养成独立思想、独立行动,先要使他勿受压抑,勿受阻止";要使人自尊、自信、联系团体生活,"养成为民众服务的人"。⑥ 杨贤江在《教育的本质》(1929)中指出,"教育为'观念形态的劳动领域之一',即社会的上层建筑之一"⑦,教育"是社会所需要的劳动领域之一","是帮助人营社会生活的一种手段"。⑧

毛泽东等新中国的缔造者和革命领袖有着丰富且重要教育论述,但没有发现他们有关"培养"的论述。毛主席的著名论断"十大教授法"(1929)、在回应苏维埃文化教育的总方针时提出的"四个在于"(1934),以及1962年提出的社会主义教育方针,都未使用"培养"。直到1949年,教育部部长马叙伦《在第一次全国教育工作会议上

---

① 华东师范大学教育系:《中国现代教育文选》,人民教育出版社1989年版,第12页。
② 华东师范大学教育系:《中国现代教育文选》,人民教育出版社1989年版,第15页。
③ 华东师范大学教育系:《中国现代教育文选》,人民教育出版社1989年版,第166—167页。
④ 华东师范大学教育系:《中国现代教育文选》,人民教育出版社1989年版,第271页。
⑤ 华东师范大学教育系:《中国现代教育文选》,人民教育出版社1989年版,第306页。
⑥ 华东师范大学教育系:《中国现代教育文选》,人民教育出版社1989年版,第441—443页。
⑦ 华东师范大学教育系:《中国现代教育文选》,人民教育出版社1989年版,第479页。
⑧ 华东师范大学教育系:《中国现代教育文选》,人民教育出版社1989年版,第484页。

的开幕词》中指出,"由于我们的国家是以工农联盟为基础的人民民主专政的国家,因此,我们的教育也应该以工农为主体,大量地培养工农出身的新型知识分子,作为我们国家建设的新的坚强骨干"①。1951年,政务院《关于改革学制的决定》指出,"高等学校应在全面的普通的文化知识教育的基础上给学生以高级的专门教育,为国家培养具有高级专门知识的建设人才"②。1958年,中共中央、国务院《关于教育工作的指示》指出,"教育的目的,是培养有社会主义觉悟的有文化的劳动者"③。这表明,在1949年后的有关领导讲话和中央文件中,"培养"才开始成为普遍词汇。

1949年前后,一些专家学者也开始使用"培养"一词。如1933年,钟道赞在《教育与职业》上发表《苏俄之职业教育》一文,认为"苏俄联邦出世以前的教育,为一种特殊阶级的教育、贵胄子弟的教育,和专门培养统治者及知识分子能力的教育,谈不到如何增进一般民众的力量"④。紫云发表的《农村服务专修科课程纲要》认为,"本科教育以养成学识与技术兼长之农村服务人才为主,课程内容包含下列三种:一、农村实际问题之讲解讨论与研究。二、解决实际问题所必要之知识、技能之指授与实习。三、正确思想,良好品性,守业兴趣,实际服务精神之培养与陶练"⑤。1958年,时任教育部副部长的林砺儒在《人民教育》上发文认为,"我们的教育必须培养劳动者,就因为社会转了型,决不许我们再抒怀旧之蓄念,发思古之幽情"。劳动人民的革命干劲是劳动人民的灵魂,是社会主义建设的最根本的动力,"我们的教育工作必须看清楚这股动力,密切地和它联系着,用尽一切方法来培养它、壮大它。这才是培养劳动者的教育工作的主要的着眼点"⑥。

以"培养"来界定教育的本质,是改革开放的创新成果和历史性变革。《中国大百科全书·教育》(1985)指出:"现在一般认为,教育是培养人的一种社会活动,它同社会的发展、人的发展有着密切的联系。从广义上说,凡是增进人们的知识和技能、影响人们的思想品德的活动,都是教育。""狭义的教育,主要指学校教育,其含义是教育者根据一定社会(或阶级)的要求,有目的、有计划、有组织地对受教育者的身心施加影响,把他们培养成为一定社会(或阶级)所需要的人的活动。"⑦此后,"培养"就成为界定教育本质的固定概念,成为现代中国指称教育的代名词。这个关于教育的广义

---

① 中国教育年鉴编辑部编:《中国教育年鉴(1949—1981)》,中国大百科全书出版社1984年版,第683页。
② 中国教育年鉴编辑部编:《中国教育年鉴(1949—1981)》,中国大百科全书出版社1984年版,第686页。
③ 中国教育年鉴编辑部编:《中国教育年鉴(1949—1981)》,中国大百科全书出版社1984年版,第688页。
④ 钟道赞:《苏俄之职业教育》,《教育与职业》1933年第3期。
⑤ 紫云:《农村服务专修科课程纲要》,《教育与职业》1933年第9期。
⑥ 林砺儒:《新社会新教育》,《人民教育》1958年第4期。
⑦ 中国大百科全书总编辑委员会《教育》编辑委员会编:《中国大百科全书·教育》,中国大百科全书出版社1985年版,第1页。

定义,与奈勒(G. F. Kneller)的"在广义上,教育指的是对一个人的身心和性格产生塑造性的影响的任何行动和经验。这种意义上的教育是永无终止的,实际上我们是终生从经验中学习的"[1]界定相似,也与卢梭把教育的来源归结为"自然,人和事物"[2]类似,但这其实都是对学习的定义。有目的地教和学相结合的活动就是教育活动,有目的地教无目的地学,也是潜移默化的教育,无意地影响不是教,有意无意地接受无意的影响都是学习。主体自己有目的的自觉学习,可称为学习、自学、自主学习,也可称为自我教育。这个关于教育的狭义定义,又与奈勒的狭义界定相似,即"在专门技术性的意义上,教育就是通过各级学校、成人教育机构和其他有组织的媒体,有意地把上一代的文化遗产和所积累起来的知识、价值和技能传给下一代的过程"[3]。

"培养"成为现当代中国界定教育的核心内涵,首先是因为它是中国古老文化的基因,其次是与现代中国学习苏联教育经验有密切关系。1950年、1951年和1952年,由沈颖、南致善等翻译,连续出版三次的苏联教育家凯洛夫于1948年著的《教育学》,其在内文第14页中,就先后用了四次"培养"。凯洛夫认为,教育是有目的、有计划地把"学生培养成为社会生活中的此种或彼种角色","共产主义教育是,有目的地、有计划地实现着青年一代底培养,使他们去积极参加共产主义社会底建设和积极捍卫建立这个社会的苏维埃国家"。共产主义的教育有四个方面:"(一)用构成将来能担任任何职业之准备基础的知识、技能、熟练技巧来武装儿童;儿童智力底全面发展;观点和信念的养成;建立科学的世界观,使学生操行具有共产主义的道德精神;(二)学生嗜好、兴趣、才能和禀赋底形成和完善化;培养构成列宁式的未来活动家性格之品质;(三)养成由于社会主义共同生活之要求和条件所决定的高尚行为底习惯;(四)关怀学生健康的和强壮的体格,旨在使其成长为健壮的和愉快的人,并成为将来强有力的工作者和自己祖国底坚定不移的、机警的保卫者。共产主义教育是指从多方面培养具有充分价值的人,这种人能够发挥一切身体和精神的力量,对社会贡献高度有效的活动,并在这种活动中获得个人的满足。"[4]巴拉诺夫等在20世纪70年代编著,并于1979年译介入国内的《教育学》指出:"共产党根据对发达社会主义规律的深刻的科学分析,指出了培养那种将精神丰富、道德纯洁和体格完美和谐地结合起来的新人的客观必然性。共产主义教育的目的,就是培养全面而和谐发展的共产主义社会的建设者和成员。人的全面发展,就是智力和体力、道德和审美的统一发

---

[1] 陈友松:《当代西方教育哲学》,教育科学出版社1982年版,第26页。
[2] 张焕庭:《西方资产阶级教育论著选》,人民教育出版社1979年版,第96页。
[3] 陈友松:《当代西方教育哲学》,教育科学出版社1982年版,第26页。
[4] 凯洛夫:《教育学》,沈颖、南致善等译,人民教育出版社1953年版,第14页。

展。"①当然,这也只是我们从字面上看到的中国的"培养"与翻译过来的俄文的"培养"的相似性。中文"培养"的本质含义,与俄文"培养"的本质含义是否一样,俄文的"培养"是否应译为中文的"培养",也需要全面深入研究。

  我国学者翻译的美国教育学著作很少使用"培养"。杜威(John Dewey)的《民主主义与教育》《杜威五大讲演》等,基本都不用"培养",而是用"养成"。② 奈勒的著作中没有使用"培养"一词。谢弗勒(Israel Scheffler)的《美国教育学基础》认为,"教育在其基本意义上是世代延续的人们借以取得其历史地位的教化过程",没有使用"培养"。③ 夸美纽斯(J. A. Komensky)的《大教学论》没有使用"培养"。但德国教育家的译作则普遍使用"培养"一词。如赫尔巴特(J. F. Herbart)认为,教育首先是管理,管理不同于教学,但又必须纳入教学过程。管理与教学的共同目的是培养,有目的地进行培养就是训育,"训育可以激发情感,或者抑制情感"。管理主要是抑制感情,"因为一方面必须对儿童的意志进行培养,另一方面必须对意志进行抑制,直到可以用培养代替抑制为止"。④ 第斯多惠(F. A. Diesterwey)的《德国教师培养指南》指出,"教育就是人自我培养,或受别人的培养","教育的最大的注意力(主观原理)是培养主动性"。⑤ 日本的教育学译作也有使用"培养"的。如日本筑波大学编写的《现代教育学基础》(1982)提出,"所谓教育,乃是把本来作为自然人而降生的儿童,培养成为社会一员的工作"⑥。

  在外国语言中,"培养"究竟是什么性质的词汇,究竟是因为英语中没有"培养"一词,还是因为中文译文没有把英语中的"培养"翻译为"培养",还需要细致考证。但在中国,"培养"是当代中国界定教育本质的普遍语言习惯,有丰富的内涵,就是栽培、养育、哺育等的引申、派生和隐喻。动物只能哺育、养育,植物只能栽种培育,不能引导、指导和教育。人不仅要哺育、养育,也能引导、指导和教育,但人与动物都不能栽培。栽培与哺育、养育结合起来形成的培养,只是比喻、隐喻。隐喻是既"像"又"不是"的修辞手法,是为了弥补词语、语义、概念、命题等原意的不足,通过对相似性、形象性、拟人化等的借代、夸张、类比等,这让人容易理解、感悟和共鸣的语言表述,而且是在

---

① 巴拉诺夫、沃莉科娃等:《教育学》,李子卓、赵玮等译,人民教育出版社1979年版,第31页。
② 杜威:《杜威五大讲演》,张恒译,金城出版社2010年版,第66—133页。
③ 理查德·D. 范斯科德、理查德·J. 克拉夫特等:《美国教育基础——社会展望》,北京师范大学外国教育研究所译,教育科学出版社1984年版,第40页。
④ 赫尔巴特:《普通教育学·教育学讲授纲要》,李其龙译,浙江教育出版社2002年版,第160—163页。
⑤ 第斯多惠:《德国教师培养指南》,袁安译,人民教育出版社2001年版,第22页。
⑥ 筑波大学教育学研究会:《现代教育学基础》,钟启泉译,上海教育出版社2003年版,第3页。

一定语境中表征价值追求和诠释意义的话语,具有某种模糊性、不确定性和多解释性。① 它与逻辑空间、可能性紧密联系,是构成信念的第三源泉和动力。② 隐喻是由于人们不能用逻辑语言说明问题时而采用的一种表达方式,难免具有神秘色彩。③ 而教育的客观状态是"上所施"的教、指导与"下所效"的学、学习构成的指导学习,指导学习是对教学和育人客观事实的描述和对"培养"神秘色彩的返璞归真、回到原点的简明概括,不是比喻、隐喻。教育必然包含学习,但"学习"要比教育及其中的学习广泛得多。"教""育""学""习",都是教育和培养不可缺少和分割的,但学习、学生的发展是教育和培养的直接目的。教育的目的就是培养、指导和引导学生学会学习、学会做事、学会合作,以及学会独立自主思考、判断、选择和行动。指导学习既强调教育者和指导者的主体和主导地位和作用,也强调而且最终要落实到受教育者的主体地位和作用。而"培养"只能是教育者对受教育者施加的影响,因此,很可能在理论和实践中轻视、忽视受教育者的主体地位和主体性。学习化社会应既重视终身教育,也重视终身学习,构建同等重视以教育为本与以学为本的教育本质观和价值观,全面推进课堂教学实践变革,广泛、持久、充分调动全社会学习的积极性和主动性。④

三、中华文化中"学习"的现代复兴以及对"教育"与"学习"关系的认识

我国有不少学者根据甲骨文的象形文字,把"教"看作是"孝"与"攵"的结合,并将之解释为成人举着教鞭,引导学童学习经典和孝道等道德规范。也有学者认为,"教"并非"孝"与"攵"的结合,而是"学"与"攵"结合而成的"教",是成人举着教鞭,引导学童学习。⑤《说文解字》把"学""教"作为同字同义。"敩"不仅是双音字,而且是双意字,是"学"和"教"的浑然一体,不可分割。《辞海》对"敩"的解释是,敩,xiào,xué,同敩,效也。敩习即学习,模仿习气、习惯。敩后同教,是教导和使觉悟之意。"上所施,下所效是为教",出自《书·盘庚上》中的"盘庚敩于民"。《隶释·外黄令高彪碑》有"为敩者尊"。《书·说命下》有"惟敩,学半"。《礼记·月令》有"[夏季之月]鹰乃学习"。唐代孔颖达把《礼记·学记》的"学学半"解释为"教学相长","上学为教,音敩;

---

① 理查德·罗蒂:《后哲学文化》,黄勇编译,上海译文出版社1992年版,第27—28页。
② 保罗·利科:《活的隐喻》,汪堂家译,上海译文出版社2004年版,前言第4—6、177—180页。
③ 高秉江:《胡塞尔的Eidos与柏拉图的idea》,《哲学研究》2004年第2期。
④ 郝文武:《现代中国教育本质观的合理性建构》,《高等教育研究》2022年第1期。
⑤ 杜成宪:《以"学"为核心的教育话语体系——从语言文字的视角谈中国传统教育思想的重"学"现象》,《华东师范大学学报》(教育科学版)2010年第3期。

下学者,谓学也,谓学习也"。但"四书五经"只有"学",没有"学习"。唐代颜真卿的《劝学》、韩愈的《劝学诗》、宋代朱熹的《劝学诗》、陈普的《劝学歌》、清代钱泳的《明日歌》等,也都强调"学",没有"学习",只有张之洞的《劝学篇》有3处出现"学习"。

由此可见,"学"的活动早于"教"的活动。"从文字发展的过程看,汉字中的教字是由学字发展而来的,而中国人的教的概念是由学的概念发展而来的。"在较早的历史时期,"教"与"学"这两个字是可以通用的,但"学"字可以毫无障碍地通用为"教",而"教"则不能直接转化为"学"。"学"的内涵的丰富性,使"学"字实际上主要承担了表达"教"的概念的功能。"这种现象反映了中国传统教育思想和实践的重要特点,即重学甚于重教。以至我们可以将中国传统教育思想看成是一种学习思想。"近现代使"学"为核心的话语体系向以"教"为核心的话语体系转换,有某种历史的必然,但转换变成了取代,中国传统教育思想中重"学"的特点及其合理因素也一起被抛弃了。①

虽然从大量文献中可以看到,古代中国基本上是以学论教,但这也很难充分说明古代中国重学而轻教。首先,古代中国也有许多类似"得天下英才而教育之""建国君民,教学为先""国将兴,必贵师重傅"等十分重视教育的名言警句。其次,如果说古代中国的"学""教"一体,或者论学就是论教,那么更多的论学也就是更多的论教。现当代人"抛弃"的"学",既可能只是形式上或文字上的"学",也可能是实践上的"学"。如果说"教"是"教""学"合一的"教",是先有"学"后有"教"的"教",那么"教""学"合一的"教"是针对什么问题、在什么语境中和何种范围内论"学"或论"教"的?在什么时间或年代之前主要是论"学"或者论"教"的?诸如此类的问题,则需要深入研究。即便完全弄清楚了古人对这些问题的认识,也不等于说这些认识是完全反映"教"和"学"的本质、规律及其相互关系的。再次,古代中国更重视学习的"以学论教"的理论与教育实践是否一致也要深入考察。如果两者完全一致,就可以把"以学论教"的理论看作是对求学、求知、治学有实际影响的理论,否则就仅是一种理论而已。复次,"学"和"教"浑然一体的"教",在我国已经很少使用。知识论或认识论中的"教"与"学",既包括又远多于教育学中的"学""教",主要是广泛的论"学",很难具体深入到教育学中的"教"与"学",即便有所涉及,也很难辨别究竟更重视"学"还是更重视"教",抑或同时重视两者。最后,"学"和"教"浑然一体、不可分割,是教育教学活动追求的理想状态,未必是客观存在的状态。"教"与"学"的结合也有不同的水平,只有通过对"学""教"的知识、理论和实践的深化研究后,才能尽力使两者达到相互促进的理想状态。②

---

① 杜成宪:《以"学"为核心的教育话语体系——从语言文字的视角谈中国传统教育思想的重"学"现象》,《华东师范大学学报》(教育科学版)2010年第3期。
② 郝文武:《学科和课程分化与综合的辩证法》,《教育学报》2006年第6期。

由上述可见，在20世纪初之前，许多中国名著中没有或鲜见"学习"一词。"学习"是中华文化在现当代的复兴，对"教育""学习"关系的认识，也是在现当代中国与世界文化交融中不断发展的。"学习"在中国的普遍使用，始于20世纪40年代。如李维汉的《延安在职干部一年来学习经验总结》(1940)、毛泽东的《改造我们的学习》(1941)，徐特立的《我们怎样学习》(1942)、陶行知的《民主教育之普及》(1945)等，都大量使用了"学习"一词。如果"学"不能与"习"相联系组成"学习"，其含义就要通过认真研读相关著作从而确定；但如果"学"与"习"相联系，组成"学习"，其含义就十分明确，即指不同于治学、学问、学术、学科、学者之"学"的求学的读书、讲课、写字、练习、研学等活动，既有自主学习的"学习"，也主要是教育者和受教育者之间动态的、相互影响的认识过程和主观精神世界的变化和改进过程，而非静态的知识、文本等客观精神世界的"学"。但在"学""教"分离后，在教育理论研究和实践中，究竟是更重视"教""教育""教学"，还是更重视"学""学习"，抑或同时重视两者，这不仅是语言文字表达上的问题，而且是价值追求问题，最终可能对教育实践产生重要影响。

我们很难考证英文等西方语言中的"教""育""教育""学""习""学习"等词汇、词义，从古到今是如何演进的，以及中国古人如何翻译 education。但现代人往往把"教育"和"学习"相互替代，甚至更重视教而轻视学。1996年，联合国教科文组织国际21世纪教育委员会历时三年完成的研究报告 *Learning The Treasure Within*，在中国有两个内容完全一致但题目不同的译本，一为《教育——财富蕴藏其中》，一为《学习——内在的财富》。在正文中，有人把英文的同一句话译成"终身学习是21世纪的生存概念或钥匙"，有人则将之译成"终身教育是进入21世纪的钥匙"。[①] "教育"与"学习"既有联系又有区别，即便有紧密联系，也不能把 learning 当作 education。这不是语言文字问题，而是"以儿童为中心"、以学生为主体和以学生、学习为本，还是以教师为中心、为主体和以教育为本的价值选择问题，是对教育本质甚至人的本质完全不同的认识问题。此外，to be 既有存在、成为等含义，又可译为生存、生活、成人等，但把 learning to be 译为"学会生存"，而不是它本来可以是的"学会自主"或"学会独立自主""学会成为自己"的含义，也主要是价值观问题，而非语言文字的问题。不仅学会学习、学会做事、学会共处，都是学会生存、学会成人，而且学会成人也未必是成为独立自主的人，而成为独立自主的人，既是个人的理想追求，也是教育和社会应有的追求。如果说学会学习、学会做事、学会共处，都不是学会生存、学会成人，那么，"学会生存""学会成人"还有什么？就剩吃喝拉撒、睡觉、游玩等。难道教育只是让学生

[①] 联合国教科文组织：《学习——内在的财富》，教育科学出版社1998年版，第85—87页。

学会这些"生存"和"成人"吗？① 中国文化中的"学"，既有内涵丰富、高度概括的优点，也有可能导致有多种理解甚至产生歧义的缺点。把中国文化中的"学"译为他国语言，把 learning 和 education 译为中文，都是一件很复杂的事情。1900 年，美国传教士吴板桥将张之洞的《劝学篇》译为 China's Only Hope（《中国的唯一希望》），既有价值取舍因素，也有语言、词汇本身的复杂性因素。在中国，有把 education 译为"学"的，在外国，也有把"学"译为 learn 的，② 但这些似乎都不确切。由此可见中外文化教育交流的复杂性，以及加强中外文化教育交流、研究的重要性。

"学习化社会"应该同等重视终身学习和终身教育，但合乎逻辑的是，终身教育的直接目的是终身学习，而非终身学习的目的是终身教育。有学者遵循此逻辑，特别强调学习的意义，认为"今天，性命攸关的问题不仅仅是学不学的问题，也不仅仅是再学习的问题，而是重新组织我们的思想体系，重新学会怎样学习"。这是教育的根本问题，因为它关系到组织知识的能力。③ 学习、教育和科学研究都需要有效的方法，而"方法就是我们如何学会学习的东西"。我们的前辈和我们，都能够学会如何学习，在学习中学会学习。④ 认为"教育是提高学习水平的基本方式和正规手段"，学习的失败从根本上说是一切问题的问题，"一切有实际目的的学习，显然实际上都没有止境"。⑤ 在当今社会，不论是富裕还是贫困，所有的个人和社会，都毫无例外地面临"不学习就灭亡"的局面。⑥

四、中华文化中"师范"的现代复兴与"教师教育"的出现

"师""范"最早出现在西汉末年扬雄的《扬子法言》中："务学不如务求师。师者，人之模范也。"第一次将"师"和"范"组成词汇的是《后汉书·列传·文苑列传下》："君学成师范，缙绅归慕，仰高希骥，历年滋多。"后来，《文心雕龙·才略评》有"相好如书，师范屈宋，洞入夸艳，致名辞宗"；《北史·杨播传论》有"恭德慎行，为世师范"。但"师

---

① 联合国教科文组织：《教育——财富蕴藏在其中》，教育科学出版社 1996 年版，前言第 8 页。
② 黄兴涛：《张之洞〈劝学篇〉的西文译本》，《近代史研究》2000 年第 1 期。
③ 埃德加·莫兰：《方法：天然之天性》，北京大学出版社 2002 年版，第 4—5 页。
④ 埃德加·莫兰：《方法：天然之天性》，北京大学出版社 2002 年版，第 24 页。
⑤ 詹姆斯·博特金、马迪·埃尔曼杰拉、米尔恰·马利察：《回答未来的挑战——罗马俱乐部的研究报告〈学无止境〉》，林均译，上海人民出版社 1984 年版，第 21—22 页。
⑥ 詹姆斯·博特金、马迪·埃尔曼杰拉、米尔恰·马利察：《回答未来的挑战——罗马俱乐部的研究报告〈学无止境〉》，林均译，上海人民出版社 1984 年版，第 27 页。

范教育"的提法是近代的产物。戊戌变法前夕,梁启超在《京师大学堂章程》中提出设"师范斋"的设想,疾呼"欲革旧习,兴智学,必以立师范学堂为第一义"。① 1902年,管学大臣张百熙强调"办理学堂首重师范",并创设了"京师大学堂师范馆"。在1908年的开学典礼上,学部大臣张之洞发布训辞:"师范教育,是为一切教育发源处,而京师优级师范,为全国教育之标准。故京师师范,若众星之拱北斗。"②从此,"师范教育""师范学校"就成为培养"堪为人师而模范之"的学校和教育的代名词。

"京师大学堂师范馆"在1902年到1950年的47年间易名14次,平均3年多变化一次,在1950年定名为"北京师范大学"之后,虽然内涵不断扩展、水平不断提高,但名称再未改变。北京师范大学在1949年之前的曲折发展和之后的稳定发展,是中国社会及其师范教育发展的缩影,其他具有一定历史的师范院校的发展同样如此,比如陕西师范大学,从1944年成立陕西省立师范专科学校,到1960年与陕西师范学院合并,定名为陕西师范大学之前,也有4至5次名称变化。

20世纪后半叶,中国的师范教育名称、概念逐渐向教师教育转变。德国教育家第斯多惠1835年出版了 *Wegweiser zur Bildung für deutsche Lehrer* 一书,袁一安将之译为《德国教师培养指南》,1990年由人民教育出版社出版;但在1985年,亦有学者将之译成《德国教师教育指南》③,这可能是我国最早出现的"教师教育"一词。英文对《德国教师教育指南》有 *Guide for the instruction German teaching*、*German teacher education guide*、*German teacher training guide* 等几种翻译,但没用"*German teacher cultivation guide*"的。可见,"培养"与"教育"关系的复杂性。"培养"不仅包含学校教育的培养,也包括国家和社会对人才和教师的选拔任用、使用、锻炼的培养。学前教育、学校教育甚至家庭教育、社会教育等所有教育,都只是培养人的一种社会活动,不是全部活动,可以说,教育是培养人的活动,不能说所有培养人的活动都是教育。把教育看作是培养人的活动的全部,就会轻视甚至忽视人的发育、保育以及人才的选拔任用、使用、奖励等对人的成长的培养作用。对于学前儿童的培养、培育,首先应是促进身心健康发育、做好身心健康保育。教育本来是教与学的双向活动,或指导与学习的双向活动,教育之育和培养、自然社会历史文化之育和培养,都是不可缺少之育。如果只强调教而轻视学、只强调教育之育和培养而轻视环境之育和培养,必然使得教育的功能和动力减少或丧失很多。

"师范教育"与"教师教育"既有联系又有区别。师范教育是就培养教师和教育管

---

① 陈学恂:《中国近代教育文选》,人民教育出版社1983年版,第144页。
② 朱有瓛:《中国近代学制史料》第2辑下册,华东师范大学出版社1987年版,第386页。
③ 李文奎:《第斯多惠〈德国教师教育指南〉》,《山东师大学报》(哲学社会科学版)1985年第3期。

理者的活动和机构而言的,而教师教育主要是根据教育对象而界定的教育活动。师范教育的主要对象是准备做教师的学生和已经做教师的在职教师,任务是把青年学生培养成教师和培训在职教师,除此之外,还培养和培训教育管理者、教育研究者、教材编著与出版、翻译等文化交流人才。把师范教育只看作是教师教育,缩小了师范教育对象、内容等。即便如此,normal school(师范学校)与normal education(师范教育),teacher education(教师教育)与normal education(师范教育)也不完全等同和可以相互代替。① 在我国师范教育改革之前,培养教师是师范院校安身立命、不可动摇的根本甚至唯一职责、任务和目标。在教师教育开放和师范大学走向综合化后,师范教育已非师范院校的唯一职责、任务、目标。以"教师教育"代替"师范教育",有利于更好地体现教师教育的开放性,以及师范大学综合化前后师范教育的特点和师范院校的主要职责、任务、目标、特色。因此,教师教育的发展也就成为中国师范大学和教师培养发展的趋势。②

"学高为师,身正为范"中的"师",是广义的"师";"学为人师,行为世范",是每个在职教师和未来教师的本质特征。教师的"学高"和"身正"缺一不可、相互促进,但未必相互对应。"学高"是基础,否则就成为其他职业人的"学高","身正"就可能成为其他人的"身正"。教书育人、为人师表是教师职业的本质要求,师范教育和教师教育培养教师,在本质和目标上完全一致,不能因为从"师范教育"转变为"教师教育"就改变教师职业的本质和天职。

1999年,中共中央、国务院《关于深化教育改革全面推进素质教育的决定》最早明确提出了教师教育的开放性——"调整师范学校的层次和布局,鼓励综合性高等学校和非师范类高等学校参与培养、培训中小学教师的工作,探索在有条件的综合性高等学校中试办师范学院"。2006年,国务院《关于基础教育改革与发展的决定》最早使用了"教师教育"一词——"完善以现有师范院校为主体、其他高等学校共同参与、培养培训相衔接的开放的教师教育体系"。此后,"师范教育"和"教师教育"交替使用。在强调师范院校的整体活动和目标、任务时,就使用"师范教育";在强调师范教育的主要对象时,就使用"教师教育"。2010年,《国家中长期教育改革和发展规划纲要(2010—2020年)》指出:"加强教师教育,构建以师范院校为主体、综合大学参与、开放灵活的教师教育体系。深化教师教育改革,创新培养模式,增强实习实践环节,强化师德修养和教学能力训练,提高教师培养质量。"2012年,教育部将"师范教育

---

① 栗洪武:《"教师教育"不能取代"师范教育"》,《教育研究》2009年第5期。
② 郝文武:《师范教育向教师教育转变的必然性和科学性》,《教育研究》2014年第1期。

司"更名为"教师工作司",这是师范教育转变为教师教育的重要标志。2018年,《关于全面深化新时代教师队伍建设改革的意见》强调,要大力振兴教师教育,不断提升教师专业素质能力,要加大对师范院校支持力度。实施教师教育振兴行动计划,建立以师范院校为主体、高水平非师范院校参与的中国特色师范教育体系,推进地方政府、高等学校、中小学"三位一体"协同育人。要支持高水平综合大学开展教师教育。创造条件,推动一批有基础的高水平综合大学成立教师教育学院,设立师范专业,积极参与基础教育、职业教育教师培养培训工作。而师范教育和教师教育无论如何变化,教师都要"学为人师,行为世范",都与古今之"学"有本质联系。凡学者都应为师为范,但事实并非完全如此,也有有"学"而无"范"的学者。而教师则必须如此,有"学"无"范"和有"范"无"学"者都不能成为合格教师,更不能成为优秀教师。

The Modern Revival of Chinese "Education" and "Cultivation" in Chinese Culture: A Study from the Perspective of Cultural Integration

HAO Wen-wu

Abstract: The characters "教" (teach) and "育" (educate) have existed in oracle bone inscriptions for over 3,000 years. While the term "教育" (education) is found in the text of "Mencius", its appearance is remarkably scarce in other ancient Chinese educational masterpieces, becoming prevalent only after the 20th century. The concept of "cultivation" is also embedded in ancient Chinese culture, but it was only in the latter part of the 20th century that the concept began to be explicitly applied to define education. "Learning" is the foundation and goal of both education and cultivation. The connotation of "normal education" in Chinese culture is also rooted in the concept of "learning", allowing its revival to acquire modern significance, and transforming into "teacher education" amidst the global cultural integration.

Keywords: education　learn　cultivation　normal education　Chinese cultural renaissance　cultural integration

| 教育学学科建设 |

一个学科与其专业组织共同发展的轨迹
——中国高等教育学会高等教育学专业委员会三十年发展历程

阎光才[*]

摘　要：2023年是高等教育学纳入国务院学位委员会发布的学科目录40周年，也是中国高等教育学会高等教育学专业委员会创立30周年。30年来，专委会一直倡导和持续关注高等教育学学科建设和高等教育理论研究，其间发生的研究主题转向，虽然带来了理论研究弱化、研究议题弥散等问题，但也促进了我国高等教育研究空前繁荣。推进学科建设是专委会的责任与使命，必须追随和牢记老一代学者的学科使命感，坚持学科自信与理论自信，以有深度的理论研究与体系建构，将高等教育学的学科化或再学科化推入新阶段。

关键词：高等教育学　学科建设　高等教育学专业委员会

中国高等教育学会高等教育学专业委员会的前身是全国高等教育学研究会。1992年12月，在高等教育学纳入国务院学位办学科目录即将进入第一个十年之际，厦门大学举办了第一届"全国高等教育学科建设研讨会"。会上，潘懋元先生提出动议，主张建立"一个专门的高等教育理论研究组织"，得到与会者的广泛赞同。于是，

---

[*] 阎光才，教育学博士，华东师范大学高等教育研究所所长，教授，博士生导师。

围绕该组织的设立,会议迅疾组建了筹备组。①经过大半年的筹备,1993年10月19—22日,第二届学科建设研讨会在华东师范大学召开,与会者就该研究组织的命名、宗旨与运行展开了充分讨论,并通过了章程,宣布"全国高等教育学研究会"(以下简称"研究会")正式成立。研究会成立之后,在1993—2005年间,先后组织七次会议,加上厦门的预备会,共召开了八届学科建设研讨会,随后以每年至少举行一次学术年会的形式实现常态化运行。2005年,作为中国高等教育学会下属的二级分会,研究会正式更名为"中国高等教育学会高等教育学专业委员会"(以下简称"专委会")。

一、倡导理论研究是专委会持续关注的议题

专委会的成立,得益于潘懋元以及刘佛年、朱九思、汪永诠、余立、薛天祥等老一辈学者的开拓之功。尤其是潘懋元先生,对专委会的成立与快速发展可谓功勋卓著。1993年成立大会的会议主题是"建设有中国特色的社会主义高等教育理论体系",在大会上,潘先生便明确了学术立会的宗旨,提出创会的目的在于加强各培养单位之间的交流、组织与培养工作,凸显了研究会作为全国高等教育学学科建设与交流的中介枢纽功能和作用。加强理论研究,探索高等教育学的学科定位、属性乃至理论体系的建构,应是研究会持续关注的议题。学科理论体系建构是潘懋元先生念兹在兹的心结所在,早在厦门筹备会上,他就提出了个人关于高等教育学科的基本认识,认为高等教育学是属于教育学下的分支学科,具有应用即服务于实践的取向与属性;因为涉及领域、对象与议题较为广泛,它又具有学科群性质。针对学科合法性所关涉的理论体系建构议题,潘先生提出学科发展过程中存在相互联系的三个体系的观点,即理论体系、知识体系(经验体系、工作体系)、课程体系。立足当时学科发展与理论研究的现实状态,他审时度势,提出应该把知识的积累即知识体系建构作为重点,认为高等教育学科发展虽然已经越过了初创阶段,但还处于发展阶段,尚未进入成熟阶段。潘先生强调,探索高等教育活动的一般性规律、建构完整的科学理论体系,必须作为高等教育学科建设的最终目的,也是研究会持续开展工作的目标。

研究会创办之初的几届学术年会,讨论的主题聚焦于学科建设。1995年汕头会议的主题为"在新形势下需要重新认识的基本理论问题",会议重点探讨了学科理论体系建构的进展,同时关注当时因为形势变化而出现的相关热点问题,如"211工

---

① 董立平:《潘懋元与中国高等教育学会高等教育学专业委员会》,《高等教育研究》2013年第4期。

程"、素质教育、课程教学、联合办学、招生考试和教师队伍等,研讨议题逐渐趋于多样。1997年天津会议的主题为"高等教育理论研究如何更好地为高等教育发展改革服务",会议的重点依旧为学科建设与理论体系建构议题,但针对当时学科体系建构中出现的抽象探究倾向,潘先生特别提醒:理论研究不能坐而论道,要做到求真与求用结合,重视理论成果的转化;强调要着重开展有关高等教育体制、高等教育思想和教学改革方面的研究。这再次凸显了他一贯坚守的理论研究要服务于实践、高等教育学学科具有应用属性的基本主张。

1998年的烟台会议,大致代表了研究会研讨主题风向的转变。在当时一度由信息技术和因特网兴起所带动的全球"知识经济"风潮涌动中,考虑到高等教育即将面临的巨大社会背景变革,在时任联合国教科文组织亚太地区高级专员王一兵的动议下,当年会议确立的主题为"知识经济与大学教育的发展和改革"。会上,潘先生认为,高等教育理论研究如何适应社会变革和服务社会,应成为研究会关注的核心议题。他提出,围绕会议主题,大家"可以从不同的视角,探讨不同层面的具体问题。不必强求集中于某个问题开展讨论"①。由此开始,学术研讨会的定位逐渐走出原来聚焦学科理论体系建构的小众偏好,研讨主题大为拓展,开始更多地结合高等教育的形势变化与现实需求。在世纪之交,我国高等教育规模正处于全面扩张初期,快速发展也引出了众多新的问题,特别是规模、结构、质量与效益等问题。于是,诸如大众化高等教育、高等教育质量保障、大学精神、招生并轨与收费制度、高等教育财政、高等学校办学体制等众多议题逐渐受到研究会的关注。由此,研究会的研讨主题开始走向综合化,关注议题领域越来越广泛,也越来越具有面向政策变革与现实实践的应用取向。

2001年,研究会在华中科技大学召开换届大会,此次年会参会人员规模超过了200人,会议上潘懋元先生卸任理事长,由杨德广教授继任。卸任后的潘先生始终关心研究会工作的开展,特别关注它在学科建设与理论体系建构中的独特作用。针对年会主题的日趋综合化和研究应用色彩的日趋浓厚,他不时对新一届理事会给予提醒和点化。如于2005年在上海交通大学召开的换届大会上,作为名誉理事长的潘先生在大会致辞中提道,"近年来,高等教育应用研究的味道较浓,而从学科角度出发的理论研究有所弱化,专业委员会(当年"全国高等教育学研究会"正式更名为"中国高等教育学会高等教育学专业委员会"——笔者注)如何进一步明确定位,特别是如何

---

① 潘懋元:《知识经济与高等教育的改革和发展:在全国高等教育学研究会第五届年会开幕式上的发言》,《高等教育研究》1999年第5期。

体现与其他分会的区别,需要大家深入思考"①。2010年12月,专委会在上海师范大学召开了新的换届大会,杨德广教授卸任,由张应强教授继任理事长。名誉理事长潘懋元先生在此次大会的开幕式与闭幕式上先后做了讲话,他寄语新一届理事会,提出"我国的高等教育研究既要重视对现实问题的研究,也要注重理论研究和高等教育学学科建设,应坚持'两条平行轨道有所交叉地前进'"的要求。②

如此不难体会潘先生对专委会的角色期待,特别是在研究方向日益多样化和应用色彩日益浓厚的背景下,专委会如何能够坚守创会初衷,在推进高等教育学科建设和理论体系建构中发挥独特作用,成为潘先生关注的重要问题。在2011年石河子大学年会召开之前,潘先生也对张应强理事长再次提出了如何明确学科定位和应对理论研究弱化的问题。是故,当年年会的主题确定为"高等教育研究的使命与挑战",参会人员就"如何评价和提升我国高等教育研究水平,开创新局面"展开了大讨论。

事实上,尽管专委会年会的主题范围与风格有所变化,但30年来围绕学科定位、理论体系建构与方法论的研究,始终是每年会议都会涉及的话题,只是在特定政策变化背景中,它不断地得以凸显,甚至形成中国高等教育学科发展中的一种特有的焦虑与忧患意识。例如,在2008年于宜昌三峡大学召开的年会中,周川针对高等教育研究理论性不足问题,指出"我国高等教育学是应当时的社会需求而'早产'的,具有先天营养不良、发育过程催熟等特点;……体系多于问题,感想多于实证,假说多于学说,发表多于积累,写作多于研究"。2009年在云南大学召开的年会中,董云川认为,高等教育研究存在功利化取向,问题意识与方法规范不足;李均则认为普遍存在研究"重问题、轻理论;重宏观、轻微观;重现实、轻历史;重国内、轻国际;重追随、轻前瞻"的倾向;高耀明则揭示了研究中存在的关注热点、过于明显的政治与行政导向、缺少理论、微观研究不足等问题。③ 与此同时,伴随国务院学位办出台的按一级学科管理的政策调整,由高等教育研究领域知识碎片化与理论研究不足问题所引起的反思与争论也达到了巅峰。在2011年会议之后,学界围绕高等教育学是学科还是领域,它的学科属性是多学科、跨学科,是经典学科、现代学科,是教育学下属分支学科还是一级学科抑或是交叉学科等问题,展开了大范围的讨论与争鸣,这场讨论至今还在延续。

---

① 翁伟斌:《全球化背景下的高教改革与发展——2005年中国高教学会高等教育学专业委员会学术年会综述》,《教育发展研究》2005年第12期。
② 苏永build、陈廷柱:《社会变革中的中国现代大学制度建设——中国高等教育学会高等教育专业委员会第五届会员代表大会暨2010学术年会综述》,《高等教育研究》2010年第12期。
③ 张建新、董云川:《中国高等教育学会高等教育学专业委员会2009年学术年会综述》,《高等教育研究》2009年第11期。

二、客观评价专委会早期主题聚焦与转向的历史效果

高等教育学学科的确不同于一般教育学,无论在研究对象、活动内容还是方法规范等方面都有其特殊性,这也是为何多年来人们围绕其学科归属与定位聚讼不断之缘由。但是,抛开不同时期人们的主观意图,单纯从历史客观效果角度来审视,潘懋元先生在早期将其定位于教育学下的分支学科,应该说有其发展阶段的合宜性。作为一个开创性学科,从无到有,由于缺乏更合理的参照,以教育学为参照框架,至少在短期内为学科立足或合法性创造了条件。与其他传统学科先有相对成熟的理论体系,再有规范的课程体系的情形不同,高等教育学则是在理论建构尚处于探索阶段之际,通过借鉴一般教育学的既有框架和相对成熟的课程体系,在短时间内就形成了比较规范的培养方案,开设了诸如高等教育学、高等教育管理学、比较高等教育、中外高等教育史、大学课程与教学等课程,从而迅速培养了大批高层次的专业人才,为后期的可持续发展奠定了人才基础。至于研究会早期对完整理论体系建构的探索,虽然在今天还是一个难题,但它在建设初期至少为学科基本理论框架的建构奠定了基础,也为培养方案与课程体系的完善提供了合理化依据。

自1998年烟台会议后,专委会对学科理论体系建构议题的研究的确有所淡化,而更重视开展围绕现实问题的理论与实践结合研究。如今来看,这一转向的确带来了一些问题。如潘懋元先生所忧心的理论研究弱化问题,还有研究议题愈加弥散,研究的政策导向性与热点关注有余,而持续性的聚焦和深度研究不足,知识日趋碎片化而不是体系化,多学科介入与交叉以及方法多元导致传统学科建构所必要的逻辑线路更加不清晰,不同领域或方向各行其是,甚至出现裂变和分家的趋势……,如此等等。也正是这些内部因素以及外部政策环境的影响,一度导致了2010年后关于学科危机与危机意识的大讨论。然而,如果换一个角度来看,这种转向其实也正是我国高等教育学科短时间快速发展和空前繁荣的动力源。面向实践和围绕形势与政策需求的研究,拓展了研究主题与资源,扩大了参与的群众基础,使研究队伍迅速扩张。如果说作为学科建制的高等教育学在中国的诞生,用邬大光教授的说法是"堪称奇迹"[1],那么在如此短暂的时间内,中国高等教育研究领域拥有如此庞大的队伍规模,一度出现了空前繁荣的景象,则可以称之为"奇迹中的奇迹"了。故而,从历史效果角度来评价,我们不难想象,没有这一转向,高等教育研究或许还依旧滞留于小众性的

---

[1] 邬大光:《潘懋元:高等教育学的中国符号》,《高等教育研究》2020年第7期。

理论偏好,是否有这种奇迹的发生也未可知。

目前,在我国高校,拥有高等教育学硕士或博士学位授权点的单位究竟多少? 2023年通过对专委会理事摸底调查,粗略统计约有80所,其中博士授权点约40所,这些学位点单位的专业教师队伍粗略估计有900多人。该数字虽然并不精确,但大致反映了目前学科布局与队伍规模的基本轮廓。当然,如果把非学位点单位的专业研究人员纳入统计,则规模更为可观。与此同时,专委会的影响也不断扩大,年会的参会规模由最初50多人到如今800多人,至少在体量上体现了学科与学术共同体的共同成长,也多少实现了潘先生要求专委会充分发挥交流、组织与培养作用的创会初衷。当然,我们不否认学科发展中存在的问题,特别是潘先生关于从学科角度开展理论研究弱化的问题,这也是目前专委会责无旁贷要面对的难题。

三、推进学科建设是专委会的责任与使命

经过40多年的发展,高等教育研究的主题、方向或领域已经得到全面拓展,学科内部甚至出现了分工与分化格局,如研究生教育、院校研究、高等教育经济与管理、高等教育评价、高等教育发展战略,如此等等。研究层次由早期相对宏观转向中观与微观,跨学科与交叉学科研究特征日益突出,研究风格与方法取向愈加多元。相较于创会初期,专委会要发挥其组织与交流作用,开展学科理论体系的探索将面临更多的困难。一个基本的理性判断是,即使在今天,高等教育学学科建设恐怕依旧处于潘先生早期所认为的发展阶段,还远未达到成熟阶段。在此,姑且搁置高等教育学的学科属性,如是经典学科还是现代学科、是一级学科还是交叉学科等议题。我们认为,在推进学科建设和完整学科理论体系建构的道路上,专委会需要持续倡导开展如下工作。

第一,继续加强宏观层次研究。中国特殊的文化、制度与体制,决定了高等教育研究无法回避国家宏观政策变化的现实。在越来越复杂和多变的国际环境中,如何能够以超前眼光,结合经济社会、人口结构、科技与国际政治关系变迁,主动开展有前瞻性的理论与政策研究,以更好地服务于高等教育发展与变革形势要求,对于这一问题的回答是高等教育专业研究者的社会责任所在。然而,由于政策多变、周期短和热点过于变幻莫测,研究者如果缺乏基本的定力和适度超越的立场,宏观层面的研究也就难以深入,从而难以对国家与社会层面的体制性和系统性难题有深度理解和把握,更无法为重大问题解决提供理论与专业支撑。如周川教授所言,在今天,宏大主题的

研究依旧不可或缺,要体现其"登高望远与正本清源"的境界。① 适度超越,就需要研究者能够立足全球视野和本土意识,对现实中存在的根本性与系统性问题展开自主性、反思性和富有想象力的研究,并对既有政策效应做客观评价和理性分析,以扎实可信的成果来引导舆论,进而影响决策和决策执行过程。

第二,全面丰富中观与微观层次研究。邬大光教授提出,高等教育研究的重点应该从系统层次转向中观与微观层次的组织研究,"以具体的实践为基础构建对高等教育学的理论认识"②。中微观层次研究具有两个面向:一是通过立足日常现象或经验观察,开展大量问题取向的理论探究,以此来全面丰富高等教育学的知识体系;二是服务于实践者的研究,为行动者提供可供选择的理论装备。中微观层次研究的核心关注,在于人的发展需求、人的心智结构以及人的行为方式,唯有聚焦于"人",方能透视组织及其制度运行通畅或不畅背后的底层逻辑,进而由下而上揭示其与宏观系统之间的勾连。中微观层次研究的质量,取决于人们对现实问题的敏感性、数据采集和信息的丰富与精确程度,以及研究方法和工具使用的合理性。近年来,高等教育研究领域出现了方法日益多元、研究工具愈加精致的倾向,这无疑是一个向好的趋势。但是方法和工具必须服务于有价值的问题研究,它不仅是真问题,而且富有思想与理论的启发性或实践参考价值。我们不得不反思现实中存在的一种普遍现象,即方法至上主义——徒有方法与形式的精致,但研究内容与结论却极为平庸。

第三,加强自我研究。回顾40多年的非凡历程,高等教育学学科取得快速发展的诀窍,既在于外部环境的现实需求所提供的动力,更在于学术共同体的开放包容。因为开放,才有了思想的包容与多学科的融合;有思想的争辩、实验乃至竞争,才有持续的知识创新与积累。知识不是理论的同义语,它往往具有情境化乃至个人化意味。而理论则具有去情境化的抽象性,它未必是普适性的,但至少是范式意义的共识。然而,没有理论取向的知识积累,就不可能有理论的生产,更不可能达致学科理论体系建构的目标。是故,我们倡导高等教育领域的专业研究者能够适当聚焦,发挥各自专长,以跨学科视野,在特定领域或方向乃至特定主题上开展长期持续的深度研究,形成不同领域与方向的知识积累与探索性理论建构。只有这样,才能如张应强教授所言,高等教育学的学科化或学科理论体系的建构,才具有其集体"整合"的可能性,③进而逐渐展现其多层次、多类别但彼此之间又存在有机联系的理论轮廓。

---

① 周川:《为高等教育宏大主题的研究辩护》,《高等教育研究》2012年第5期。
② 邬大光:《高等教育学应该研究什么?——二论高等教育学学科建设》,《江苏高教》2020年第12期。
③ 张应强:《高等教育学的学科范式冲突与超越之路——兼谈高等教育学的再学科化问题》,《教育研究》2014年第12期。

在此同时,我们尤为钦佩部分甘于坐冷板凳的学者。他们长期持续开展高等教育学史以及学科理论的元层次研究,承担有关基本概念的澄清、相互关系的逻辑推演与理论体系构建等工作,为高等教育学科理论大厦的探索性构筑打下基础。

高等教育学的学科化与理论体系建构,需要专委会发挥其作为合作交流平台和枢纽的作用,加强学科点之间的沟通。一方面,集结众多有专长有积累的学者,探索理论的整合研究,另一方面,则需要通过调查研究、经验交流和共享,在培养方案与课程体系建设上逐渐形成基本共识。寻求学科人才培养的共识,这本身也是完善理论体系建构的重要构成部分。2006 年,在浙江师范大学与北师大珠海分校,专委会前理事长杨德广教授曾组织召开了两次针对高等教育学硕士与博士学科点建设的专题会议,全国高教机构协作组也曾多次组织会议研讨,该项工作还有待进一步加强与深入。

2023 年是高等教育学纳入国务院学位办发布的学科目录 40 周年,也是专委会创立 30 周年,40 年的学科建设过程发展迅速,留有潘懋元及其他前辈学者们的深刻烙印,30 年的专委会壮大历程则是一个交织着兴奋与焦虑乃至阵痛的过程。回首过去,尤为值得我们去追随和牢记的,是老一代学者的学科使命感;展望未来,则需要我们坚持学科自信与理论自信,以有深度的理论研究与体系建构,将高等教育学的学科化或再学科化推入一个新阶段。在这样一个极具有纪念意义的年份,谨以此文缅怀潘懋元先生以及其他前辈,也与几代学术同行共勉。

The Trajectory of Co-Development of a Discipline and Its Professional Organization: Three Decades of Development of Professional Committee of Higher Education, Chinese Society of Higher Education

YAN Guang-cai

Abstract: This year marks the 40th anniversary of the inclusion of higher education in the subject catalogue of the State Council, and the 30th anniversary of the establishmentof the National Higher Education Research Association (officially renamed as the Professional Committee of Higher Education in 2005). Over the past 30 years, the committee has consistently advocated and closely monitored the construction of higher education as a discipline and the higher education theoretical research. Despite the shift in research themes during this period, which has brought about challenges such as the weakening of theoretical research and the dispersion of research topics, it has also brought about an unprecedented degree of prosperity of China's higher education research. Promoting the discipline contruction is both the responsibility and mission of the committee. It must follow and remember the sense of disciplinary mission of the older generation of scholars, adhere to disciplinary confidence and theoretical confidence, and propel the disciplinarization or re-disciplinarization of higher education into a new stage through in-depth theoretical research and systematic construction.

Keywords: higher education discipline construction Professional Committee of Higher Education

论教育学本科专业的兴废

王建华[*]

摘　要：作为教育学学科建设的基础，教育学本科专业的高质量发展是建设中国教育学自主知识体系的根基，不能因为中等师范学校的消失而质疑或否认教育学本科专业设置的合理性。教育学本科专业的人才培养目标应随教育学的学科发展而不断更新。在着力建设中国教育学自主知识体系的当下，教育学不能再局限于师资培养之学，而应致力于人的生长与发展、形成与塑造。从学科发展大局出发，教育学本科专业需要改变对师范专业的依附，超越将教育学视为师资培养之学的局限，明确其作为人文社会科学学术性专业的定位，一方面致力于为中国特色教育学科的发展培养后续人才，另一方面为促进人类发展而普及和传播教育学素养。

关键词：教育学　本科专业　师范专业　学术性　职业性　人类发展

在教育学历史上，其作为一门学科的产生与师资培养有关，但在如何参与师资培养的方式上，各个国家有很大不同。在英美等西方国家，教育学作为职业性学科，较少设置本科专业，其教育学院大多为教育研究生院，招收来自其他学科的本科毕业生，因而教育学专业也大多为研究生专业。有志于从事教师职业者可以在本科毕业后选择到教育学院攻读教育硕士，有志于从事教育研究者则可以在硕士课程的基础

---

[*] 王建华，教育学博士，南京师范大学教育科学学院院长，教授，博士生导师。

上继续攻读教育学博士学位。在中国,则教育学不仅是一个学科门类、一个一级学科,还是一个本科专业。教育学院或教师教育学院不但为其他学科的师范生提供教育学类的相关课程,还通过设置若干教育学类的本科专业直接参与师资培养。在英美等西方国家开放性教师教育体系中,教育学只是为师资培养提供部分相关课程,较少直接培养教师,学科建设的远大目标致力于通过教育服务于人类发展,师资培养只是其辅助功能。在中国特色师范教育体系下,教育学的学科视域虽也经常触及教育改革与发展,但对于人类发展的关注远远不够,政府和民众对教育学最大的期待,仍是服务于基础教育师资培养。

建设中国教育学自主知识体系,既要基于中国教育学学科专业设置的现实制度安排,又要超越其不合时宜的学科专业定位与人才培养目标,并破除民众和政府对于教育学只是一个培养教师的学科这一趋于固化的社会想象。若不考虑现有的制度安排(教育学既是学科门类,又是一级学科,还是本科专业),完全基于理性设计的知识体系亦难以具备实践解释力,也无法获得行政和社会合法性。若不能超越旧的学科专业定位与人才培养目标,不能以人类发展为愿景,充分张扬教育学的想象力,"自主"的知识体系也可能成为"过时"的知识体系。

一、关于教育学本科专业的争议

在起源上,教育学作为一门学科属于西学,但自近代传入中国以来,得益于儒家文化对"师范"传统的推崇,教育学通过与师资培养相结合,逐渐成为一门有中国特色的学科。与世界其他国家相比,教育学在我国不但是一个独立的学科门类和一级学科,还在高校设置有大量的本科和研究生专业,其中的教育学本科专业独具中国特色。

在我国,作为一个本科专业,教育学最初是应中等师范学校师资培养的需要而诞生的。在新中国成立之后,高校设置教育学本科专业主要是为了给中等师范学校的教育学和心理学课程培养师资。而奇怪的是,我国中等师范学校在20世纪末就退出了历史舞台,截至2010年,除了极少部分的幼儿中等师范学校之外,全国已基本上没有用以培养中小学教师的中等师范学校;但教育学作为一个本科专业依然普遍存在。虽然华东师范大学在1999年率先取消了教育学本科专业,是全国第一个取消教育学本科专业的大学,但"星星之火"并没有形成"燎原之势",至今,全国开设教育学本科专业的高校仍有上百所(2019年为137所),入选教育学国家一流本科专业建设点的高校也有数十所(2019年为29所)。

近年来,关于是否要设置教育学本科专业,无论在学界还是在实践界一直存在争议,无论赞成还是反对取消教育学本科专业的都大有人在。支持取消一方认为,教育学本科专业之所以仍存在,主要是因为高校思想保守、跟不上时代,以及我国高校本科专业设置缺乏强制退出机制,等等。反对取消的一方则认为,教育学本科专业真正需要的是改造,过于激进的做法不利于教育学的学科发展。事实上,在我国教育学本科专业之所以被设置并能够持续存在,绝不是用高校的思想保守、本科专业缺乏强制退出机制,以及其他任何单一的原因可以简单解释的。虽说"凡存在即合理"有些绝对,但至少教育学本科专业在我国高校的存在具有合理性,这种合理性植根于我国独特的学科专业制度以及教育学在我国学科分类中的特殊地位。那种基于某种思维定式,把教育学本科专业设置强行与中等师范学校师资培养简单对应并绑定的僵化、静态的线性的思维,才是值得深刻反思的。

(一) 关于教育学本科专业的功能之争

教育学本科专业的确曾为中等师范学校培养过师资,当时也的确是为了给中等师范学校培养教育学和心理学课程的师资而在相关高校专门设置了教育学本科专业。但事物的发生史或形成史与现在史、未来史并非一回事。换言之,过去如此并不意味着现在如此,现在如此更不意味着将来也如此。对于教育学本科专业的设置,我们必须从动态的、发展的眼光看。教育学本科专业为中等师范学校培养师资是特定时期、特定情境下的政策选择,这种本科专业设置的规定性只是教育学本科专业可以实现的诸多人才培养功能之一,并非教育学作为本科专业合法性的全部来源,更不是唯一来源。换言之,教育学本科专业并非只能为中等学校培养师资,它也可以为小学培养师资或者不培养师资,到底是为中等师范学校培养师资、为小学培养师资,还是不培养师资,更多的是一种政策选择。本质上,教育学本科专业设置的合法性深深植根于教育学作为一个一级学科和独立的学科门类的合法性。

在我国现行学科专业制度下,各学科门类下设置与学科门类或一级学科同名的本科专业近乎通例,而不是教育学科的特殊现象。因此,只要教育学还在为自身的学科合法性或学科承认而努力,只要教育学的学科建设还在持续进行,教育学本科专业作为人才"母机"就是不可或缺的。虽然其他学科、专业或教育学类的其他专业,也可以通过跨学科或学科交叉的方式为教育学培养学科建设者和学术接班人,但没有"科班"的训练和贯通式的培养,教育学作为一门学科将缺乏深厚的学术底蕴,难以完成必要的知识积累。以我国现有最新的本科专业目录为参照,就像哲学门类下的哲学类专业不能没有"哲学"本科专业,经济学门类下的经济学类专业不能没有"经济学"

本科专业,法学门类下法学类专业不能没有"法学"本科专业,社会学类专业下不能没有"社会学"本科专业一样,教育学门类下的教育学类专业也绝不能没有"教育学"本科专业,否则教育学就难以成其为教育学或称之为教育学。

(二) 关于教育学本科专业的就业之争

目前,除了观念保守或强制退出机制匮乏之外,批评高校设置教育学本科专业的另一个现实理由就是就业问题,即教育学本科专业毕业生缺乏明确的就业去向或对口岗位。但事实上,就业问题并非,也不能成为高校专业设置的唯一依据或最重要的依据,对于人文社会科学来说尤其如此。科学、技术和工程类专业较容易与就业联系起来,人文社会科学则更多是提供通识性教养。如果所有本科专业的设置都要充分考虑就业需求,那么高等教育将成为"职业性"教育而不是"高等的"教育,本科教育将会出现"舍'本'逐'末'"。通常来说,高校的本科专业设置大致可以分为两种,一种是职业性专业,另一种是学术性专业。职业性专业意味着该专业在工作世界中存在着清晰的与之对应的工作岗位,比如小学教育专业之于小学教师、学前教育专业之于幼儿园教师;学术性专业意味着该专业除了学术职业外,在工作世界中没有清晰的与之对应的工作岗位,比如哲学、法学、经济学、社会学、教育学、民族学、马克思主义理论等本科专业,并没有清晰的与之对应的就业岗位,但其毕业生又可以适应或胜任很多岗位。无论自然科学还是人文社会科学,本科教育兼有通识和专业两重性,其专业设置不可能完全是职业性的,也不可能完全是学术性的。如果本科专业的设置完全是职业性的,其将失去高等教育之所以为"高等"的合法性;其专业设置若完全是学术性的,也将难以满足社会需要,会丧失存在的实践合法性。本科专业的设置既要兼顾社会需要(政治论哲学),也要有利于完成学术传承(认识论哲学)。

高校本科专业设置中学术性专业和职业性专业的比例,既要充分考虑社会需求,又要充分考虑学科发展的需要。对于个体而言,学术性专业和职业性专业都可以为就业或工作做准备,没有优劣之分,关键是适合学生的发展。当前,在就业思维和职业导向下,将原本应是学术性专业的教育学作为职业性专业来发展,是制约教育学本科专业高质量发展的重要原因。事实证明,作为应用社会科学,教育学科的定位是职业性的,教育学类本科专业的设置也需要以职业性专业为主,但这并不意味着所有教育学类本科专业都只能是职业性的。作为教育学之所以为教育学的根本,教育学本科专业像其他学科门类与学科门类或一级学科同名的本科专业一样,原本也应是学术性专业,但受专业缘起以及对口就业的影响,教育学本科专业作为师范专业,日益"职业化",其培养目标与小学教育逐渐趋同。而教育学本科专业一旦与小学教育本科专业的人才培养目标趋同，其作为教育学类本科专业的学术性，就不再必然是比较优势，而是成为某种被人诟病的缺点。

值得注意的是，在学界，哲学类专业没有或很少听说有撤除哲学本科专业的讨论，经济学类专业也没有或很少听说有人鼓吹要取消经济学本科专业，其他如法学、社会学、民族学、马克思主义理论等，都有与之同名的本科专业，也没有看到像教育学本科专业的存废问题一样，引起如此广泛的社会关注，尤其是在教育学科专业内部存在巨大分歧，"取消论"甚至盖过"改造论"。究其根本，教育学本科专业设置与取消，之所以会成为一个社会问题，并在教育学科内部产生巨大分歧，还在于教育学的学科属性，似乎教育学作为一门应用社会科学，无需要设置学术性本科专业。这种认知无疑是一种偏见。无论基础性学科还是应用性学科，都是相对的。基础性学科中也存在应用的成分，应用性学科中也有基础的部分。教育学虽是应用性学科，教育类学院虽然属于职业性学院[①]，教育学类本科专业设置也具有明显的职业取向，但这并不意味着教育学就没有学术性，更不意味着教育学不能或不需要为人类知识生产做贡献。无论是作为一个学科门类、一级学科，还是一个本科专业，教育学的合法性来源，绝对不只是为学生的就业或职业做准备。"一个学科存在，除了使用的价值，它还取决于对社会的贡献。教育学与其他学科一道确保了人类共同的文化记忆，它提供的不仅是社会服务，还将为人类的精神贡献良多。"[②]只要我们承认教育学是一门需要传承和训练的高深学问，教育学本科专业就像其他学科门类与学科同名的本科专业一样，具有不可替代性。如果教育主管部门、高校领导层和教育学科内部，在教育学门类下以不好就业为借口，将教育学本科专业从教育学类专业中主动删除，那么此举对于教育学的学科发展无异于"自毁长城""自废武功"。

二、教育学本科专业的重新定位

在理论上或理性上强调教育学本科专业的重要性是一回事，在实践中如何办好教育学本科专业则是另一回事，二者同等重要。理性的认识不能取代本科专业的改进，本科专业的改造也不能回避理论的或理性的自觉。如果我们在理论上不认同教育学本科专业的重要性，在实践中就不可能办好教育学本科专业；但在理论上意识到

[①] 钱颖一：《谈大学学科布局》，《清华大学教育研究》2003第6期。
[②] 司洪昌：《教育学本科专业，最后的晚餐？》，《教育与职业》2006年第25期。

了教育学本科专业的重要性,也不意味着在实践中我们就一定可以办好教育学本科专业。在逻辑上,从本体论到认识论,再到实践论和方法论,是一个不断递进的过程。在本体论上,教育学本科专业是教育学之所以为教育学的根本;在认识论上,教育学本科专业的培养目标需要因应教育学科的发展而更新。基于此,在实践论和方法论上,当教育学整体上囿于师资培养之学时,教育学本科专业也需要定位于培养师资;当教育学在师资培养之外为促进人与社会的发展,甚至是促进人类发展而需要提升更多人的教育(学)素养、需要培养更多高层次的教育研究者和教育实践者时,教育学本科专业就需要或必须从致力于师资培养的职业性专业,向致力于造就教育人和教育研究者的学术性专业转型。如有学者言:"在教育全面现代化的进程中,当代教育学本科专业需要从五个方面来重点建设:明确兼具学科化教育和专业预备教育的二元复合性本科专业定位;确立与更高层次教育学科专业学习更加对接的培养目标;在通识课程基础上全面建设二元复合性专业课程体系;面向建构本研贯通培养方式而积极加强与高层次教育专业学习的联结;建构'基础知识+基本技能+方向选择'的系统化专业学习评价框架。"①如果我们在本科教育中不能合理区分学术性专业与职业性专业的差异,不能跳出教育学本科专业设置的就业思维与职业取向,不能从学科发展的大局来重新审视学术性本科专业存在的必要,那么教育学本科专业就不可能实现重建和新生。

  在加快推进教育现代化和建设教育强国的背景下,教育学大有可为。其不仅可以为教育强国培养优秀的基础教育师资,还可以培养适应教育现代化需要的教育人。新形势下,为适应教育学科高质量发展的现实需要,教育学本科专业设置应逐渐淡化师范取向,并明确学术性专业的定位。那种为适应就业需要和职业导向,勉强将教育学本科设置为师范专业或通过变通申请师范专业认证的做法,模糊了学术性专业和职业性专业的边界,只能是权宜之计,不利于教育学本科专业的高质量发展。我们不能因为教育学与师范教育有关,就将所有的教育学类本科专业都师范化。尽管教育学确实是一门服务于师范教育或教师教育的应用性学科,师范教育或教师教育也的确是教育学获得学科合法性的最坚实基础,但教育学要成为一门真正的学科,绝不能只有师范性,必须要有学术性。师范性或许可以保障教育学持续向下扎根,但只有学术性才能使教育学不断向上生长。实践证明,唯有师范性(职业性)与学术性兼顾,教育学的学科发展才能够实现既"顶天"又"立地"。历史上,教育学是应师资培养之需而

---

① 余清臣:《教育学为何能是当代本科专业?——面向教育全面现代化的教育学本科专业变革与建设》,《国家教育行政学院学报》2022年第3期。

诞生的,教育学本科专业设置的目的,也的确曾是为了培养中等师范学校的师资,但经过百年的发展,当下教育学的边界早已拓展为人的生长与发展、形成与塑造,乃至于人类发展,而不再只是为了培养师资。李泽厚先生认为,"教育学——研究人的全面生长和发展、形成和塑造的科学,可能成为未来社会的最主要的中心学科"①。面向未来,如果我们承认教育学的学科边界需要不断拓展,如果我们仍然期待教育学能够拥有像其他人文社会科学学科一样崇高的学术地位,那么我们就必须意识到教育学类专业不能全是职业取向的师范专业,而是必须遵循人文社会科学类本科专业设置的一般规律,以服务人类发展为目标,坚持设置能够为学科发展奠基的学术性本科专业。

就目前而言,所有教育学类本科专业中教育学本科专业无疑是最适合为教育学学科发展以及人类发展奠基的。正如张斌贤教授所指出的:"教育学本科专业改革应摆脱过去'以就业而论专业、就本科而论本科'的思维定式,树立整体、大局和战略观念,从教育学科建设,尤其是未来教育研究专业人才队伍建设的大局出发,构建由教育学学士、教育学硕士和教育学博士三级学位所构成的教育学科人才培养体系,统筹本科和硕士研究生(或博士研究生)不同阶段的人才培养工作;要将教育学专业当作教育学科人才培养完整体系的基础部分,制定从本科到硕士研究生或从本科到硕士研究生和博士研究生的完整的培养计划,通过贯通或一体化培养,造就不同层次的教育研究专业人才,实现教育学专业的重建和新生。"②以此观之,当前我们面临的关键问题是,很多不具备高层次人才培养能力的高校也普遍开设了教育学本科专业,并按师范专业进行招生和培养,使得教育学本科专业的学术性被职业性所遮蔽,但其职业性又只是一种"伪职业性"。强化教育学本科专业作为学术性专业的定位,一方面可以借鉴研究生专业设置中学术性学位和专业性学位的划分,将教育学类本科专业中学术性专业和职业性专业分开设置;另一方面可以适当调整设置教育学本科专业的门槛或条件,以保障其学术性。有学者就主张,"非师范高校不设教育学院,非师范大学不设教育学专业"③。教育学本科专业的设置,从"量大"到"质优"的转变是必要的,但将师范大学与教育学院和教育学本科专业的设置挂钩稍嫌简单,此举既不利于教育学本科专业吸引优质生源,也不符合当前愈来愈多的综合性大学设有高水平教育学院的事实。作为学术性专业,教育学本科专业设置的最主要参照指标,应是学术水平而不是学校类型。比如,可以考虑仅在具有教育学一级学科博士点的高校设置小而精的

---

① 李泽厚:《世纪新梦》,安徽文艺出版社1998年版,第17页。
② 张斌贤、位盼盼、钱晓菲:《从学科发展大局重新审视教育学本科专业改革的意义与路径》,《大学教育科学》2021年第3期。
③ 黄明东、陈越:《调整与优化:教育学专业本科人才培养问题研究》,《中国大学教学》2017年第7期。

教育学本科专业，不具备条件的高校只能设置教育学类专业中的其他职业性专业。

当然，本科教育中所谓学术性专业并非不需要考虑就业需求，职业性专业也不意味着将来不可以从事学术研究，学术性与职业性既是相对的，也是相通的。在人职匹配日益多元化的情境下，所学非所用、所用非所学已是新常态。为应对工作世界的持续变革，学术性本科专业也需要能够满足职业需求，职业性本科专业也需要进行学术训练。就目前而言，就像哲学本科专业、经济学本科专业、历史学本科专业、心理学本科专业、法学本科专业、社会学本科专业、民族学本科专业、马克思主义理论本科专业等，都可以造就社会需要的高层次人才一样，教育学本科专业也有其专业比较优势和现实需求。那种认为教育学本科专业注定是"最后的晚餐"的看法，完全是在用旧的、僵化的眼光看问题，反映了某种学科自卑心理。如果我们能够超越教育学乃师资培养之学的旧共识，不再仅以培养中小学师资来框定教育学本科专业的人才培养定位，那么当下是否需要设置教育学本科专业将不成其为问题。唯一需要探讨的，就是教育学本科专业如何高质量发展。

作为高等教育的"基础"阶段，本科专业的设置无论如何都不能完全由市场供需来决定，而是要将之作为一个整体，共同服务于人和社会的可持续发展。作为人类知识整体的一部分，教育学绝不仅仅是教育学的教育学，它也是其他学科可以共享的教育学。在本科人才培养中，教育学本科专业不仅可以滋养和奠基教育学的学科发展，也可以为其他学科的本科人才培养做出不可替代的贡献。展望未来，随着工业社会向后工业社会转型，"教育社会"将从愿景成为现实。相较而言，如果说工业社会是以物的再生产为中心，以培养"工业人"为使命，那么教育社会将是以人的再生产为中心，以培养"教育人"为宗旨。在以人的再生产为中心的教育社会中，在以教育人为主体的社会实践中，教育（学）素养将成为所有人必备的核心素养之一。因此，教育学的学科内涵与边界也必将从师资培养之学向人的生长与发展、形成与塑造之学，乃至人类发展之学转型。在教育社会，伴随教育学内涵的更新与学科边界的拓展，教育学本科专业将不仅为教育学的学科发展奠基，更要肩负起为人的生长与发展、形成与塑造引航的重任。"如果教育按照卢梭的说法是'为人生'，那么我们就要检测当前教育中在解决生活问题时还有哪些无力和缺失的地方。比如，每个人都会遇到如何面对错误、假象、不公、人文理解和不确定性等问题。"[①]基于此，在走向教育社会的过程中，教育学无论作为一个学科门类、一门学科，还是一个本科专业，都将不仅负责"解释"并改进基础教育师资的培养实践，还要广泛参与并跨界融入"人的生长与发展、形成

---

① 埃德加·莫兰：《教育为人生：变革教育宣言》，刘敏译，北京师范大学出版社2022年版，第1页。

与塑造"的整个过程,并以促进人类发展为终极目的。在不断推进教育现代化和加快建设教育强国的进程中,以积极参与和努力跨界为目标,教育不但要为社会服务还要赋予人生以意义。伴随学校教育向大教育(学校教育、家庭教育和社会教育融会贯通)和终身教育转变,作为一项软技能,教育学的知识和思维将不局限于教育学本科专业,而是成为更多学生抑或所有人都必须具备的一种横向素养,是创造美好生活的必要条件。在为了教育、通过教育并依赖教育的教育社会中,"教育学+"将成为教育(学)素养在人的生成与发展、形成与塑造中扎根的关键进路,通过与其他本科专业的交叉、组合,教育学本科专业可以更广泛地服务于人的再生产和社会的可持续发展。

On the Rise and Fall of Education as an Undergraduate Major
WANG Jian-hua

Abstract: As the foundation of the disciplinary construction of education, the high-quality development of education as an undergraduate major is the foundation of building China's autonomous knowledge system of education. The rationality of setting up education as an undergraduate major cannot be questioned or denied simply because of the disappearance of secondary normal schools. The talent cultivation goals of education as an undergraduate major should be constantly updated in response to the development of the discipline of education. In the current endeavor to construct an autonomous knowledge system of China's education, education should no longer be limited to training of teachers. Instead, it should be committed to the cultivation of human growth and development, formation and shaping. Considering the broader context of disciplinary development, education as an undergraduate major needs to break away from their dependence on teacher training, transcending the limited perception of education as solely a discipline for teacher training. Instead, it should explicitly define its role as an academic discipline within the realm of humanities and social sciences. On one hand, it is committed to cultivating builders and successors for the development of education with Chinese characteristics. On the other hand, it involves popularizing and disseminating the literacy of education studies to contribute to the advancement of human development.

Keywords: education　undergraduate major　normal education major　academic　professional　human development

| 高等教育 |

高校教师教学与科研的关系：历史考察与国际比较

黄福涛[*]

摘　要：通过国际视野、历史回顾、联系类型和关联模式等多个维度，本文深入研究了高校教师教学与科研之关系的复杂性。主要发现如下：首先，教学与科研的关系并非二元对立，而是多样复杂的。不同国家、高校、学科领域和教师个体都呈现出多种关联模式。其次，不同国家在高校教师教学与科研关系上所呈现的不同的特点和发展趋势，反映了其内在关联的多元性。再次，提出了教学与科研之间四种联系类型，同时深入分析了不同关联模式的复杂性。最后，研究认为，高校教师教学与科研关系及其变化取决于国家、高校、学科和个体特征的综合作用，不存在通用的关联模式。

关键词：高校教师　教学与科研的关系　历史考察与国际比较　影响因素

高等教育是国家创新和知识产出的关键领域，高校教师是高等教育体系中的中坚力量。高校教师的教学和科研活动不仅影响学生的学习和成长，还会对学术研究的进展和社会发展产生深远的影响。因此，如何处理高校教师的教学与科研之间的关系，一直是高等教育领域的核心问题之一。高校教师的教学和科研既相互关联又存在紧张的平衡关系。教师需要为学生提供高质量的教育，同时还要积极从事学术

---

[*] 黄福涛，教育学博士，日本广岛大学高等教育研究开发中心教授，浙江大学兼职教授，博士生导师。

研究、推动学科发展。然而,随着高等教育体系的不断发展和全球教育环境的变化,高校教师教学和科研之间的关系也发生了重大变化。这一关系的演变涉及历史、国际比较以及各国之间的共性和差异性。自20世纪90年代国家开始实施"985工程"和2015年底发布《统筹推进世界一流大学和一流学科建设总体方案》,提出"双一流"建设整体战略布局之后,如何处理高校教师教学与科研的关系,不仅成为学术界讨论的热点,更是高校尤其是"双一流"建设高校无法回避和迫切需要解决的核心问题之一。

关于高校教师教学与科研之间的关系,国内外已有很多探讨,但所关注的具体研究对象各异,观点不尽一致,研究结论也存在较大分歧。例如,在中国知网中输入"大学教师教学与科研的关系"和"高校教师教学与科研的关系"等关键词,包括会议论文集和报刊短文在内,相关文献就有近800篇。其中,绝大多数或是从宏观层面讨论两者的关系,或是主要探讨国内某一类型、某一层次或某一学科专业,尤其关注青年教师如何处理和协调平衡两者的关系等,鲜有对全球高校教师教学和科研关系的历史演变进行系统整理和国际比较研究。本文旨在深入探讨高校教师教学与科研关系的历史演变和国际比较,以揭示不同国家和地区在这一问题上的共性和差异性;通过分析高校教师教学与科研关系的历史变化,梳理各国高校教师教学与科研的主要特点,以及探讨影响这些变化的主要因素,以加深对教学与科研关系的理解,帮助高校和政策制定者更好地处理和协调好教学与科研的关系。

一、高校教师教学与科研关系的理论视角

高校教师的教学与科研关系问题是一个复杂而多层次的问题,不同的理论视角为我们提供了深入理解这一问题的途径。本部分将回顾相关理论视角,分析不同观点对高校教师教学与科研关系的解释,包括二元对立观点、复杂性和多样性观点,以及影响因素的多样性。

(一) 二元对立观点

这一观点强调高校教师的教学和科研是两种相互对立的活动,认为教学和科研在性质和目标上存在巨大差异,不能简单地融合在一起。例如,R. 巴内特(R. Barnett)[①]

---

① Barnett, R., "Linking Teaching and Research," *Journal of Higher Education*, Vol.63, No.6, 1992.

和 H. W. 马什(H. W. Marsh)与 J. 海蒂(J. Hattie)①认为,高校教师应当将时间和精力分别用于教学和科研,避免二者之间相互干扰。他们强调,过多关注教学可能会削弱科研的质量,反之亦然。

然而,这一观点也引起了一些争议。二元对立观点的批评者认为,这种划分可能过于武断,忽略了教学和科研之间的潜在互补性。例如,海蒂和马什②在另一篇文章中亦认为,虽然教学和科研之间存在关联,但难以明确划分为对立或互补的关系。因此,二元对立观点未能充分解释高校教师教学和科研之间的关系的复杂性。

(二) 复杂性和多样性观点

相对于二元对立观点,复杂性和多样性观点更强调高校教师的教学与科研之间存在多层次和多样性的关系。J. M. 布拉克斯顿(J. M. Braxton)③等学者认为,教学和科研之间的关系是复杂多变的,难以简单地划分为对立或互补。不同学科领域、不同学术传统、不同个体特点等因素,都可能导致不同的教学与科研联系模式。这一观点强调了高校教师在不同背景下的教学与科研活动之关系可能表现出巨大的多样性。

在复杂性和多样性观点下,教学与科研之间的联系可以被理解为不同模式和程度的相互作用。教学可能促进科研,也可能受益于科研。因此,这一观点呼吁高校教师根据自身情况和目标,找到适合他们的教学与科研的联系方式。

(三) 影响因素的多样性

高校教师教学与科研关系受到多种因素影响。这些因素可以分为两大类:意识形态因素和环境因素。意识形态因素与高校的办学方向和使命相关。不同学校可能拥有不同的教育理念和价值观,这会影响高校教师如何处理教学与科研之间的关系。有的高校可能更强调教学,将其视为首要任务,例如职业技术类院校。而有的高校则可能更注重科研,认为科研是推动学校发展的关键,例如研究型大学或国内"双一流"建设高校。这些意识形态因素将引导高校教师在教学与科研之间进行权衡。环境因

---

① Marsh, H. W. & Hattie, J., "The Relation between Research Productivity and Teaching Effectiveness: Complementary, Antagonistic, or Independent Constructs?" *Journal of Higher Education*, Vol. 73, No. 5, 2002.
② Hattie, J., & Marsh, H. W., "The Relationship between Research and Teaching: A Meta-Analysis," *Review of Educational Research*, Vol. 66, No. 4, 1996.
③ Braxton, J. M., "Contrasting Perspectives on the Relationship between Teaching and Research," *New Directions for Institutional Research*, Vol. 90 (Summer), 1996.

素包括外部力量和高校内部条件。评估机制、市场竞争、拨款方式等外部环境因素可能影响高校教师的教学与科研行为。高校的内部组织结构、研究设施、人力资源分配等,也会影响高校教师的工作模式。[①] 例如,在一些国家,高校教师可能需要跨越部门的边界与外部研究机构合作;而在另一些国家,高校教师可能更侧重于内部科研活动。此外,近年来不少学者认为,高校教师所在高校以及教师的个体特征,如所在的大学类型和层次、学科专业背景、学历、年龄、性别、职称、教授的科目和学生层次等,都会对高校教师的教学与科研活动产生显著影响。[②]

综合考虑以上观点和因素,可以看到,高校教师的教学与科研联系是一个多元而复杂的问题,需要综合考虑不同学科领域、不同学校特点和不同个体差异。

二、高校教师教学与科研关系的变化

(一) 早期欧洲中世纪大学:以教学为中心

从 11 世纪欧洲大陆出现中世纪大学直到 1810 年柏林大学创立,尽管不同地域和国家的大学在教育组织和内容方面存在某些差异,但根据目前的研究,早期欧洲中世纪大学的教师主要从事单纯的教学活动。教师多传授既有的知识,包括"七艺"(文法、修辞、辩证法、算数、几何、天文和音乐)、法学、医学和神学相关的内容。教学方式基本上是以教师课堂讲授为主,辅以课堂讨论。[③]

(二) 晚期欧洲中世纪大学:新的教学内容

随着近代民族国家的兴起,大学引入了新的教学内容,包括培养为国家服务的公职人员和技术人员的相关课程。例如,1789 年资产阶级革命之后,法国不仅在综合中央公共工程学院(École Polytechnique)和巴黎高等师范学院(École Normale

---

[①] Musselin, C., *The Transformation of Academic Work: Facts and AnalysIs*, February 2007, https://www.semanticscholar.org/paper/THE-TRANSFORMATION-OF-ACADEMIC-WORK-%3A-FACTS-AND-Musselin/faffc780b50a033d9d310a71f9c6ac3e232b3198.

[②] Shin, J. C., Arimoto, A., Cummings, W. K. & Teichler, U. (eds.), *Teaching and Research in Contemporary Higher Education: System, Activities and Rewards*, Dordrecht: Springer, 2014.

[③] Cobban, A. B., *The Medieval Universities: Their Development and Organization*, Cambridge University Press, 1975. Rüegg, W., "Themes," in Rüegg, W. (ed.), *A History of the University in Europe: Volume III: Universities in the Nineteenth and Early Twentieth Centuries (1800 - 1945)*, Cambridge: Cambridge University Press, 2004.

Supérieure)等新型高等教育中开设了大量有关近代科学技术方面的内容,以培养新政权需要的官员和高级专业技术人员,而且还在这些学院之外创立了专门从事近代科学研究的机构,例如自然历史博物馆主要从事有关农业、医学、地质等方面的理论研究。此后的拿破仑时代,高校教师与校外机构中研究人员之间明确的职能分工得到进一步的强化,形成了所谓的"法国模式"。① 这一模式直接影响了20世纪30年代"苏联模式"的形成、20世纪50年代初期中国高校的院系调整,以及20世纪80年代之前中国学术体系和高校教师基本特征的形成。

(三) 柏林大学的创立:教学与科研的双重职责

不同于法国模式,1810年柏林大学的创立赋予大学教师新的使命——通过科研发现新知识。19世纪20年代开始,基于洪堡理念办学的研究型大学中的教师开始肩负双重职责,即在传授近代科学知识之外,还从事各种相关研究,将教学与科研相结合,融为一体。值得强调的是,不同于传统的教学活动,柏林大学的教师在教学过程中更加注重培养受教育者形成一种态度或精神,使学生在获得基本概念或知识的基础上,去获取和追求洪堡称之为"Wissenschaft"(最高形式的学问)的知识或科学,以实现其提出的始终把学习当作一个尚未完全解决的"问题",而不是学习现有的知识的办学理念,并在这一过程中促使学生具备和发展比知识学习更重要的研究能力、研究方法以及完善的人格。

此外,教学组织形式也发生了根本变化。除了教师系统讲授之外,出现了师生共同讨论以及学生在教师指导下独立进行科学研究的新方法。② 根据相关研究,在以创造知识为使命的近代柏林大学中,研讨(seminar)取代了中世纪大学的口头辩论或讨论。在研讨课上,学生在教师的指导下或以与教师合作研究的形式掌握科学研究方法。研究人文和社会科学的研讨班以及研究自然科学的研究所和实验室,都与早期近代大学的性质密切相关,即在近代柏林大学中首次实现了研究、教学和学习等三者的统一。③

上述洪堡理念或德国研究型大学模式,对东亚大学教师学术活动产生了极大影响。例如,日本19世纪后期创立的帝国大学和蔡元培主政时期的北京大学,都基于

---

① 黄福涛:《外国高等教育史》,北京大学出版社2021年版,第72—82页。
② 潮木守一:《近代大学の形成と変容》,東京大学出版会1973年版,第62页。
③ Paulsen, F., *The German Universities-Their Character and Historical Development*, New York Macmillan and Co. and London, 1895, pp.70-71.

洪堡理念,强调教师从事科研,特别是纯学术研究的重要性。① 更重要的是,洪堡的理念直接影响了1876年美国第一所研究型大学——约翰斯·霍普金斯大学的创立。这所大学通过将教学与科研相结合,奠定了美国研究生特别是博士教育的基础,给美国高等教育带来了革命性变化。此后,美国高校教师的教学与科研活动通过同一所大学中的本科生院和研究生院得以系统和有组织地实施。②

与法国和德国的模式相比,英国的高等教育特征直到20世纪初才形成。③ 具体表现为,培养精英阶层的教育和注重实用职业培训,分别在牛津和剑桥等传统大学与地方技术学院中实施,近代科学研究几乎完全在大学或学院之外进行。因此,大学或学院教师主要从事教学活动。相关研究表明,特别是在20世纪初以后,虽然影响程度各有不同,但四种高等教育模式(法国、德国、英国和美国模式)开始逐渐传播到其他国家和地区,不仅对这些国家和地区的学术体系,而且还对高校教师的特征产生了深远影响。④

(四)二战结束至20世纪80年代的演变

第二次世界大战之后,特别是在冷战时期,东亚的社会主义国家,如中国、朝鲜和越南等,基于计划经济的需要,建立了类似苏联的学术体系,即大学教师专注于专业教育或职业技术教育的高等教育机构和独立的研究机构之间存在明确的功能分化。与之相对,北美和欧洲大陆国家的部分大学教师都参与教学和研究,或者试图平衡这两者的关系。

从20世纪60年代到70年代,西方主要国家的高等教育大众化和多样化也影响了高校教师教学与科研关系的变化。一些所谓培养精英或研究型大学的教师,特别是在研究生教育阶段更加注重研究,而大量出现的新型职业技术教育高校的教师则主要专注于教学,或者以本科教学为主。⑤ 虽然高校教师教学和研究的分离在许多国家表现得并不十分显著或多以非正式的形式出现,但在另一些国家则通过创办各

---

① Gottileib, E. E. & Keith, B., "The Academic Research-Teaching Nexus in Eight Advanced-Industrialized Countries," *Higher Education*, Vol.34, No.3, 1997.
② Clark, W., *Academic Charisman and the Origins of the Research University*, Chicago: The University of Chicago Press, 2006.
③ Ben-David, J., "Universities and Academic Systems in Modern Societies," *European Journal of Sociology*, Vol.2, No.1, 1962.
④ Perkin, H., "History of Universities," in Forest, James J. F. & Altbach, Philip G. (eds.), *International Handbook of Higher Education*, Dordrecht: Springer, 2007, pp.159 – 205.
⑤ Light, D., "Introduction: The Structure of the Academic Professions," *Sociology of Education*, Vol.47, No.1, 1974.

种不同类型的机构促进这一分化过程。① 值得指出的是,这一时期高校教师的学术工作不仅涉及教学与科研,还需要其他多样化的学术活动。② 正如博伊尔(Boyer)所指出的,高校教师从事的学术活动(scholarship)包括四大方面,即发现(discovery)、整合(integration)、应用(application)和传授(teaching)知识。③

总体来看,自20世纪80年代以来,全球范围内三大变化直接影响了高校教师教学与科研关系的变化。首先,各国逐渐重视高校研究的重要性,鼓励高校教师更加关注科学研究。其次,研究与社会的联系变得更加密切。最后,在新自由主义思潮影响之下,大学层面管理的权力得到明显加强,各种评估机制、效率压力以及激励和惩罚机制等也影响了高校教师扮演的角色和从事的相关活动,结果之一就是带来了高校教师学术活动的多样化以及类型的多样化。除了传统的教学与科研之外,高校教师还需要积极服务社会。除全职教师和终身雇用的教师之外,还出现了大量兼职和签约的教师。④

(五) 20世纪90年代以来的变化

这一时期高校教师教学与科研关系的变化可以细分为以下几个阶段。

1. 分离与相对独立(20世纪90年代初期至中期)

这一时期的高校教师教学和科研往往被视为相对独立的活动。一些学者,如巴内特,主张教学和科研是两种不同的活动,各自独立进行,而教学和科研之间的联系相对薄弱。这种观点在一些国家和地区(例如英国和澳大利亚等)的高等教育体系中占据主导地位,高校教师的教学和科研往往被分开看待。

2. 趋向联系与互动(20世纪末至2010年)

从20世纪末至21世纪初,许多国家的高等教育开始强调教学和科研之间更加密切的联系。这一转变部分也反映在海蒂和马什等学者的研究之中。这些国家认为两者之间存在联系,尽管不一定是互补或互抵等关系。在这一时期,一些国家(例如

---

① Trow, M., "Problems in the Transition from Elite to Mass Higher Education," in OECD (ed.), *Policies for Higher Education,* Paris: OECD, 1974, pp.51-101.
② Clark, B. R., *The Higher Education System,* Berkeley: The University of California Press, 1983.
③ Boyer, E. L., *Scholarship Reconsidered: Priorities of the Professoriate,* New York: The Carnegie Foundation for the Advancement of Teaching, 1990.
④ Rhoades, G., *Managed Professionals-Unionized Faculty and Restructuring Academic Labor,* State University of New York Press, 1998. Kehm, B., "The Influence of New Higher Education," in Teichler, U. & Cummings, W. K. (eds.), *Forming, Recruiting and Managing the Academic Profession,* The Changing Academic Profession in International Comparative Perspective Vol. 14, Dordrecht: Springer, 2015.

东亚的中国和韩国等)颁布相关政策措施,鼓励高校教师在教学中积极参与研究活动,促进教学和科研的互动。

3. 教学与科研协调以及部分国家以教学为主导(2010年以来)

随着时间的推移,高校教师教学和科研之间的联系逐渐更加协调。这在英美等国家显得尤为明显,其中高校教师更倾向于将教学和科研视为互相关联的活动。① 相关研究也表明,高校教师的研究活动对其教学产生更直接的影响。② 不过,在有些国家,例如美国和澳大利亚等,最近几年的发展趋势之一是强调教师从事以教学为主导的研究(teaching-led research)。一些学者提出,基于"良好的教学带来良好的研究"这一理念,高校教师可以在教学过程中开展研究,从而促进本科教育的发展。③ 这一模式将教学置于研究的前沿,强调了高校教师在教学过程中积极参与研究的重要性。

不难看出,在全球范围内,高校教师的教学与科研联系在不同国家和地区表现出多样性,反映出各国和各不同地区高等教育体系和文化背景的差异。国际问卷调查数据为高校教师教学与科研关系的变化也提供了有力证据。例如,从1992年开始,来自全球不同国家和地区的科研人员针对大学教师进行了三轮大规模的问卷调查,试图了解不同时期高校教师教学和科研关系的变化,以及这些变化是如何体现在不同国家和不同地区的。

第一轮关于大学教师的国际问卷调查始于1992年的卡内基国际调查。根据其总结报告,④在参与调查的13个国家和中国香港地区,高校教师之间的角色分工以及不同群体对教学和研究的关注较为明显。例如,在一些国家或地区,大多数教师更关注教学,而在其他国家或地区的高校教师则更倾向于科研。此外,在几乎所有国家或地区,研究成果对教师的晋升至关重要。此外,全球大学教师在处理教学与科研关系时面临的主要挑战,如问责制、高等教育大众化对教师工作职责多样化和专业化的影响与来自公共拨款的减少等,也反映在参加问卷调查的教师回答之中。

第二轮有关大学教师的国际问卷调查始于2007年被称为"变化中的学术职业"(The Changing Academic Profession, CAP)的项目。这次调查范围涵盖了17个国家

---

① Coate, K., Barnett, R., & Williams, G., "Relationships between Teaching and Research in Higher Education in England," *Higher Educational Quarterly*, Vol.55, No.2, 2001.

② Smeby, J. C., "Knowledge Production and Knowledge Transmission: The Interaction between Research and Teaching at Universities," *Teaching in Higher Education*, Vol.3, No.1, 1998.

③ Harland, T., "Teaching Enhance to Research," *Higher Education Research & Development*, Vol.35, No.3, 2016.

④ Altbach, P. G. (ed.), *The International Academic Profession: Portraits of Fourteen Countries*, Princeton, NJ: Carnegie Foundation for the Advancement of Teaching, 1996.

和中国香港地区。有关高校教师教学与科研的关系变化和挑战可以总结为以下几方面[①]：教师的教学与研究活动之间的差异不仅存在于不同大学之间，还在同一大学内部广泛存在；教师的学术活动变得更加细化或专业化，大学教师之间出现了新的角色分工；大学教师的学术出版数量增加；在科研方面，年轻教师面临更大的压力。

根据上述两轮相关问卷调查数据，[②]从高校教师教学与科研关系的视角观察，来自不同国家和地区的高校教师大致可以划分为以下三种类型。第一种类型为研究重视型（欧洲大陆模式）：这一类型的主要代表国家有德国和受德国模式影响的日本。在这些国家，高校教师高度重视科研活动，积极参与研究项目，得到科研资源的充分支持。教学和科研之间的联系通常表现为紧密的互补，研究资金和时间投入较多。第二种类型为教学与科研协调型（盎格鲁-撒克逊模式）：这一类型包括英美等国家。在这些国家，高校教师通常要同时承担教学和科研任务，但这两者之间的关系被视为协调或平衡。高校可能设有专门的支持机构，协助教师在两者之间找到合适的平衡点。第三种类型为教学重视型（拉美模式）：主要代表国家包括巴西和阿根廷等。在这些国家，教学被视为高校教师的首要任务，科研活动相对较少且往往弱化。高校的组织结构和文化更倾向于支持教学，科研资源有限。

第三轮国际比较调查，即"知识经济社会中的学术职业"（Academic Profession in the Knowledge Society, APIKS）调查，始于2017年，是在1992年的卡内基基金会调查、2007年的CAP调查基础上进行的追踪调查。目前，来自31个国家和地区的课题组参与其中。一些初步的相关发现可以大致归纳如下：[③]

截至2019年，参加问卷调查的国家和地区教师群体中至少也可以划分为三大类型。第一类是教学主导型，这个群体占大多数，他们中的半数以上更关心教学，或者兴趣更偏向于教学。第二类是研究重视型，包括中国、克罗地亚、爱沙尼亚、芬兰、立陶宛、墨西哥、日本、韩国、瑞典和土耳其等国家。这些国家的教师主要致力于研究，或者虽然参与教学，但更倾向于研究。第三类是教学与科研平衡型，与1992年和2007年的相关数据相比，这部分大学教师的比例似乎在增加。

[①] RIHE (Research Institute for Higher Education), *The Changing Academic Profession in International and Quantitative Perspectives: A Focus on Teaching & Research Activities International Seminar Report*, No.15, RIHE, Hiroshima University, 2010.

[②] Arimoto, A., "The Teaching and Research Nexus from an International Perspective," in Cummings, W. K. & Teichler, U. (eds.), *The Relevance of Academic Work in Comparative Perspective*, Cham: Springer, 2015, pp.91-106.

[③] Huang, F., "Changing Attitudes to University Teaching and Research," *University World News*, 13 April 2019.

基于以上三轮调查数据,2022 年出版的研究成果从历史演变和国际比较的视角,探讨了亚洲、北美、南美、欧洲等相关国家和地区高校教师教学与科研关系变化的基本特征[1]:首先,近年来,国家政策和不少高校教师实际的教学和研究活动之间存在明显的不匹配。例如,尽管他们受到各自政府鼓励更多地投入教学,但日本和韩国的大多数高校教师仍对科研表现出较高的兴趣,并在研究上投入更多时间。其次,与以往相比,越来越多的教师努力维持教学和研究活动的良好平衡,并追求两者之间的联系。再次,如预期的那样,受访者对他们的教学和研究以及两者之间关系的看法根据不同的高等教育体系、不同高等教育机构以及个别学者的偏好而有显著差异。最后,在高等教育全球化和知识经济社会发展过程中,在处理两者关系方面,国家、大学和个别学者之间仍然存在显著的差异。此外,高校教师仍然面临如何平衡他们的教学和研究活动以及必须努力将这两者结合起来的挑战。

20 世纪 90 年代以来,造成高校教师教学与科研关系发生显著变化的动因可能包括以下几方面[2]。首先,国际化和全球化趋势对高校教师的工作产生了影响。跨国研究合作、国际学生交流等现象变得更加普遍,这要求高校教师更好地处理跨文化和多语言的教学与科研需求。其次,知识的增长对高校教师的教学与科研关系产生了显著影响。快速增长的信息和研究领域的扩展要求教师保持更新的教学和专业知识,以便有效地传授最新的信息给学生。这导致教师更加强调教学与科研的融合,促使教师更积极地参与研究工作,以获得最新的见解。再次,评估机制的改变影响了高校教师的行为。许多国家引入了基于绩效的评估体系,教学和科研的质量开始受到政府和外部机构更严格的监测,教师如何处理和平衡两者的关系也越来越受到利益相关者的关注。最后,信息技术的快速发展也改变了高校教师的工作方式。在线教学和数字化科研工具的出现使高校教师更容易在两者之间切换,同时也提供了更多融合教学和科研的机会。

---

[1] Huang, F., Aarrevaara, T. & Teichler, U. (eds.), *Teaching and Research in the Knowledge-Based Society: Historical and Comparative Perspectives*, The Changing Academic Profession in International Comparative Perspective Vol.23, Cham: Springer, 2022.

[2] Ernest, L. Boyer, *A Special Report: Scholarship Reconsidered: Priorities of the Professoriate*, New Jersey: The Carnegie Foundation for the Advancement of Teaching, Princeton University Press(1990), 2023-10-3, https://www.umces.edu/sites/default/files/al/pdfs/BoyerScholarshipReconsidered.pdf. Andrea, L., Beach, A. L., Sorcinelli, M. D., Austin, A. E. & Rivard, J. K., *Faculty Development in the Age of Evidence: Current Practices, Future Imperatives*, New York: Stylus Publishing LLC., 2016.

三、高校教师教学与科研关系的分类

基于上述历史考察和国际比较以及相关文献,①本文采用新的分类方法,分析和讨论四种不同类型的联系,以便更准确地描述高校教师在这两个关键领域的联系方式,以及帮助理解高校教师的职业生涯和教学研究的复杂性,并从不同关联模式的性质出发,进一步阐述教学与科研的复杂性。

(一) 教学与科研的联系方式

1. 紧密融合型联系

这种类型表明高校教师将教学与科研完全融合在一起,视二者为不可分割的部分。他们将教学活动视为研究的延伸,相信通过教学可以更好地理解和应用研究成果。这类教师通常在课堂上积极进行研究导向型教学,鼓励学生参与实际研究项目。他们可能会在教学领域做出杰出贡献,将研究与教学有机地结合起来。

2. 平衡型联系

这一类型表明高校教师平衡地处理教学与科研,将二者视为同等重要的任务。属于这一类型的教师,将研究项目与教学工作分开进行,但尽力确保两者之间的联系和互补性。平衡型教师通常会更关注教学与科研之间的质的平衡,避免过度侧重其中之一。这类教师往往在教学与科研两方面都能取得一定的成就。

3. 优先教育型联系

这一类型表明高校教师将教学放在首要位置,视科研为次要活动。这类教师会在教学上投入大量时间和精力,但研究活动相对较少。优先教育型教师可能认为教学是他们的首要职责,而研究活动则用于支持他们的教学工作。较之科研,他们通常在教育领域取得更为显著的成就。

4. 优先研究型联系

这一类型表明高校教师将研究放在首要位置,视教学为辅助性任务。这类教师在研究项目上投入大量时间和精力,但教学活动相对较少。优先研究型教师可能认

---

① Clark, B. R., "The Modern Integration of Research Activities with Teaching and Learning," *The Journal of Higher Education*, Vol.68, No.3, 1997. Hattie, J. & Marsh, H. W., "The Relationship between Research and Teaching: a Meta-Analysis," *Review of Educational Research*, Vol.66, No.4, 1996. Gibbs, G. & Coffey, M., "The Impact of Training of University Teachers on Their Teaching Skills, Their Approach to Teaching and the Approach to Learning of Their Students," *Active Learning in Higher Education*, Vol.5, No.1, 2004.

为通过研究可以更好地支持他们的教学工作,并将研究置于更高的地位。自然,这类教师通常在研究领域取得更为显著的成就。

(二) 教学与研究联系的复杂性

高校教师的教学与科研的关系不仅是多样的,而且是复杂的,反映了不同教育体系、文化和个体教师的选择。以下会进一步分析这些联系,并探讨不同关联模式。这些模式根据其性质,可以分为积极或消极、支持性或强化性的关系。

1. 积极关联模式

积极关联模式分为两大类:一类是教学驱动型研究。这一关联模式表明高校教师将教学视为科研的驱动力。他们相信通过开展卓越的教学活动可以激发研究灵感,并将研究与课堂教学紧密结合。这一模式强调了教学与科研的互补性,认为科研成果可以通过教学传授给学生。另一类是有关教学的科研。在这一关联模式中,高校教师将教学作为研究对象,研究教学方法和实践。他们可能关注课程开发、学习评估、教育政策等领域的研究。这一模式强调教学改进的重要性,通过科研推动教学实践的发展。

积极的关联模式也可以表述为支持性与强化性的关系。在这种关系中,教学与科研互相促进。出色的教学工作可以激发研究灵感,教学活动直接支持研究项目。例如,教师可以引导学生参与研究项目,从而扩大研究队伍。此外,在这一关系中,教学可以强化科研,例如通过教学活动获得的反馈,可以丰富和改进研究对象和方法等。这种联系可能促进更有针对性的研究活动,而研究成果又可以丰富教学内容。这种关系有助于提高绩效和满足教师个人职业发展需求。

2. 消极关联模式

消极关联模式也可以分为两大类:一类是教学与研究分离型。在这一关联模式中,高校教师将教学与科研视为两个独立的领域,彼此互不相关。这类教师往往将教学活动与研究活动严格分开,将精力集中在其中一个领域,而忽略另一个。这一模式在研究型大学或职业技术类高校中更为常见。另一类是教学与科研竞争型。这一关联模式表明,高校教师认为教学与科研之间存在竞争关系,两者之间有时间和资源等方面的冲突。这一模式强调教学与科研之间的紧张关系,要求教师在两者之间做出权衡选择。

总之,高校教师教学与科研的联系方式可以根据其性质划分为不同类型,这四种不同类型的联系,突出了高校教师在从事教学与科研活动过程中的多样性,展示了他们在教学与科研之间如何找到平衡,也代表了不同的教师职业生涯选择。这些类型各自都有其优势,当然也面临不同的挑战。了解这些类型,有助于高校更好地支持教师的职业发展和个性化需求。同时,教学与科研相互之间在不同关联模式中也表现出积极和消极的关系。如上所述,积极的关联模式强调教学与科研之间的互补性和支持性,有助于提高教师的教学与科研和促进职业生涯发展。而消极的关联模式强调教师教学与科研之间的竞争性和分离性,可能导致教师面临权衡的困难和两者之间的冲突,进而影响他们的教学和科研活动。

四、结论和启示

本文从国际视野、历史回顾、联系类型以及关联模式等多个维度,揭示了高校教师教学与科研之间的关系。

首先,现有的研究表明,关于高校教师教学与科研关系的观点存在二元对立。一些学者认为教学与科研是相互分离的,而另一些学者认为二者密切相关。然而,本研究表明,这种关系并不是非黑即白的,而是复杂多样的。

其次,上述历史考察和国际比较说明,近年来,学者们越来越认识到高校教师的教学与科研之间的联系充满复杂性和多样性。不同国家、不同高校、不同学科领域,以及不同教师个体都呈现出多种关联模式。通过国际问卷调查数据的整合,本研究梳理了20世纪90年代以来的全球高校教师教学与科研关系的演化。研究发现,不同国家在教学与科研方面呈现不同的特点和发展趋势,反映出国际视野下两者关系的多元化现象。

再次,本研究提出了一种新的分类方法,将高校教师教学与科研的关系分为四种类型,这种分类方法有助于更好地理解高校教师的教学与科研活动。此外,本研究还深入分析了两者之间不同关联模式的复杂性,包括积极或消极、支持性或强化性的关系。

最后,研究发现,高校教师教学与科研之间的关系模式因国家、教师所属高校背景、学科领域、教师个体特征等而异,没有一种通用的模式。

本文的上述研究发现,对中国高校教师如何理顺教学与科研的关系具有启示意义。首先,高校教师的教学与科研关系是多元和复杂的,需要根据个体的情况和特点来处理。每位教师可能对教学与科研及其关系有不同的看法和协调方式,高校管理者和政策制定者应该尊重并支持这种多样性。其次,高校教学和科研活动不应该被视为相互对立的领域。高校教师的教学和科研活动可以相互促进,互为补充。高校教师应努力在两者之间找到平衡,充分发挥自身的教学和科研潜力。再次,高校教师应意识到教学与科研关系可能会随着时间和环境的变化而变化,应具备适应变化的能力,以满足不断变化的需求。最后,高校管理者和政策制定者可以通过提供资源、培训和奖励等措施,提供支持和鼓励高校教师在教学与科研之间建立有益的联系。

A Historical Review and International Comparison of Faculty Members' Teaching-Research Nexus

HUANG Fu-tao

Abstract: This paper delves into the complexity of the relationship between teaching and research activities of university faculty by synthesizing multiple dimensions including an international perspective, historical review, types of connections, and association patterns. The main findings are as follows: firstly, the relationship between teaching and research is not a binary opposition but rather exhibits diverse complexities. Various countries, universities, disciplinary fields, and individual teachers demonstrate a multitude of patterns in these associations. Secondly, different countries exhibit varying preferences and developmental trends in this regard, reflecting the diversity within an international context. Thirdly, four types of connection are proposed to enhance the understanding of the behavior of university faculty, with an in-depth analysis of the intricacies within different association patterns. Finally, it is observed that there is no universal connection pattern, as this depends on the specific characteristics of the country, university, discipline, and individual.

Keywords: university teachers; teaching-research relationship; historical reviews and international comparisons; influencing factors

"双循环"视域下西部高等教育发展格局的时代诉求与行动路径[*]

祁占勇 杜越[**]

摘 要:"双循环"是新时代国家应对国内外复杂形势提出的重大战略决策。西部高等教育应加快构建新发展格局,以保障"双循环"机制对区域要素供给、服务区域建设、攻坚创新内核和教育国际交流的新需求。当前,西部高等教育发展还不能很好适应"双循环"的要求,存在着自主能动性低下、人才层次单薄且储能不足、市场供需错位、科研成果与产出利用低效、教育国际化内引外输能力有限等问题。在新发展势态下,西部高等教育应充分开发区位潜力,建立精密灵活的要素生产机制以提升供应链质量,构建扎根西部的自主循环体系以融入区域生态链,打造合纵连横的区域发展网格以稠密国内循环,搭建双向融通的内引外联机制以助推国际合作,由点到面构建西部高等教育新发展格局。

关键词:双循环 西部高等教育 内生动力 自主发展 新发展格局

近年来,逆全球化趋势愈发凸显,改革开放以来实行的以国际往来为重点的对外发展模式,在贸易保护主义、单边主义等壁垒限制下已难以适应当前我国社会经济建

---

[*] 本文系中央高校基本科研业务费专项资金资助项目"西部高等教育与区域社会经济发展的耦合关系及行动逻辑研究"(2021TS041)的研究成果。

[**] 祁占勇,教育学博士,陕西师范大学教育学部教授,博士生导师;杜越,陕西师范大学教育学部博士研究生。

设需求。立足国内外发展新局势,回归内生增长主阵地,构建以国内大循环为主体、国内国际双循环相互促进的新发展格局,成为新时期我国社会发展建设的新思路。"时代越是向前,知识和人才的重要性就愈发突出,教育的地位和作用就愈发凸显。"[1]国内国际双循环的实现,需要夯实区域模块,强调高等教育立足区域社会经济发展的内生需求,输出资源优势,优化高等教育建设结构及运行机制,以助推国家整体内外的良性循环。西部地区作为区域均衡发展中的短板,在资源存量及生产力增量方面存在较大劣势。借力国际国内新形势下我国实现内生增长的战略决心,以西部高等教育振兴为重点,重塑西部高等教育发展格局,对进一步优化西部大开发的战略路径、推动区域优质均衡建设、实现东中西区域发展同频共振具有重大战略意义。

一、"双循环"视域下西部高等教育新发展的时代诉求

一直以来,西部地区常常被打上"落后""欠发达"的标签。虽然在"部省合建"等中西部高等教育振兴政策扶持下,西部高等教育的质量水平有所提升,但以外部支援为动能的外生性建设在扎根西部并内塑西部经济发展方面作用有限。面向新发展趋势,"双循环"所主张的内生循环机制要求西部高等教育正视"西部现象",破除固有的外部依赖意识,凝聚驱动内核,以提升全要素生产率。

(一)实现国家内生循环,要求西部高等教育优化要素供给

在国家大循环思路下,内生循环的实现以区域协调发展为前提,西部地区作为国家大循环中的重要生产力,理应做好核心发展要素方面质与量的双重供给。一是立足时代发展,保障要素内容的基础性供给。人才和科技始终是提升区域竞争力的核心要素,人才资源作为"构建新发展格局的重要依托"[2],要求西部高等教育调整教育结构、学科专业结构、人才培养结构,以实现多层次、专业型、高水平的人才队伍建设。科技创新能力是区域发展质量及建设潜力的核心象征,要求西部高校释放科研创新能力,以攻坚"卡脖子"难题。二是从地缘特性出发,寻求资源禀赋的地域性开采。[3]不同地缘风貌塑造的差异化区域格局,造就了特定地区的资源禀赋。盲目效仿东部

---

[1] 中共中央、国务院:《关于全面深化新时代教师队伍建设改革的意见》,2018年1月20日,http://www.gov.cn/zhengce/2018-01/31/content_5262659.htm。
[2] 习近平:《在教育文化卫生体育领域专家代表座谈会上的讲话》,2020年9月22日,http://www.gov.cn/xinwen/2020-09/22/content_5546157.htm。
[3] 李威、陈鹏:《振兴西部高等教育:真实的命题而非虚妄的猜忌》,《重庆高教研究》2021年第1期。

地区的发展势态来增加西部地区各资源的数量,绝非可行之道,而是应立足西部地区的"地缘基因",基于西部地区历史沿革所凝练的自然地貌、产业优势、文化特色等因素,开采出源自西部、服务西部的多样资源,注重资源的层次性和可用性。三是对接市场需求,思考要素结构的适配性架构。内生循环的重点在于充分发挥市场在资源配置中的决定性作用,市场的生机需要依靠自我机理不断革新重组。追求要素结构合理适配的过程,要求西部高等教育融入区域市场机制之中,对接经济产业发展需求,调整资源供给模式和产出结构,避免"两张皮"式的资源量产。

(二) 推进区域均衡,要求西部高等教育赋能区域发展

国家内生发展的实现,既需要配齐配强基本资源要素,更强调资源要素转化为生产力的效率与质量,以实现资源与利用的统一。当前,京津冀、长三角、粤港澳大湾区三大经济板块的业态升级,集中表明了高等教育在区域建设当中的重要作用,[1]也为西部地区的规划调整提供了思路。依赖外部的"等靠要",只会进一步削弱国家总体资源配置的效能,使西部地区错失弯道超车的机会。在区域均衡发展导向下,西部发展应聚焦高等教育同西部地区的共生性,强调高等教育的区域反哺功能,依托高水平人才队伍和科研平台,激发区域内生性创新活力。

要发挥西部高等教育在区域经济产业、人文素养和政治制度方面的提升作用,以更充裕、更优质的资源输出实现区域自主循环。一是嵌入区域产业链之中,提升区域内的产业衔接质量。区域现代化进程中,各行各业都面临着人才、技术与理念的有效供给和内容革新问题,这就要求西部高等教育立足区域产业结构现状及新阶段发展走向,实现供需相配和前瞻引领的双重目标。二是服务区域教育文化需求,增强区域知识生产的层次、样态和可持续性。高等教育普及化能为区域循环培养更多的高素质人才,面向区域社会经济现实需求,实现多层多类的人才供给;[2]继续教育平台的进一步优化,也能为更多有教育需求的社会人员提供再造窗口。人才及知识的积累集聚,不仅能给地方发展带来强大动能,而且以其广泛的价值溢出效应,影响一定区域的人文素养。三是聚焦区域政策规划,推进政策落地的实践程度,提升政策制度的区域表现力。地方性政策的科学决策,通常需要区域高校发挥智囊团作用,政策执行不可避免地涉及高校主体,政策影响所面临的社会舆论也需要借助高校的影响力加以应对。高校具有较强的区域流通性,理应承担起区域间协调发展的桥梁作用,借助

---

[1] 周光礼:《区域发展的高等教育因素:概念框架与案例分析》,《湖南师范大学教育科学学报》2021年第6期。
[2] 别敦荣:《"双循环"视角下中国高等教育普及化发展的意义》,《中国高教研究》2021年第5期。

平台优势,破除区域自限性因素。

(三) 提升全球竞争力,要求西部高等教育攻坚创新内核

创新是国家竞争力的关键因素。近十年来,我国在全球竞争力排名中多稳定在26—29名,"创新能力"与综合排名基本持平,"技能"表现力普遍不高。① 究其原因,主要是核心竞争力不足所引发的全球价值链低端、劳动力水平不高等弊病。国际市场萎缩和公共卫生方面的全球性危机,不断加剧国际格局的多极化演变,某些西方国家采取经济霸权、政治敌视、技术封锁等极端手段打压中国的崛起,"去中国化"意图明显。对此,"双循环"战略牢牢把握创新内核,要求高等教育从人才创新、技术创新、贸易创新方面寻得突破。西部地区高校和人口众多,但在劳动力技术技能及科研成果方面却难以激发出较高水准的驱动效应,未能实现"资源稠密"的集聚影响。因此,应重新审视西部高等教育的建设思路,由"铺摊子"转向"上台阶"。② 一是应对技术封锁迫切需要西部高等教育、科研院所加大科技创新研发,聚焦尖端核心技术,解决"卡脖子"问题,掌握经济发展主动权,弥补核心科技薄弱的劣势,推动中国向全球价值链上游高附加值环节整合和攀升。二是我国制造优势遭打压,原有的劳动力订单需求因更加廉价的发展中国家进驻而缺少价格优势,③这就要求西部高等教育提升教育容量和层次质量,推动低水平劳动力加工转向高水平的产业技术资源,实现制造大国向制造强国转变。三是贸易保护主义抬头,全球经济增速变缓,要求我国调整对外经贸思路,利用好中国庞大的市场规模优势,加大西部高等教育同对外贸易市场的衔接,为企业输出优质人才和先进理念,进一步打开西部地区的国际市场,提升中国在国际循环中的风险防范意识与博弈能力。

(四) 升级教育对外布局,要求西部高等教育深化交流共享

"双循环"新发展格局要求教育对外布局进一步深化主权意识,既要有选择地吸纳境外优质教育资源,以满足社会发展对人才结构的合理诉求及人民群众对国际教育的开放性需求,④夯实教育"内循环",也要充分释放我国教育对外活力,推动人才、

---

① 李胜利、解德渤:《金砖国家高等教育质量比较——基于 2009—2015 年〈全球竞争力报告〉的分析》,《高等教育研究》2016 年第 10 期。邓莉、施芳婷、彭正梅:《全球竞争力教育指标国际比较及政策建议——基于世界经济论坛〈2018 年全球竞争力报告〉数据》,《开放教育研究》2019 年第 1 期。
② 王一鸣:《百年大变局、高质量发展与构建新发展格局》,《管理世界》2020 年第 12 期。
③ 郭晴:《"双循环"新发展格局的现实逻辑与实现路径》,《求索》2020 年第 6 期。
④ 祁占勇、陈鹏、杜越:《百年来国家教育安全的发展演变与基本特征》,《中国社会科学报》2021 年 7 月 12 日第 5 版。

知识等核心生产要素融入全球化机制之中,以全方位、宽领域、多层次的开放布局应对新阶段国际"外循环"。就地理布局而言,西部地区具备沿边优势,"一带一路""西部陆海新通道"等倡议和规划,为西部高等教育国际化提供了新的生长契机,要求西部高等教育把握政策红利,积极投身国际合作,探索区域教育国际化的双向度提升。从教育资源现有存量来看,西部高等教育在对外开放中具备充足的互动能力。2021年,西部地区普通高校共计739所,占全国的27%,[1]在2023年软科排名中,有15所西部高校入围前百名[2]。在新发展格局中,发挥西部的区位资源优势,推动西部高校同世界各国开展人才共培、园区共建和信息共享尤为重要。从区域特色来说,西部地区文化呈现出多样化和多层次特点。西部聚集着我国大量的少数民族,民族文化异彩纷呈,且西安作为著名古都,积蕴着丰富的历史文化、深厚的文化底蕴,在跨文化互动中具有极大的吸引力和交往底气。立足西部文化禀赋开展国际教育,是增进国际理解、展现中国智慧的重要通道。

二、西部高等教育适应"双循环"的现实壁障

当前,西部高等教育在实现国内大循环方面存在着区域内生自主性欠缺、结构性供需梗阻、核心驱动力不足等问题,发展理念和动能储备同达成区域协调均衡化的目标仍有一定差距。在国际外循环方面,跨国教育尚未开发出区位优势,人才和科技等核心要素欠缺也限制了对外贸易的广度和深度,一定程度上掣肘着我国在全球供需链中对主动立场的把控。

(一)发展思路缺乏自主能动性

在"被定义""被发展"等外生单向度推动下,西部地区常常陷入弱势心理的误区,长期被动的路径依赖一定程度上限制了西部地区的自主发展意识和能力。这一方面表现为定势思维下自主意识的封锁。改革开放以来,先富带动后富的发展模式激发了东部沿海地区的发展潜力,西部地区相对进入后生发展梯队之中。长此以往,西部地区逐渐被贴上"落后""贫瘠"的固化标签,区域内外常将西部地区当前的弱势表征

---

[1] 中华人民共和国教育部:《2021年教育统计数据》,2022年12月28日,http://www.moe.gov.cn/jyb_sjzl/moe_560/2021/。
[2] 软科:《重磅发布:2023软科中国大学排名》,2023年3月30日,https://baijiahao.baidu.com/s?id=1761695095181162833。

视为西部全貌,将外界的政策倾斜和资源优待当作开发西部理所应当的投入。西部高等教育作为西部地区的内在系统,一同被归为落后。这种认知性锁定,极大地限制了西部高等教育的自主性发展。[①] 正如有关学者所言,西部高校在承接国家重大项目等建设任务中,时常表现出"三十亩地一头牛""小富即安"的保守思维。[②] 另一方面表现为惯性依赖中自主能力的弱化。中西部高等教育振兴计划形成了较为丰富的制度效益,但一味依靠外界的支援带动,复制东部高等教育发展路子,也在一定程度上削弱了西部高等教育的区位立场与自主发展能力。发展标准对标东部,期望以"跨越式发展"实现弯道超车,忽略立足区域特色的自我跃迁。[③] 自主发展能力的缺位,也将不断削弱西部高等教育的自信,阻滞西部地区改革创新的步伐。

(二)人才队伍层类单薄且储能不足

碍于西部地区高等教育发展不充分的现实情况,西部人才队伍建设中普遍存在着人才孕育层类单一和劳动力区域价值转化受限两方面的问题。人才孕育层类涉及高校学生及高校师资两个群体:从各层类学生培养来看,当前西部地区的人才培养重点尚未嵌入到区域发展需求当中,高水平人才相对稀缺。2021年,普通高校毕业生中西部地区博士9678人,占当年博士总毕业人数的13.7%,东部地区则分别为44048人和62.3%(见表1)。虽然西部高校对培养创新人才、基础学科人才等有所关注,但整体而言,西部高校在多层次人才培养上存在着理念、能力、市场等因素的多重限制。西部高校的师资力量也较为薄弱,缺少高水平的师资。2021年,西部地区普通高校专任教师以硕士学历居多,副高及以上教师占比为46.5%,东、中、东北部则分别为52.1%、44.5%和52.8%(见表2);校均博士教师为139人,校均副高及以上教师为192人,而东部地区高校则分别为260人和271人。此外,长江学者、万人计划人才等特殊高水平人才匮乏,整体上难以形成高质量、紧密互联的学术共同体,缺乏地方科研发展的领军力。

除了直观的人才队伍规模层类不足,西部在服务区域建设方面也存在劳动力区域价值转化低下的衍生问题,人才流失严重,迭代更新滞后。出于对职业发展前景、薪资待遇、教育医疗卫生等现实条件的考量,西部培养的高水平人才更倾向于到东部发达城市就业,西部地区的人才引进及区域保护政策虽然在一定程度上凝聚了地方发展的内生活力,但外来人才的援助期限相对短暂,且个人在家庭、职业发展等方面

---

① 包水梅:《全面振兴西部高等教育:困境、根源及其突破》,《中国高教研究》2020年第12期。
② 解艳华、严纯华:《提升西部高校自我"造血"能力》,《人民政协报》2018年4月4日第10版。
③ 刘徐湘:《中国西部高等教育跨越式发展的困境与对策》,《高教发展与评估》2019年第5期。

的主观意愿不稳定,属地人才的大量流失仍是限制西部区域特色和可持续发展的关键问题。同时,西部高校在创新型人才培养方面缺乏先进的培养理念和科学健全的培养机制,各类人才投入市场后的后续再造也较为滞后,西部地区生态系统要素的迭代更新缺乏充足多元的人力保障,区域社会升级相对低频低效。

表1 2021年分地区普通高校毕(结)业生学历层次统计

	普通高校博士		普通高校硕士		普通本科		高职本专科	
	人数	比例	人数	比例	人数	比例	人数	比例
东部	44048	62.3%	335761	48.4%	1647904	38.5%	1485385	37.3%
中部	10416	14.7%	123677	17.8%	1141634	26.7%	1203965	30.2%
西部	9678	13.7%	155467	22.4%	1073236	25.1%	1076748	27%
东北部	6547	9.3%	79009	11.4%	418196	9.8%	217996	5.5%
合计	70689		693914		4280970		3984094	

资料来源:根据中华人民共和国教育部官网2021年教育统计数据整理。

表2 2021年分地区普通高校专任教师学历、专业技术职务统计(单位:人)

	按学历分				按专业技术职务分				
	博士	硕士	本科	专科及以下	正高	副高	中级	初级	未定职级
东部	269784	173457	94391	1051	104387	176307	199494	29149	29346
中部	107306	127767	71435	1016	41790	95042	120415	27447	22830
西部	102509	134557	66802	762	46445	95075	114284	24646	24180
东北部	46358	48686	23738	191	21739	41025	45049	8318	2842
合计	525957	484467	256366	3020	214361	407449	479242	89560	79198

资料来源:根据中华人民共和国教育部官网2021年教育统计数据整理。

(三)市场供给和需求错配

西部地区地域辽阔,区域内经济发展参差不齐。虽然陕西是西部高等教育和社会经济发展相对健全的地域,但在人力资源和知识生产同市场的衔接方面仍存在着人才缺口、新业态发展瓶颈、产学研机制不健全等问题。近些年,虽然新疆、青海等区域注重区位能源开发,逐渐构筑石油、天然气等现代支柱产业,但在产业转型升级当中依旧面临着人才和技术的配置难题。碍于地理位置不利、高等教育资源匮乏等因素,西部省市在面向市场需求中普遍显露出基础动能不足、核心要素缺位、产学研用衔接不畅的现象。

一是以人才和技术为代表的基础性资源配置难以满足市场发展新需求。人才规模效应和专业价值表现程度较低,高校学科专业、课程设置、人才培养模式等同地区市场结构契合度不高,既缺少迎合知识密集型、新兴技术产业发展的高水平、高层次的研究型人才,也缺少支撑区域能源资源、装备制造等支柱产业发展的各类专业人才,应用型人才对西部市场的供给质量偏低。① 2017年,西部地区人才经济效能为40.5万元/人,东部为53.85万元/人,全国平均为46.18万元/人,西部人才效益产出显著低于东部和全国平均水平。② 二是前沿领域方面的人才和知识技术缺位,限制了区域产业的升级转型与扩容,尖端产业提速困难。以智能制造为例,西部高校对地方智能制造的现代化建设贡献相对有限。有关统计表明,截至2023年上旬,全国共有438所本科高校开设了人工智能专业,西部地区仅有98所,其中四川25所、陕西18所;全国共有260所本科高校开设了智能制造工程专业,西部地区仅有49所,其中陕西14所。西藏的高校在这两个专业设置上仍为空白。③ 三是产学研的松散样态削弱了区域企业的竞争力。区域产学研协同机制不健全,高校同地方企业间的成果互享意识不强,共培机制和能力欠缺。高校更多关注学科建设,期望尽可能利用中央和地方的政策支援来提升办学水平及社会声誉,人才培养模式及人才市场应用方面的改革滞后,嵌入区域大中小企业的程度有限,中小型企业持有的人力和知识技术资源相对单薄,在现代化产业发展浪潮中进退维谷。

(四) 科研成果与利用产出低效

从科研基础实力、科研成果质量到成果利用转化情况来看,西部地区整体处于弱势地位。当前,西部的科创实力主要集中于陕西、四川和甘肃三省,点位辐射效应尚未形成。首先,科研基础实力参差不齐,对尖端产业的敏锐度及研究能力不足。从科技项目开展情况来看,以试验发展研究项目为例,2016—2020年,虽然西部地区的科研数量有所增长,但年均项目数较大幅度低于全国年均数(见图1)。从科研平台建设情况来看,截至2021年,全国共计140所大学科技园,西部地区仅有26所,占比18.6%,主要集中于四川(5所)、陕西(4所)和甘肃(3所)。④ 其次,科研成果产出质

---

① 黎兴成、朱德全:《应用型人才供给质量的区域性实践样态——基于西部八省的实证研究》,《湖南师范大学教育科学学报》2020年第5期。
② 倪好:《新时代西部地区高质量发展的人才支撑策略》,《宏观经济管理》2020年第8期。
③ 阳光高考:《专业知识库》,2023年8月1日,https://gaokao.chsi.com.cn/zyk/zybk/。
④ 中华人民共和国科学技术部:《国家大学科技园名单》,2021年6月1日,http://www.most.gov.cn/。

量不高,科创驱动的区域引领性较低。截至2022年6月,在全国高校专利转让排行前100名高校中,西部地区只有17所高校上榜,集中于陕西(8所)、四川(4所),其中西安交通大学以专利转让1556件位居全国第6位。[①] 从科研成果获奖情况来看,2019年全国共有317项科研成果获奖,西部地区仅有38项获奖。而东、中、东北部地区则分别获奖199项、53项、27项,西部地区的科研成果层次及学术认可度,较其他地区显著落后。[②] 最后,科技成果转化率较低,对区域产业的贡献有限。高校科技成果转化是校地合作的重要内容,就教育部科技司公布的两批高等教育科技成果转化和技术转移基地认定结果来看,2019年至今,全国共认定了71所高校基地,其中西部地区仅14所,[③]5所高校位于陕西,近半省区缺少承接高校科技成果转化的机会与能力。2019年,西部地区高校科研成果的区域内外转化也不甚理想,甘肃、贵州、陕西和云南的科技成果区域外输出相对明显,分别占到地方辖区内产出科技成果合同总额的70.7%、58.7%、48.7%和35.9%,四川则以区域内转化为主,占比78.2%,[④]其余省区均未形成一定程度的科技成果转化规模。

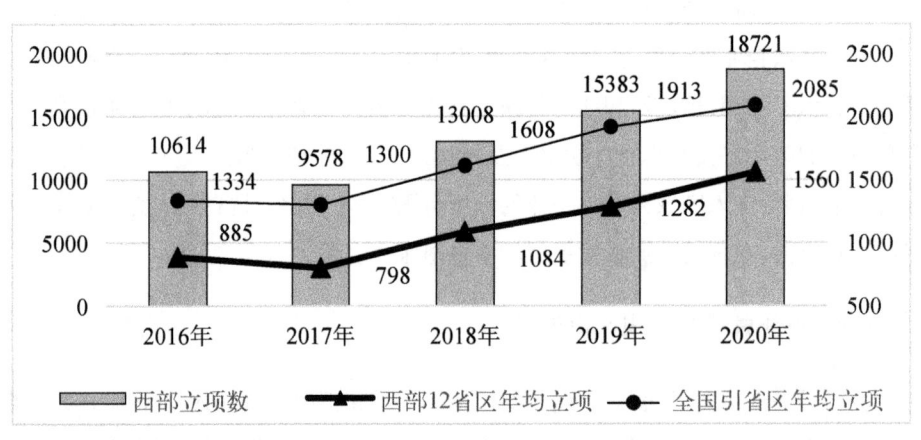

资料来源:EPS数据平台。

图1 2016—2020年试验发展项目开展情况

---

① incoPat 专利情报平台:《中国高校专利转让排行榜(TOP100)》,2022年8月10日,https://www.sohu.com/a/575601969_100046295?scm=1102.xchannel;325;100002.0.6.0&spm=smpc.channel_248.block3_308_NDdFbm_1_fd.1.1693900607990AvchqeD_324。
② 中华人民共和国教育部科学技术司:《2020年高等学校科技统计资料汇编》,高等教育出版社2020年版,第70页。科技成果获奖仅统计"国家自然科学奖""国家技术发明奖""国家科技进步奖"获奖情况,不含国务院各部门及地方科技进步奖。
③ 中华人民共和国教育部:《首批、第二批高等学校科技成果转化和技术转移基地认定名单》,2020年9月2日,http://www.moe.gov.cn。
④ 高校科技:《中国科技成果转化2020年度报告(高等院校与科研院所篇)发布》,2021年4月15日,http://gxkj.resource.edu.cn/news/15598.html。

（五）跨国教育的吸引力和输出力有限

"一带一路"倡议为西部高等教育对外开放提供了机遇，但西部高等教育因其地理位置、育人理念、办学经费、平台竞争力等因素限制，在跨国交流与合作中尚未形成一定规模的教育市场，在国际化的承接与输出方面均处劣势。一方面，西部高校来华留学生教育的承接能力和培养水平有限，国际化资源配置难以形成区域吸引力。多数高校对留学生教育采取了与国内普通学生趋同的培养机制，未就留学生差异性文化形成分层分类的培养模式。缺少高水平的国际性育人体系，现有平台基地、课程设置、评价考核中的国际化元素，难以满足不同来华留学生的跨文化交流。另一方面，西部高校面向全球的对外输出意识和能力不足，在国际教育市场上缺乏竞争力。除陕西、四川、重庆等几个领头羊外，其余省区高校的国际影响力偏低。2019 年，西部高校国际科技合作研究派遣了 8124 人，只是东部地区高校的 31.3%；西部高校校均 11.1 人，东部高校校均为 25.2 人；国际学术会议特邀报告数为 3576 篇，只是东部地区高校的 22.9%；主办的国际学术会议 436 次，仅为东部地区高校的 27.7%（见表 3）。西部高校在国际合作与交流中的参与度与参与质量较其他区域相比存在比较大的差距。

表 3　2019 年分地区高等学校国际科技交流统计

	合作研究		国际学术会议		
	派遣人次	接收人次	出席人次	特邀报告（篇）	主办（次）
东部	25932	23697	131517	15603	1575
中部	9648	7027	37483	3841	308
西部	8124	7792	40193	3576	436
东北部	5050	3304	17896	1781	234
合计	48754	41820	227089	24801	2553

资料来源：《2020 年高等学校科技统计资料汇编》，高等教育出版社 2020 年版，第 65 页。

三、"双循环"视域下西部高等教育新发展格局的行动路径

"双循环"赋予西部高等教育新的发展命题，即西部高等教育的成果产出、资源置换、效益转化必须通过国内循环实现，必须实现同各个领域、行业、群体的深度对接，必须在创新、开放、特色、多元、共享的主旨框架下进行路径选择。面向更富挑战、更

具变动、更多需求的新发展契机,西部高等教育应重新把握国内外发展诉求,回应国内循环主轴宗旨,立足地缘生态,塑造高等教育的新发展格局。应当以外部"输血"的高层次扶助为牵引,以自主"造血"的主动式发展为内核,激发西部地区内生活力,推进西部地区社会经济新业态、新模式、新领域建设。

(一) 建立精密灵活的要素生产机制

供给侧要素是催动循环机制的基本驱动力,面对当前国际秩序中的资源阻断危机,西部高等教育应充分开发区位优势,结合当前西部发展面临的关键问题,围绕人才培养、师资引进、科研规划开展机制革新尝试。

第一,围绕西部发展特性,精准规划人才培养进路。西部高校建设应当在人才培养上破除保守思维,聚焦区位特性,创新人才培养机制,推动西部高校深度参与到"订单式"西部定向人才培养工程之中。"订单式"西部定向人才培养应围绕保障型、领军型、紧缺型三向度开展,保障型订单旨在为西部教育、医疗、农牧等基础民生事业培养具备专业素养的高素质人才,重点关照西部农村地区、边疆地区等相对落后区域;领军型订单对接西部各省市支柱产业,着重培养清洁能源、循环农业等新旧动能转换领域人才,推动传统产业转型升级;紧缺型订单重在满足西部新兴产业人才需求,围绕新文科、新医科、新农科、新工科,培养支撑西部地区人工智能、新材料、绿色生态等产业建设的尖端人才。除了针对社会经济的精准规划,民族文化多样特性也应纳入人才培养进路之中,支持少数民族聚居区高校有所侧重地开展国家通用语言文字教育、民族团结教育、边疆教育等文化教育。

第二,人才"西进"以内驱牵制替代惩罚性规制。西部高校应转变人才"西进"思路,弱化人才"西进"的形式限制,由利益剥夺式的惩罚性规制,转向鼓励引导式的内驱牵制。一是增加西进人才发展性奖励。重大人才工程和国家科学基金项目向西部高校倾斜,国家重点项目、重大项目、重大研究计划等项目选题聚焦西部发展,引导人才做西部学问。二是督促高校落实后续保障与承诺兑现。设置"西部振兴人才岗",借助政府公共权威,平衡双方利益诉求并明确责任权限,对西部高校人才引进实效进行周期考核,确保人才聘期内校方允诺的科研支持顺利到位。三是完善人才引进柔性机制,深化人才共享理念,采用租赁型、任务型、周期性等模式,构建弹性灵活的师资队伍,①减少专家引进在人事制度等方面的僵化规制,强调任务导向下对人才的短暂性召集。

---

① 李硕豪:《西部高等教育均衡发展的路径创新》,《光明日报》2020年6月9日第13版。

第三,强化科技创新与成果转化基地建设。围绕前沿核心领域的科技创新和技术成果转化,分步骤有侧重地支持高校建立相关基地或机构,双管齐下打通"双循环"面临的核心技术梗阻问题。第一制高点仍是科技成果创新力提升,要围绕人工智能、量子通信、新能源等核心技术领域,支持西部地区协同高校立足区位条件,创建"创新港""创新城市"等现代化科研学镇,聚焦智能制造等,加大科研投入力度。第二关键点是规范并推动高校科技成果转化。应分梯度支持西部高校结合自身能力及科技成果转化供需,通过设立高校全资拥有的技术转移机构,或是内设技术转移办公室等机构,或是联合地方或企业设立技术中试及转移机构等三种模式,[①]建立成果转化保障机构,并明确相关职责,授权机构在高校制度框架内管理高校技术成果转化相关事宜。

(二)构建扎根西部的自主循环系统

国内循环的完整实现,是以区域有序的自主循环为前提的。在完善资源存量与增量的基础上,西部高校应着力构建联动畅通的要素流动机制,确保新发展要素得以妥善融入区域生态链之中。需要在创新区域生态系统的基础上积极调整学科专业结构,以更好地服务市场发展,扎根西部本土特色与潜在发展动向,构建多位一体的自主发展格局。

第一,搭建五螺旋的新型区域创新生态系统。"五螺旋"跳出社会性框架探讨自然生态与知识驱动的关系,提出社会系统同自然环境的协同互动。西部高等教育应统筹校—企—政—社—地五重功能联动,通过跨学科异质性组合,凝聚多方共识,以放大价值再造。地方政府应加大地方性政策支持与法律规约,对"双一流"建设、西部人才振兴等方面提供更多的地方奖励与引导,对多主体协同创新进行资金、分工等方面的保障与监管,采用协助管理模式敦促校企社之间进行知识创新与转化。军工、能源、旅游等企业应主动参与到同高校的人才培养与科研合作当中,开展共商人才培养"订单"、共建技术转移机构、共享科技资源信息等交互行动。社会民众的需求愿景往往通过自主发声的舆论和被动参与的科研调查加入高等教育知识产出之中,对此,西部高校应重视对社会舆情的研究与引导,以及对人文特色的发掘,有条件的学科应尝试建立智库基地,以连接公共利益诉求和权威政策行动。自然生态有其生长逻辑,需要高校主动介入,充分利用自然资源的再生性开发知识增长空间。

第二,依托区位优势调整学科专业结构。一方面,要以社会性特征为主展现人文

---

① 科技部、教育部:《关于进一步推进高等学校专业化技术转移机构建设发展的实施意见的通知》,2020年5月19日,http://www.most.gov.cn/xxgk/xinxifenlei/fdzdgknr/fgzc/gfxwj/gfxwj2020/202005/t20200519_154180.html。

观念。西部高校应利用好西部及周边国家文化多样性的人文特点,强化民族学、宗教学、语言学等特色学科的价值转化及内容延展性。一流学科建设、新文科研究与改革实践项目等重大工程,要向西部高校尤其是民族高校倾斜,支持西部高校围绕边疆研究、域外研究等自主建立或同高水平高校合作共建研究平台,如关注陕西师范大学的几内亚研究、兰州文理学院"塔吉克斯坦研究中心"。① 另一方面,以可持续发展理念实现社会生态代谢。一是利用好煤炭、天然气等自然资源优势,探索在能源化工、稀有材料等领域前沿核心技术的科创攻关。二是利用好草原、高原、山脉、沙漠等地理环境,围绕西部地质灾害整治及科学服务第一产业的现实需求,重点建设草业科学、生态学、地质科学等学科专业,推广"科技小院"精准扶农、助农的研究生培养模式。三是利用好毗邻"一带一路"共建国家的区位优势,围绕国际贸易往来、人文交流、科研合作等,加大学科建设的国际性倾向。

(三) 打造合纵连横的区域发展网格

在新阶段的知识变革和技术革命浪潮中,"人口红利"不断削弱,"结构性红利"与区域生态系统衔接愈发紧密。城市群、都市圈成为新的增长极,②西部高等教育作为区域联动的重要枢纽,应以空间布局为抓手,优化资源配置形式,推动校际之间、校域之间、区域之间知识增量和知识流的集群效应发挥。

一方面,要下沉点位合作层级,拓展联结因素。"合纵"要求西部高等教育走出舒适圈,联结西部高校,打造西部高等教育发展联盟。③ 打破传统的省域合作格局,以更精细的优势互补推动高校间的良性合作与竞争,构建西部特色学术话语体系。一是突出功能区的合作对接,以交通、地理、产业等要素为基点,打造西部"高等教育功能区"新合作阵势。二是发挥中心城市辐射作用,以西安、兰州、重庆、成都为战略支点,发挥高水平高校的领头羊作用,分头行动,牵引西北、西南地区高校集群式发展。三是有序扩大成渝教育圈等核心聚集区的联动网格,在进一步夯实双城圈域集聚发展的基础上,重视聚集区资源向二三线城市的梯度扩散,推动西部资源梯度再开发。

另一方面,要突破"在西言西"窠臼,增进区域合作共享。"连横"强调西部高等教育必须转变"就西部谈西部"的发展视野,在自我认知和行动路径两方面重新解构身

---

① 王建新:《丝路发展视域下的内陆亚洲社会文化研究》,《陕西师范大学学报》(哲学社会科学版)2018年第1期。
② 汤铎铎、刘学良、倪红福等:《全球经济大变局、中国潜在增长率与后疫情时期高质量发展》,《经济研究》2020年第8期。
③ 蔡群青、袁振国、贺文凯:《西部高等教育全面振兴的现实困境、逻辑要义与破解理路》,《大学教育科学》2021年第1期。

份符码,破除长期限于"西部圈"的窄化思维。在进一步扩大对口支援规模、创新对口支援方式的过程中,西部高校应积极在外部支援中汲取营养,转变"等靠要"被动发展思路,扩大研究视野和格局,主动同东部区域开展优质教育信息数据的共享和学术互动。针对现阶段研究型高校、应用型高校、高职院校的多向度发展,当以现代产业链为核心,打造高等教育纵向集群品牌。① 与此同时,要采取更高质量的西部行动落实区域合作。西部高校应聚焦跨区域建设工程,加深跨区域协同开发和应用牵引,夯实西部区位价值。投身"东数西算"②新规划,把握西部数字化发展新增长机遇,通过高水平、精密化的国家算力联动,多层次布局,探寻西部资源利用新模式。

(四)搭建双向融通的内引外联机制

西部地区毗邻的国家众多,且受国际局势动荡等方面影响,进一步加剧了对外合作难度。为此,西部高等教育国际化应重点加强主动合作与风险防范能力,充分开发区位潜力以提升内在吸引力,创新教育合作形式以提升外向联络力。要重视教育对外开放在交流主体、教育内容、培养模式和学术活动等方面规模与内涵的双重提升,以"一带一路"共建国家教育合作为起点,逐步扩大合作范围,织好教育对外开放合作"国际网"。

第一,丰富对外教育形式,提升国际风险防范能力。西部高等教育应进一步提升对外教育的弹性,解决公共卫生事件下物理性流动的限制问题,采取线上教育或以中外合作办学机构为载体的"在地留学"等灵活的教育方式,以保障后疫情时代教育国际化的常态化和持续化建设。借助"中国教育云"等在线开放平台,开发具有西部特色、传递西部理念的专业课程、评价工具和学生管理体系。

第二,服务国家对外开放政策,深化教育双向合作。"一带一路"倡议、"西部陆海新通道"规划等,为西部高校接轨"一带一路"共建国家提供了政策机遇。西部高等教育应利用好政策窗口的开放期,搭建教师互动、学生互派、科研协作、学历互认、学位互授的多元化双向交流机制,落实"丝绸之路"等特色合作办学计划,升级同东南亚、中东欧、西亚等区域和次区域的互动路径,打造"留学西部"品牌。进一步扩大合作领域,深耕合作内容,合力打造专业、学术领域高质量发展共同体。③

第三,定位区域发展特征,提升国际参与层级。一是要调动西部地区文化潜力,形成凸显民族文化特色的对外教育学科体系,展现西部风采与文化自信。二是面向

---

① 钟秉林、王新凤:《新发展格局下我国高等教育集群发展的态势与展望》,《高等教育研究》2021年第3期。
② 国务院办公厅:《关于印发"十四五"数字经济发展规划的通知》,2022年1月12日,https://www.gov.cn/zhengce/zhengceku/2022-01/12/content_5667817.htm。
③ 中华人民共和国教育部:《全面构筑西部教育对外开放新高地》,2020年7月5日,http://www.moe.gov.cn/jyb_xwfb/moe_2082/zl_2020n/2020_zl33/202007/t20200706_470566.html。

区域发展急需领域,调整学科布局和科研方向,结合国际前沿成果,发挥地方问题的引领性和天然素材优势,运用国际化科学城、研究中心等基础研究资源,产出具备西部学术研究实力的高水平科研成果,提升国际交流展示的话语权。① 三是拓宽师生海外交流的平台路径,设置海外学术合作专项,鼓励师生积极参与国际竞赛、交流访学、国际学术会议等活动,重视培养师生国际视野和跨文化研究能力。

Times Demands and Action Paths of the Western China's Higher Education Development Pattern from the Perspective of "Dual Circulation"

QI Zhan-yong, DU Yue

Abstract: The "dual circulation" is a major strategic decision made by the country in the new era to deal with the complex situation at home and abroad. Higher education in western should accelerate the construction of a new development pattern to ensure the "dual circulation" mechanism in terms of the regional resource supply, service to regional construction, fortifying the innovation core and facilitating education international exchange. At present, the development of higher education in the western region is not well adapted to the requirements of the "dual circulation", including issues such as low self-motivation, a limited and insufficiently skilled talent pool, misalignment of market supply and demand, inefficient utilization of research results and outputs, and limited ability of internationalization of education to attract and export. In the context of such new development trend, higher education in western China should fully develop its locational potential, establish a precise and flexible factor production mechanism to enhance the quality of the supply chain, build an independent circulation system rooted in the western region to integrate into the regional ecological chain, create a vertical and horizontal regional development network to consolidate domestic circulation, build a two-way integration mechanism to promote international cooperation, thus enabling the building of a new development pattern of higher education in western China from point to surface.

Keywords: dual circulation   higher education in western China   endogenous dynamics   independent development   new development pattern

---

① 刘义兵、吴桐:《新发展格局下的西部高校国际化:价值、问题与发展向度》,《现代教育管理》2021年第11期。

| 教育治理与教育评价 |

新时代教育评价改革研究的主题图景与未来愿景[*]

朱德全 王志远[**]

摘　要：在加快教育现代化，推进教育强国建设的战略布局下，学界聚焦教育评价改革相关问题展开了系列研究，形成了我国教育评价改革研究的主题图景。其中，本质论研究观照教育评价的本质特性；价值论研究回溯目标导向下现代教育评价的重心移动；方法论研究呈现现代教育评价的经典模式；认识论研究阐释新时代教育评价改革的系统变革；实践论研究指明新时代教育评价改革的实现路径。明晰新时代教育评价改革研究的主题图景，能够为推进教育评价改革提供思想启发。展望未来，新时代教育评价改革研究应持续进行理论深化，注重价值理性、强化专业自觉、凸显本土特色，彰显新时代教育评价改革研究的逻辑理性。

关键词：教育评价　教育评价改革　教育强国　高质量发展

当前，我国教育评价存在严重的功利化倾向，背离了党的教育方针和立德树人根本任务。[①] 2018年9月10日，习近平总书记在全国教育大会上明确指出，要"健全立德树人落实机制，扭转不科学的教育评价导向，……从根本上解决教育评价指挥棒问

---

[*] 本文系教育部哲学社会科学研究重大课题攻关项目"新时代教育评价改革的实现路径研究"（22JZD046）的研究成果。
[**] 朱德全，西南大学教育学部部长、教授、博士生导师；王志远，西南大学西南民族教育与心理研究中心博士研究生。
[①] 崔保师、邓友超、万作芳等：《扭转教育功利化倾向》，《教育研究》2020年第8期。

题"。2020年10月13日,中共中央、国务院印发《深化新时代教育评价改革总体方案》(以下简称"《总体方案》"),旨在推进新时代教育评价改革,破除"五唯"顽瘴痼疾,扭转不科学、不合理的教育评价导向。2023年5月29日,习近平总书记在主持二十届中央政治局第五次集体学习时再一次强调,要"深化新时代教育评价改革,构建多元主体参与、符合中国实际、具有世界水平的教育评价体系"。我们已经迈入了一个教育评价的新时代,我国教育评价理论研究亦步入新时期,对教育评价改革的认识与把握成为新的重要议题。本文既是对教育评价理论的"介绍",也是对教育评价改革的"澄明",更是对教育评价实践的"引领",即在已有研究的理论基础上和深化教育体制改革的现实背景下,对新时代我国教育评价改革研究现状进行系统耙梳,认知新时代教育评价改革研究的主题领域,预判教育评价改革研究的未来发展趋势,为新时代教育评价改革的深化研究贡献力量。

一、本质论研究:教育评价的本质特性

本质论研究主要关注并深入探讨教育评价的本质定义及其功能特征。只有厘清事物的本质,才有助于深刻把握事物的联系、变化和发展。对教育评价本质的探讨,是新时代教育评价改革的关键;对教育评价功能的研究,是强化教育评价认知理性的动力源泉,重点回答新时代我们需要什么样的教育评价。

(一) 关于教育评价的本质的阐释

通常认为,教育评价是"教育"与"评价"的复合词,因此大部分学者在讨论教育评价的本质时首先都会对"评价"进行概念界定。"评价"一词从汉语词义上来解释,就是"评定价值高低"或"评定的价值"①。从英语词汇词根来看,评价"evaluate"是在价值"valuate"一词前加了前缀 e-,表示"引出价值"的基本含义。不论是评价的中文词义,还是其英文词义,均与价值密不可分。因此,对教育评价最常见的理解,就是建立在教育事实上的价值判断。实际上,教育评价作为一个专业术语至今还未满百年。20 世纪 30 年代,泰勒(Ralph W. Tyler)提出了以教育目标为核心的教育评价原理和"教育评价"(educational evaluation)概念,把教育评价与教育测量区分开来,指出教育评价过程在本质上是确定课程和教学大纲实现教育目标程度的过程。斯塔弗尔比

---

① 中国社会科学院语言研究所词典编辑室编:《现代汉语词典》(第7版),商务印书馆2018年版,第1009页。

姆(D. L. Stufflebeam)对泰勒的教育评价认识提出异议,认为教育评价是收集有关教育方案实施全过程及其成果的资料,为决策提供信息的过程。斯克里文(M. Scriven)则主张教育评价是评价者与被评价者、教师与学生共同建构意义的过程。1981年,美国教育评价标准联合委员会对教育评价进行了综合性界定,认为教育评价是对教育目标和其优缺点与价值判断的系统调查,为教育决策提供依据的过程。

20世纪80年代以来,我国教育界也对教育评价的本质展开了广泛讨论。如谭绪昌认为,教育评价就是根据学校系统的功能和特征,规定指标体系,针对学校系统状态偏离指标体系的原因和程度,制定和选择"最优"决策,并对其后果进行综合研究的过程。① 陈玉琨认为,"教育评价是对教育活动满足社会与个体需要的程度做出判断的活动,是对教育活动现实的或潜在的价值做出判断,以期达到教育价值增值的过程"②。针对大部分学者将教育评价理解为一种价值判断,袁振国则提出了忧虑,他指出,如果教育评价仅仅着眼于价值判断,就会阻碍教育评价自身的发展。③ 也有学者从诠释学的视角出发,认为教育评价不应该仅仅是价值判断的过程,还应该包括评价者与被评价者之间的理解与对话,即走向理解。④

可见,国内外关于教育评价本质的探讨主要有三种取向:对教育活动进行价值判断的过程、提供评价信息的过程、共同建构的过程。这三种倾向是不同时期的产物,它们在不同的历史条件下,受不同的哲学思潮影响,形成了不同的理论假设,并在此基础上形成了对教育评价的基本认识。⑤ 由此可见,教育评价是一个复杂多元的系统,人们对教育评价的本质有不同认识。我们需要根据教育评价的具体对象、既定目标和具体要求选择合适的评价取向展开教育评价工作。

(二) 关于教育评价的功能的研究

教育评价之所以重要,是因为其具有十分重要的教育功能与社会效能。有学者指出,教育评价主要具有导向、诊断、鉴定、改进、激励与监控六大功能;⑥也有观点认为教育评价应聚焦于导向、反馈、激励、改进、研究五大功能;⑦还有研究将其功能归纳为诊断、选拔、导向、发展、管理五个方面。⑧ 虽然不同学者对教育评价的功能界定

---

① 谭绪昌:《教育评价的基本概念和方法》,《高教探索》1985年第4期。
② 陈玉琨:《教育评价学》,人民教育出版社1999年版,第7页。
③ 袁振国:《教育评价的十大问题》,《上海教育科研》1986年第3期。
④ 尹艳秋:《对教育评价本质有关问题的思考》,《教育评论》2002年第6期。
⑤ 刘志军:《教育评价的反思和建构》,《教育研究》2004年第2期。
⑥ 王景英编著:《教育评价学》,东北师范大学出版社2005年版,第8—10页。
⑦ 杨淑萍:《重新审视课堂教学评价的功能、内容与标准》,《教育理论与实践》2009年第28期。
⑧ 谈松华:《关于教育评价制度改革的几点思考》,《中国教育学刊》2017年第4期。

存在一定差异,但有一点是相通的,即教育评价是手段,不管其何种功能都需落脚到"促进人的发展"这一根本目标。与此同时,在教育评价过程中,各种功能总是综合地起作用,不能绝对地将其分开,且在同一个教育评价活动中也不可能完全发挥各种功能。因此,我们要根据不同的需要合理地选择教育评价的功能,使其产生积极的作用。① 但在实践应用中,教育评价往往被简化为一种"甄别"与"选拔"的工具,使其成为依据某些量化指标进行的评等和排序。② 当然,新时代教育评价的"指挥棒效应",就是要发挥其导向和激励功能,遵从"以评促改"的价值逻辑,而非单纯的"甄别"与"选拔",否则只会造成"社会达尔文主义"的负面效应,不利于教育评价整体功能的发挥。③

(三) 新时代需要什么样的教育评价

"有价值的事物不一定能被评价,而被评价的事物不一定是有价值的。"④我们在做任何形式的教育评价时,都应该首先关注评价对于被评价对象是否具有价值,即坚守一种价值理性。现实存在的诸多反内在价值的功利性评价,事实上并不属于教育评价的内在价值范畴,但这些评价长期浮游于教育表层,遮蔽了教育的内在价值和实践伦理。⑤ 新时代教育评价改革的本质,实际上就是要改革不合乎教育价值的各类评价,回应的正是对教育评价价值的诉求。新时代我们需要什么样的教育评价?有研究认为需要"走在教育发展前面""旨向学生终身幸福""与教育共生发展"的教育评价。⑥ 也有研究认为,"什么评价"与"谁的评价"具有同构性,而凸显人的主体性的"谁的评价"应该是现代社会的其中之义。⑦ 还有研究指出,在新时代背景下,我们所追求的教育评价应当是服务于教育的、关注教育本身的、审慎的、持久关注的以及恰当的。⑧ 或者说,我们需要能够用于人的发展、机构发展和工作改进的教育评价。⑨ 有研究探讨了文化理解视角下的教育评价,认为新时代教育评价应尊重多元、包容差异和消除偏见。⑩ 也有研究者基于人学视野,认为新时代教育评价既要立足人的知

---

① 邓睿、王健:《关于教育评价本质与目的的探析》,《教育测量与评价(理论版)》2011年第3期。
② 董奇、赵德成:《发展性教育评价的理论与实践》,《中国教育学刊》2003年第8期。
③ 李鹏:《评价改革是解决教育问题的"钥匙"吗?——从教育评价的"指挥棒"效应看如何反对"五唯"》,《教育科学》2019年第3期。
④ 施晓光:《新时期教育评价改革的现实诉求:基于〈总体方案〉的解读》,《中国高教研究》2020年第11期。
⑤ 刘远杰、霍少波:《迈向教育评价时代:潜在风险及其防控》,《教育发展研究》2022年第19期。
⑥ 朱德全:《新时代我们需要什么样的教育评价》,《教育家》2023年第10期。
⑦ 杨九诠:《"什么评价"与"谁的评价":教育评价的现代性反噬》,《北京大学教育评论》2022年第4期。
⑧ 万永奇:《好的教育评价及其实现》,《湖南师范大学教育科学学报》2021年第6期。
⑨ 叶赋桂:《教育评价的浮华与贫困》,《清华大学教育研究》2019年第1期。
⑩ 伍远岳、程佳丽:《文化理解视角下的教育评价》,《中国考试》2022年第2期。

识,还要观照人的价值。①

二、价值论研究:目标导向的现代教育评价重心移动

现代教育评价的历史发展受到教育评价价值论的深刻影响,即教育评价在特定历史时期需要达成何种评价的价值目标。中国作为世界著名的文明古国,早在《礼记·学记》中便有对学生管理和考核的规定和要求,继而发展为科举制度,这些都标志着中国是最早开启教育评价先河的国家。但是,教育评价真正从零散的评价活动走向系统化,并逐渐成为一门学科,主要起始于19世纪末20世纪初西方心理学和教育学的相关理论研究。尽管学界对现代教育评价研究的阶段划分存在一定差异,但古巴(E. Guba)基于评价价值目标的阶段划分方式得到普遍认可。

(一) 第一代教育评价:以测量为本(19世纪末—20世纪30年代)

18—19世纪时西方国家才逐渐兴起纸笔考试制度,但真正使教育评价走向现代的原因,是西方心理测量的蓬勃发展。1890年美国心理学家卡特尔(B. C. Raymond)在《心理测验与测量》中明确指出,如果心理学不基于实验的测量,就绝不可能有自然科学之精确。1904年,桑代克(E. L Thorndike)发表了《心理与社会测量导论》,提出了"凡是存在的东西都有数量,凡有数量的东西都可测量"的论断,为教育测量的客观化、标准化奠定了理论基础。这一时期涌现出了一大批心理测验和教育测验的方法。例如波尔顿的记数测验、克伯屈的朗数分牌测验,以及推孟(T. M. Terman)在"比纳—西蒙"量表的基础上形成的"斯坦福—比纳"量表。可见,第一代教育评价评价者开始了对教育测量的客观化、标准化追求,他们把学生看作"原料"与"产品",希望通过严格测定学生的各种心理品质和智力测验去衡量学生,而评价者在评价过程中的角色类似于"测量员"。因此,这一时期的教育评价被称为"测验时代"。

(二) 第二代教育评价:以描述或目标分析为本(20世纪30—60年代)

第二代教育评价是现代教育评价走向专业化的成熟时期,在这个阶段,"评价"(evaluation)一词正式登场,取代了"测验"(tests)。② 第一代教育评价尽管可以使教

---

① 金柏燕、蒋一之:《人学视野下教育评价改革的新取向》,《现代大学教育》2020年第2期。
② 李雁冰:《论教育评价专业化》,《教育研究》2013年第10期。

育评价的方式客观化、标准化,但人是感性与理性结合的复杂体,并非所有方面都能被测量,如社会态度、兴趣爱好、思想品德等便难以被测量。[①] 20世纪20年代,美国遭遇了严重的经济危机,大量青年失业,美国政府开始反思基于测验的教育评价是否真正能培养出社会性人才。基于此,美国进步教育协会于1933年发起课程改革史上的"八年研究",并由泰勒担任领导工作。1940年,泰勒和他的同事发表了"八年研究"报告,指出确定教育目标是教育评价的先决条件。在泰勒看来,教育是使人们的行为方式改变和改进的过程,各种行为的变化就是教育目标,而教育评价就是确定学生行为变化程度的过程,即课程与教学实际达到教育目标的程度。之后,布卢姆(B. Bloom)继承了教育目标作为教育评价起点的精神内核,于1965年完成了建立认知目标分类学的研究任务,在全世界引起极大反响。相对于第一代教育评价,这一时期评价的目标不再局限于学生本身,而是评价什么样的教育目标最有价值,以及目标是否达成这两个主要方面。与此同时,测验在教育目标评价中仍然是主要工具,但已不是唯一手段,教育评价者主要描述学生的行为表现、教育目标的实现程度。因此,这一时期被称为"描述时代"。

(三) 第三代教育评价:以诊断和改进为本(20世纪60—70年代)

进入20世纪60年代末,关于教育评价的研究文献开始迅猛增加。例如,1963年克龙巴赫(L. J. Croabach)发表的《通过评价改革课程》指出,评价的内容不应仅仅是课程或教学目标及其被达成的程度,而更应该关心教育决策及其所依据的准则。斯克里文(M. Scriven)发表的《评价方法论》一文推动了教育评价进入改革高潮。该文认为过去的教育评价不仅在理论上而且在实践中很不全面和完善,并对形成性评价与终极性评价、目标达成度的评价与对目标本身的评价做了区分。再如,艾斯纳(W. A. Easley)对泰勒的目标评价理论直接进行抨击,指出泰勒并没有提供评价目标本身的方法,也没有提出判断评价目标与结果之间差异的标准。也即是说,第三代教育评价反对"预设主义""科学主义"等只关心目标达成度的评价。教育评价本质上是价值判断,而不是根据预定目标对教育结果的客观描述。[②] 这一时期出现了40多种教育评价模式,教育评价呈现出生机勃勃的态势。总体来讲,第三代教育评价更加关注评价者与被评价者之间的信息交流和思想认识、情感共鸣,重视被评价者的意见和要求,因此其评价结果被大多数人所接受。教育评价不是仅仅为了教育目标的检

---

① 王俭:《当前我国教育评价理论研究存在的问题与实践误区的价值取向分析》,《教师教育研究》2008年第6期。
② 李雁冰:《关于素质教育评价的理论问题》,《教育发展研究》2009年第24期。

验,更主要是为分等鉴定服务,为诊断、改进工作服务。同时,借助科学的实证方法和定量分析的数学技术,对被评价者的价值判断也更加科学与个性化。

(四) 第四代教育评价:以协商、建构为本(20 世纪 70—90 年代)

第四代评价与前三代有显著不同,其在对教育评价存在的管理主义倾向、忽视价值多元性、过分依赖科学范式等缺憾进行回应的基础上,提出"评价的过程应是参与评价的人员与被评价者共同建构而形成一致的、共同的看法的过程"①。它打破了以往评价中的"管理主义倾向",充分关注价值多元,强调以"回应"各种与评价利益相关的人为评价出发点,以"协商"为途径,达成共同"心理建构",构成了"回应—协商—共识"的评价线索,主张通过价值协商使评价发挥作用,形成了自己完整的评价程序。同时,受后现代主义和建构主义文化思潮影响,第四代教育评价加强了对自身的反思,以及对追求绝对科学的教育实证主义的反思,更加强调多样性、丰富性与差异性,提出了相应的评价模型。例如,欧文斯(Owens)和沃尔夫(Wolf)提出的对手评价模式,以及由斯克里文(M. Scriven)、列申格(L. Lessinger)、帕鲁弗斯(M. Provus)、塞立杰曼(R. Seligman)不断发展和衍生出的元评价模式。20 世纪 80 年代末,著名评价专家古巴和林肯(Y. S. Lincoln)合作出版了《第四代评价》一书,该书提出了第四代评价理论的构架,认为评价是对被评事物赋予价值,本质上是通过"协商"形成"心理建构"。② 总之,第四代评价理论将评价活动看作一种心理建构的过程,提出了"回应—协商—共识"的建构主义方法论,主张评价对象及其他利益相关者"全面参与"评价过程,通过不断的协商来建构一种共同认识。③

(五) 第五代教育评价:以智慧创新为本(21 世纪至今)

教育评价的进步源自教育评价范式转型,它意味着教育评价向更高层次跃迁,以适应解决更难、更复杂的教育问题的需要。当前,科技革命浪潮席卷而来,第四次技术革命的爆发将现代技术与教育紧密地结合起来。人工智能、大数据、区块链、云计算等数字技术渗透到教育的方方面面,为教育评价改革提供了多维度、多层次、多手段的技术支撑。④ 第五代教育评价继承了第四代教育评价"评价应当以行动研究的方式进行"的主张,主张通过教育中利益方参与的行动研究开展教育评价,并将教育

---

① 朱德全、宋乃庆:《教育统计与测评技术》,西南师范大学出版社 2013 年版,第 229 页。
② 刘尧:《教育评价是教育质量的守护神吗?——一个古今教育评价重心变迁的解析视角》,《中国地质大学学报》(社会科学版)2016 年第 6 期。
③ 卢立涛:《测量、描述、判断与建构——四代教育评价理论述评》,《教育测量与评价(理论版)》2009 年第 3 期。
④ 祝智庭、胡姣:《教育智能化的发展方向与战略场景》,《中国教育学刊》2021 年第 5 期。

决策视为评价的一部分,以及在人工智能等数字技术的助推下重塑教育评价理论范式的底层逻辑,将价值判断、价值促成和价值创新进行有机统整。可见,第五代教育评价以智慧创新为基本特征,依托现代信息技术,充分发挥人的主体作用与机器的辅助作用,实现人机协同的智能评价。第五代教育评价在评价理念上将实现从"因评价而育人"向"因育人而评价"转换,在评价方式上将实现从"结果评价""过程评价"向"立体评价"升级,在评价功能上将从用于鉴定、证明、改进、回应向全方位服务扩展,从"现行考试体系"向"教育评价体系"转化,①在评价手段上将从多主体协商式评价走向人机协同的智能化评价。② 比如,在学生评价上,第五代评价既服务于以"知识空间理论"为支撑的学科逻辑,又服务于适应个体认知心理特点的个性化学习,能够有效为个体成长、成才提供与之相适的个性化灵活学习途径。相比于第四代教育评价对建构主义和人文主义的重视,③第五代教育评价在现代信息技术的土壤孕育下崭露头角,是一种更为全面、客观和科学的评价范式,其注重科学主义和人文主义的融合,④不仅坚持了人的主体地位,还坚持以服务为导向,促使评价手段更加智能化。⑤

三、方法论研究:现代教育评价的经典模式

方法论研究主要围绕教育评价实践过程中形成的经典评价模式,即观照不同教育评价模式的导向、内容以及特点等展开。有关研究者认为,现代教育评价在"八年研究"中孕育,以课程评价为源头,并在不断修正评价观念和结构中逐步走向教育评价的民主化,⑥即是从仅仅反映教育评价者的"一元的"价值实践,发展到充分反映与教育评价有关的各类人员"多元的"价值实践。⑦

(一)"目标模式":以服务教育目标为导向

如前所述,教育评价系统理论与方法的形成,起源于20世纪初形成的以追求客

---

① 刘云生:《运用现代信息技术开展学生立体评价的时代意蕴与探索思路》,《国家教育行政学院学报》2020年第10期。
② 刘云生:《论新时代系统推进教育评价改革》,《国家教育行政学院学报》2022年第2期。
③ 杨彩菊、周志刚:《西方教育评价思想嬗变历程分析》,《国家教育行政学院学报》2013年第5期。
④ 陆启越:《高校思政课过程性评价模型与体系建构》,《江苏高教》2021年第10期。
⑤ 刘云生:《抢占教育智能化评估的制高点》,《教育发展研究》2019年第3期。
⑥ 刘尧:《现代教育评价的发展历史与观念嬗变》,《江苏大学学报》(高教研究版)2005年第1期。
⑦ 刘尧:《论教育评价的科学性与科学化问题》,《教育研究》2001年第6期。

观性考查教育效果为目的教育测量运动,尽管在考试的定量化、客观化与标准化方面取得了一系列教育测量研究成果,但其测量结果较为片面,无法真正反映学生的学习过程。在 1929—1934 年间,为帮助俄亥俄州立大学改进本科生的学习评价,泰勒设计了"目标模式"的学习评价,强调测量并评价学生的成长及学习过程,即评价过程实质上是一个确定课程与教学计划在多大程度上实现了教育目标的过程。[①] 20 世纪 50 年代以来,泰勒的学生布卢姆及其同事提出了教育目标分类理论,这一理论把教育目标分为认知、情感和动作技能等三个领域,并具体研究了这三个领域的教育目标,对我国产生了深远影响。例如 21 世纪初,我国新课程改革提出的"知识与技能""过程与方法""情感、态度与价值观"三维目标,实际上就深受目标评价模式的影响。[②]

(二)"CIPP 模式":以服务教育决策为导向

针对泰勒单纯以目标为中心的教育评价模式,斯塔弗尔比姆提出了"评价最重要的目的不是为了证明(prove),而是为了改进(improve)"[③]的重要观点。在此基础上,他提出了由背景(context)、输入(input)、过程(process)和结果(product)四个环节构成的"CIPP 模式"。CIPP 模式是教育领域中影响较大、应用较广的评价模式,在后来的发展中演化为 10 个要素,即合同协商、背景评价、输入评价、过程评价、影响评价、有效性评价、可持续评价、可移植评价、元评价与最后的综合报告。在斯塔弗尔比姆之后,巴顿等人将"以应用为焦点的评价"(utilization-focused evaluation)发扬光大,推演出了评价应用的五个阶段,即预期目标的甄别,用户所要达到的目标和应用的立场分析,用户参与方法选择、设计与测量,主动、直接的解释结果,对未来改进的决策建议。整体来看,CIPP 模式回答了泰勒模式中的部分疑难问题,突出了评价的发展性功能,整合了诊断性评价、形成性评价和终结性评价,提高了人们对评价活动的认可程度,但也存在评价缺乏价值判断、可能为决策者政治上的便利提供虚假伪证、适用范围受到挑战等局限性。[④]

(三)"目标游离模式":教育目标与评价活动分离

目的游离模式(goal free model)亦称"自由模式",是指不受预定活动目的影响的

[①] 泰勒:《课程与教学的基本原理》,罗康、张阅译,中国轻工业出版社 2014 年版,第 113 页。
[②] 魏宏聚:《新课程三维目标表述方式商榷——依据布鲁姆目标分类学的概念分析》,《教育科学研究》2010 年第 4 期。
[③] Stufflebeam, Daniel L., "Educational Evaluation and Decision Making," *Journal of Mathematical Psychology*, No.2, 1971.
[④] 肖远军:《CIPP 教育评价模式探析》,《教育科学》2003 年第 3 期。

评价模式。该评价模式将评价重点从"课程计划的预期效果"转向"课程计划的实际效果",以弥补泰勒"目标模式"对非预期效应的忽视。这种评价模式把教育目标与评价活动分离开来,所以被称为目标游离模式。① 目标游离模式以检验既定目标之外的真实发展结果为目标,关注评价对学生发展的真实作用,在学习评价上具有五方面的特征,即评价者对既定目标的刻意忽略或无视;关注与评价结果与目标群之间的对比;考虑评价结果与其他目标之间的干扰;回避评价的项目方;超越目标聚焦到非预期目标之上。可见,目标游离评价模式以需求为导向,突破了目标的限制,结合了形成性评价与总结性评价,以及重视对评价的再评价,但也时常面临评价需求难以精准把握,以及难以调动评价者的积极性等问题。②

(四)"应答模式":超越预定式评价的应变性

应答模式有时又称"反应模式"或"当事人中心模式",这一模式的主要特点是以问题,特别是直接从事教育活动的决策者和实施者所提出的问题,作为评价的先导。通过评价者与和评价有关的各方面人员之间持续不断的"对话",了解他们的愿望,对教育的方案做出修改,对大多数人的愿望做出应答,以满足各种人的需要。它强调评价者与实际工作者之间的相互作用,以及评价结果的可靠性、有用性。斯塔克(Robert E. Stake)认为,解决教育问题只有依靠那些直接接触问题的人,教育评价应有助于改进工作,应运用非正式的观察、交往等描述性的定性分析的方法,以弥补传统的实验和标准化测验的不足。总体而言,应答模式主张价值观念的多元化,通过客观描述使评价结果具有弹性,教育评价的结果主要用于帮助被评价者更好地了解自己的优缺点,明确改进方向。

四、认识论研究:新时代教育评价改革的系统变革

认识论是研究认识的本质及其发展过程的一个哲学组成部分,按照唯物主义的立场,其是对客观实在的反映。新时代教育评价改革的认识论研究,主要集中在对教育评价改革创新之处的总结,以及对教育评价改革具体内容的阐释。

---

① 陈如:《教育评价模式与发展特征探析》,《江苏高教》2000年第1期。
② 一帆:《教育评价的目标游离模式》,《教育测量与评价(理论版)》2013年第2期。

（一）新时代教育评价改革的系统创新

教育评价改革关乎未来教育发展方向，新时代教育评价改革是教育改革发展迈入高质量发展阶段的系统性变革，具有诸多的创制性革新。首先，教育评价改革导向新。新时代教育评价改革以立德树人为根本任务，坚持科学的人才观、以人为本的学生观、科学的业绩观和多元评价观这"四观"。[①] 坚决克服以升学、分数、文凭、论文和帽子为标志的"五唯"教育评价，破"五唯"立新规。[②] 其次，教育评价改革标准新。新时代教育评价着力构建质量为本的评价标准，[③] 遵循新时代的新理念、新思想、新观点，把党和国家关于人才培养的一系列新要求作为新标准。[④] 再次，教育评价改革路径新。"改进结果评价，强化过程评价，探索增值评价，健全综合评价"是新时代教育评价改革的新理念、新思路、新路径，体现了对教育规律和人才成长规律的尊重，强调了评价的动态性、诊断性和多元性，[⑤] 由此构建注重过程、突出增值、多元多维、定量与定性相结合等新的科学评价体系。[⑥] 此外，新时代教育评价改革注重引入大数据技术，促使教育评价的现代化和专业化；[⑦] 利用大数据对学生综合素质的全面诊断、精准预测，更好地促进学生的生命成长。[⑧] 最后，教育评价改革机制新。新时代教育评价改革通过全面实施分类评价，实现教育评价的多元化和专业性，[⑨] 形成更具整体性、系统性的闭环教育管理体系机制和良好教育评价生态，[⑩] 最终建构起富有时代特征、彰显中国特色、体现世界水平的教育评价体系。

（二）新时代教育评价改革的具体内容

《总体方案》从改革党委和政府教育工作评价、改革学校评价、改革教师评价、改革学生评价、改革用人评价五个方面，为新时代教育评价改革指明了方向，相关研究

[①] 刘学智、田雪：《新时代基础教育评价改革的路向转变》，《中国考试》2020年第8期。
[②] 刘振天：《破"五唯"立新规：教育评价改革的本体追求与成本约束》，《高等教育研究》2022年第4期。
[③] 陈时见：《高校教育评价改革的四个着力点》，《现代大学教育》2021年第1期。
[④] 刘复兴：《新时代我国教育评价改革的若干新要求》，《中国高教研究》2020年第11期。
[⑤] 周洪宇：《深化教育评价改革，加快推进教育现代化——〈深化新时代教育评价改革总体方案〉解读》，《中国考试》2020年第11期。
[⑥] 张炜：《高等教育评价改革的"破"与"立"》，《中国高教研究》2020年第12期。
[⑦] 朱成晨、闫广芬：《现代化与专业化：大数据时代教育评价的新技术推进逻辑》，《清华大学教育研究》2018年第5期。
[⑧] 杨鸿、朱德全、宋乃庆等：《大数据时代学生综合素质评价：方法论、价值与实践导向》，《中国电化教育》2018年第1期。
[⑨] 司林波：《新时代教育评价改革的现实背景、内在逻辑与实践路向》，《陕西师范大学学报》（哲学社会科学版）2022年第1期。
[⑩] 林梦泉：《探索建立良好教育评价生态》，《中国高教研究》2020年第12期。

者据此展开了研究。一是改革党委和政府教育工作评价,抓住了教育评价改革关键点,需要强化各级特别是区县教育督导机构督政督学的双重职能,对地方党委和政府履行教育职责及落实政策之治理能力的督政问责,激发教育督导机构以及中小学校等多方主体深度参与。① 二是改革学校评价,推进落实立德树人根本任务。从"抽象的人"到"具体的人"是学校教育评价改革的基础,②学校教育评价的本质是对学生整体发展质量的评价,通过对学生学习过程和学习结果的评价,结合教师教学质量评价结果来改进与提升教育教学质量,从而最大限度地满足学生全面发展的需要。③ 同时,高等教育评价的本质是教育性评价,为此要以培养大学生核心素养深化新时代高等教育评价改革。④ 三是通过改革教师评价,引导教师履行教书育人第一职责,扭转"唯论文""唯帽子"倾向。⑤ 同时,对教师进行合理的分类评价,增强教师的职业荣誉感,使其更好地履行本职工作。⑥ 四是改革学生评价,树立科学成才观念,转变"唯分数""唯升学"的应试教育倾向,遵循人才成长规律,促进学生在德智体美劳方面全面而有个性的发展。⑦ 五是改革用人评价,从"唯名校""唯学历"的功利做法向按需配置、人岗相适的不拘一格降人才的方向调整。⑧ 改变人才"高消费"状况,⑨促进平等就业、提升教育自信、服务全民终身学习,保障每个学生都拥有使人生出彩的机会。⑩

(三) 新时代教育评价改革的价值指向

新时代教育评价改革全面贯彻党的教育方针,坚持社会主义办学方向,落实立德树人根本任务。有研究认为,新时代教育评价改革通过打造中国特色评价体系,推动教育现代化建设,指向人的全面发展。⑪ 也有研究认为,新时代教育评价改革既有技术和方法问题,更涉及观念、体制机制以及利益问题,但其根本的改革方向还是让教

---

① 张会杰:《新时代教育评价改革背景下学校发展性督导评价的实践价值:问责与改进》,《中国考试》2021年第12期。
② 龚孝华:《从"抽象的人"到"具体个人":学校教育评价改革的基础》,《教育发展研究》2009年第Z1期。
③ 林樟杰、沈研、何玉海:《论基于教育服务观的教师教育质量评价》,《东北师大学报》(哲学社会科学版) 2012年第2期。
④ 张应强、黄捷扬:《培养大学生核心素养与深化高等教育评价改革》,《厦门大学学报》(哲学社会科学版) 2021年第6期。
⑤ 周洪宇:《指导深化新时代教育评价改革的纲领性文件——〈深化新时代教育评价改革总体方案〉解读》,《红旗文稿》2020年第22期。
⑥ 赵岚、邱阳骄:《教师分类评价的价值意蕴、行动逻辑与实践进路》,《中国考试》2021年第10期。
⑦ 钟秉林:《深化教育评价改革背景下高考综合改革的实施路径》,《现代教育管理》2021年第8期。
⑧ 刘云生:《论新时代系统推进教育评价改革》,《国家教育行政学院学报》2022年第2期。
⑨ 唐景莉、袁芳、王锋等:《以教育评价改革为牵引统筹推进改革》,《中国高等教育》2021年第6期。
⑩ 葛莉:《新时代中国共产党深化教育改革创新的内在理路》,《思想理论教育导刊》2022年第2期。
⑪ 张善超、仇国伟:《新时代教育评价改革的困境与化解之道》,《大学教育科学》2022年第1期。

育评价回归本位,即以人为本、立德树人,①即是回到"教育本体"或"教育本身",体现教育的人文性和伦理性,以及社会性与历史性。② 还有研究认为,新时代教育评价改革需要打破科学主义范式在教育评价过程中的局限,避免"唯科学化"倾向。③ 吴康宁认为,新时代教育评价改革作为教育领域的综合改革,必须把握评价的重心在于改革,而不是"发展";核心在于"综合",而不是"全面";本体虽然是"教育领域",但不能撇开"外部社会"。④ 另有一些研究认为,新时代教育评价改革,在思维方式上从"方法中心"到"问题中心"转变,评价跨度上从"阶段评价"到"终身评价"转变,价值追求上从"同而不和"到"和而不同"转变。⑤

五、实践论研究:新时代教育评价改革的实现路径

实践论研究主要探讨了新时代教育评价改革何以为之的实现路径。教育评价在新时代教育事业发展中具有的重要地位,切实推动新时代教育评价改革,充分发挥教育评价的"指挥棒"作用,是社会各界刻不容缓的任务。已有研究新时代教育评价改革的指导思想和重点任务,从不同维度出发,对新时代教育评价改革的实现路径进行设计。

(一)实践向度:新时代教育评价改革的实践方向

新时代教育评价改革必须首先解决教育评价改革的逻辑起点问题,即教育评价改革的价值方向。具体来说,就是要明确教育评价改革的指导思想、主要原则和改革目标。⑥ 因此,有研究从理念维度提出,新时代教育评价改革无论做什么或是怎么做,都必须紧紧扣住"育人"这个主线,让教育评价判断价值的求"真"(精准评价)、促成价值求"善"(实现目标)、创生价值求"美"(开放创造),都统一在"育人"这一条价值链上。⑦ 有研究从使命维度上提出,要确保新时代教育评价改革同中华民族的复兴

---

① 刘振天:《破"五唯"立新规:教育评价改革的本体追求与成本约束》,《高等教育研究》2022年第4期。
② 石中英:《回归教育本体——当前我国教育评价体系改革刍议》,《教育研究》2020年第9期。
③ 张秋硕、蒋美玲:《教育评价改革进程中的科学化问题反思》,《中国教育学刊》2015年第3期。
④ 吴康宁:《关于教育领域综合改革评价问题的若干思考》,《中国教育学刊》2014年第3期。
⑤ 苏启敏:《教育评价改革的价值选择路径探寻》,《教育理论与实践》2012年第4期。
⑥ 司林波:《新时代教育评价改革的现实背景、内在逻辑与实践路向》,《陕西师范大学学报》(哲学社会科学版)2022年第1期。
⑦ 刘云生:《新一轮普通高等学校本科教育教学审核评估:向度分析与学校策略》,《教育发展研究》2021年第19期。

伟业要求相适应、同人民群众对"更好的教育"期盼相契合、同实现国家治理体系和治理能力现代化的目标相一致。① 还有研究从功能维度上提出,新时代教育评价改革要遵循政治标准、育人标准和效益标准,确保立德树人成效、职能履行成效、社会贡献成效。②

(二) 实践体系:新时代教育评价改革的结构体系

新时代教育评价体系建设是一个复杂的、庞大的系统工程,由谁来负责?评价主体之间的权责关系如何配置?这就是教育评价的结构体系建设问题。③ 西方公共治理理论强调多元共治,在评价的主体上注重主体的多元化。有研究认为这一理论观点的核心与中国基本国情并不适切,但也有研究认为,在"管、办、评"一体制度下,难以发挥教育评价的实际效用,④因此需要构建政府、学校和市场"三位一体"的教育评价主体。⑤ 新时代教育评价改革要构建以政府为核心统领,发挥政策领导、监督和规范功能,协同推进学校、教师、学生及社会的评价改革。⑥ 在责权关系的配置上,形成一个由党委和政府、各级各类学校、教育者、受教育者、第三方组织等多元评价主体协同参与的评价结构体系,已经成为一种基本共识。⑦

(三) 实践运行:新时代教育评价改革的治理格局

教育评价实践是由标准、方法、评判、服务等构成的教育治理过程,其运行的关键在于形成有效的治理格局。首先,在标准体系上,有研究基于马克思主义价值哲学,认为教育评价要坚持立德树人的根本目的,立足问题导向的基本观点,体现科学有效的客观性,彰显统筹兼顾的主体性,以及突出中国特色的社会历史性。⑧ 有研究从核心素养出发,认为新时代教育评价在质量观上要强调评价的客观性和评价过程的学习意义;在评价内容上要由关注任务分解和行为描述走向对核心素养整合性、情境性

---

① 赵倩倩:《新时代教育评价导向的特征与路径》,《中国高等教育》2021年第24期。
② 王姗姗、邱均平:《论政治标准、业务标准、效益标准三结合教育评价体系的构建——新时代需要什么样的高等教育评价》,《重庆大学学报》(社会科学版)2023年第4期。
③ 司林波:《新时代教育评价体系构建的思考》,《大学教育科学》2021年第1期。
④ 余小波、陈怡然、张欢欢:《新时代教育评价文化建设:意蕴、困境及完善路径》,《大学教育科学》2022年第6期。
⑤ 姜昕:《我国教育评价制度存在的问题及改进建议》,《教学与管理》2017年第27期。
⑥ 杨聚鹏:《新时代教育评价改革政策的实践困境与推进策略研究》,《武汉大学学报》(哲学社会科学版)2022年第6期。
⑦ 朱军文:《分层、分类、协同推进新时代教育评价改革》,《教育发展研究》2021年第7期。
⑧ 胡海涛:《新时代教育评价改革主要原则解读——马克思主义价值哲学视角》,《中国考试》2022年第2期。

和相对稳定性的关注;在评价范式上要由测试走向多元整合。① 其次,在方法体系上,选择和使用有效的评价方法是新时代教育评价实践得以运行的重要保障。一方面,新时代教育评价在方法和技术的选择上要力求客观,必须发挥先进科学技术手段的功用,如大数据共享、成长数据追踪、人工智能技术赋能,保障评价结构的精准反馈。② 另一方面,新时代教育评价还要在力求客观的基础上做到合乎规律、符合人性、促进发展,将定量与定性的评价方法结合,为教育评价提供伦理价值的考量,③让形成性评价、增值性评价的效用能够得到充分的发挥。④ 最后,在评判和服务体系上,要坚持"评用结合",将评判建立在科学的结果上,最终做到服务学生发展、辅导教师教学、引导家庭教育、帮助学校管理和政府决策。⑤

(四)实践支持:新时代教育评价改革的制度供给

"制度是一些人为设计的、形塑人们互动关系的约束"⑥,其重要性在于提供一种社会可以遵循的、普遍的、共同的规则,以便人们知晓可以做什么、不可以做什么以及应怎么做,⑦它是提高社会资源配置效率及分配公平性的根本动因。⑧ 新时代教育评价制度变革的顺利实现,需要有充足的制度供给。一方面,要不断细化、深化新时代教育评价制度体系,针对改革中的重点环节制定可操作性较强的评价实施方案,为各评价主体提供具体的评价指标体系、评价工具、评价方法等。⑨ 要完善改革及配套制度供给,如公示制度、监管与问责制度、经费投入与保障制度等。⑩ 同时,要通过法律规章的建立明确落实各级评价主体的权责利。另一方面,有研究者认为,"评价的过程也是一个思想涌现和知识生产的过程,而不只是信息的收集和数据处理的过

---

① 雷浩、崔允漷:《核心素养评价的质量标准:背景、内容与应用》,《中国教育学刊》2020年第3期。
② 宗爱东:《教育评价的症结及出路》,《探索与争鸣》2022年第4期。
③ 郑智勇、宋乃庆:《新时代基础教育增值评价的三重逻辑》,《教育发展研究》2021第10期。
④ Granberg, C., Palm, T. & Palmberg, B. A., "Case Study of a Formative Assessment Practice and the Effects on Students' Self-Regulated Learning," *Studies In Educational Evaluation*, Vol. 68, No. 3, 2021.
⑤ 刘云生:《论新时代系统推进教育评价改革》,《国家教育行政学院学报》2022年第2期。
⑥ 道格拉斯·C.诺斯:《制度、制度变迁与经济绩效》,杭行译,格致出版社2008年版,第3—4页。
⑦ 李玉静、岳金凤:《推进职普融通:内涵逻辑、现实困境与突破路径》,《职业技术教育》2022年第33期。
⑧ 朱德全、王志远:《新时代职普融通的教育强国战略与评价改革赋能路径》,《新疆师范大学学报》(哲学社会科学版)2024年第2期。
⑨ 张辉蓉、盛雅琦:《新时代教育评价改革的制度化困境及应对策略——新制度主义的视角》,《中国电化教育》2022年第7期。
⑩ 张善超、仇国伟:《新时代教育评价改革的困境与化解之道》,《大学教育科学》2022年第1期。

程"①,要合理认识教育评价中理性的限度和评价的人文性。② 要坚持正确思想引领,优化改革文化环境,③要通过加强宣传与引导,引起社会各界的关注,寻求对新时代教育评价改革精神实质的理解与认同。④

六、未来愿景:新时代教育评价改革研究的逻辑理性

教育评价改革是一项前沿性、世界性、历史性难题,亟待理论界与实践界扎根攻克。新时代教育评价改革,将会在实现中国式教育现代化、建设教育强国、办好人民满意的教育的时代背景下愈加趋向系统性、整体性、协同性。展望未来,新时代教育评价改革研究要实现新的改革突破,就是要把教育评价改革的历史经验转为现实行动的思想指引,将注重价值理性、强化专业自觉、凸显本土特色作为未来研究的观照点,彰显新时代教育评价改革研究的逻辑理性。

(一)注重新时代教育评价改革研究的价值理性

联合国教科文组织2021年面向全球发布的《一起重新构思我们的未来:为教育打造新的社会契约》(Reimagining Our Futures Together: A New Social Contract for Education)指出,教育评价应当是一个自然的过程,教师、学校和教育体系可以利用评价来确定任务的轻重缓急,明确并处理具有挑战性的领域,从而更好地支持个人和集体的学习,评价不应被当作惩罚或划分"赢家"与"输家"的工具。⑤ 从我国教育改革与发展的实践来看,那些引起教育界内外严重不满的教育评价问题首先不是技术问题,而是价值问题。⑥ 因此,新时代教育评价改革就是要扭转不科学的教育评价导向,提高教育评价的价值,这就要求新时代教育评价改革的理论研究要注重价值理性。价值理性秉持"价值至上",是一种以主体为中心、追求行为的合目的性、批判的、建构的理性,其思想的源头在于对技术理性过度追求效率而无视价值的反思和批

---

① 刘楠、顾建军:《转向背后:高等教育评价的历史审思与内涵重构》,《江苏高教》2023年第6期。
② 麻健、石中英:《回到教育本身的教育评价:来自道家思想的启示》,《苏州大学学报》(教育科学版)2023年第1期。
③ 阳荣威、刘伟豪:《新时代教育评价改革政策执行的阻滞因素与纾解路径》,《大学教育科学》2023年第2期。
④ 刘学智、田雪:《新时代基础教育评价改革的路向转变》,《中国考试》2020年第8期。
⑤ 联合国教科文组织编:《一起重新构想我们的未来:为教育打造新的社会契约》,教育科学出版社2022年版,第58页。
⑥ 石中英:《回归教育本体——当前我国教育评价体系改革刍议》,《教育研究》2020年第9期。

判,[①]主张人是实践活动的终极目的。一方面,要基于习近平总书记关于教育评价改革的系列新思想、新论断以及《总体方案》的总体要求,加强教育评价改革之于"人"以及有"人"这个主体参与的教育实践活动对象的价值研究,杜绝对教育评价的现代性想象,助推新时代教育评价真正落到立德树人的根本任务上。另一方面,教育的人文属性和伦理属性决定了很多教育现象和问题的复杂性,是任何简单的数据评价模型无法测量的。为此,新时代教育评价改革要始终保持对教育人文属性的敬畏,勇于反思、批判以"客观化"数据为本的教育评价,跳出大数据对于教育系统的"凝视",使教育评价真正尊重人的完整性,以及描述和认识人的完整性和人性的内在性。

(二)强化新时代教育评价改革研究的专业自觉

加强专业化建设是新时代教育评价改革的关键一环,也是《总体方案》组织实施的重要内容,离开教育评价的专业化建设,很难形成彰显中国理念、中国智慧、中国特色的教育评价体系。因此,加强新时代教育评价改革专业化建设的研究至关重要,这就要求未来我国教育评价改革研究:一是要注重对多元主体参与的评价体系建设的研究,更加侧重引导如何发挥专业机构的作用;二是凭借专业研究优势,基于人工智能等现代信息技术,不断探索、创新教育评价工具,打破工具有限性、贫瘠化导致的教育评价的狭隘性、碎片化和局部性,提高教育评价的科学性、专业性、客观性,由"我们能评价什么就评价什么"转向"我们想评价什么就评价什么",谨防评价工具的"机器僭越"导致的"工具依赖症";三是强化教育评价的系统性改革,进一步围绕结果评价、过程评价、增值评价、综合评价,构建全方位、全过程、全员的教育评价框架体系,尤其是要深化教育增值评价的理论研究,增强教育增值理念,夯实增值评价的理论根基,规避教育评价的"天花板"效应和"地板"效应。

(三)凸显新时代教育评价改革研究的本土特色

培养什么人、怎样培养人、为谁培养人是教育的根本问题。教育评价事关教育发展方向,有什么样的评价"指挥棒",就有什么样的办学导向。为此,凸显本土特色的新时代教育评价改革研究必将成为新的发展趋势。一是要走在前,先行引领,立足时代,面向未来,推动新时代教育评价走在中国特色社会主义教育发展的前面,以科学健康的评价导向引领教育发展。二是要走下去、融其中,深化新时代教育评价改革的实证扎根研究。要走进学校、走向教师、走近学生、深入用人单位,对新时代教育评价

[①] 赵建军、修涛:《技术理性批判与技术悲观主义》,《科学技术与辩证法》2001年第2期。

改革过程中的具体问题、现实问题、疑难杂症开展田野调查，产出具有说服力和数据支撑的研究成果。三是要扎根中国、融通中外，深刻理解国际借鉴与本土特色的关系。在借鉴国外教育评价理论时，要与新时代中国教育改革发展的最大实际相结合，推动形成富有时代特征、彰显中国特色、体现世界水平的教育评价体系。

Thematic Picture and Future Vision of Research on Educational Evaluation Reform in the New Era

ZHU De-quan, WANG Zhi-yuan

Abstract: In the context of accelerating educational modernization and advancing the strategic goal of building a strong educational nation, the academic community has undertaken a series of studies focusing on issues related to educational evaluation reform, shaping the thematic landscape of research on educational evaluation reform in China. Among them, studies encompass essentialist perspectives examine the inherent characteristics of educational evaluation, studies engaging with values review the focus shift of modern educational evaluation under goal-oriented frameworks, methodological studies represent classical models of modern educational evaluation, epistemological studies delineate the systematic transformation of educational evaluation reform in the new era, and practical studies outlines the pathways for implementing educational evaluation reform in the new era. Clarifying the thematic landscape of research on educational evaluation reform in the new era could provide inspiration for advancing relevant reforms in reality. Looking ahead, research on educational evaluation reform in the new era should continue to deepen theoretical understanding, emphasize value rationality, strengthen professional self-awareness, highlight local characteristics, and underscore the logical rationality of research on educational evaluation reform in the new era.

Keywords: education evaluation　education evaluation reform　leading power in education　high quality development

论教育与国家治理的关系

宣勇 伍宸[*]

摘 要: 教育与国家治理的关系蕴含着丰富的理论内涵。本文基于国家有效治理的核心要素,从治理的理念、体系、制度和能力等方面,建立了教育与国家治理之间的内在联系。从中国实践和国际视野来看,教育通过传播国家治理理念、促进国家治理体系建设和国家治理制度创新,以及选拔和培养国家治理人才等方式与国家治理发生关系。新时期要积极拓展国家有效治理的教育视角,充分认识教育在促进国家治理体系和治理能力现代化中的重要作用。

关键词: 教育 国家治理 治理理念 治理体系 治理能力

一、引言

众所周知,《论语》是一部记录孔子及其弟子教育教学过程的言语集,是中国早期的教育学论著。自元代始,便有了"半部《论语》治天下"之说,这是关于教育与国家治理关系的最为直接的体现。"笃信好学,守死善道;危邦不入,乱邦不居;天下有道则见,无道则隐。邦有道,贫且贱焉,耻也;邦无道,富且贵焉,耻也。"(《论语·泰伯篇》)

---

[*] 宣勇,教育学博士,浙江外国语学院党委书记、教育治理研究中心教授,浙江工业大学现代大学制度研究中心主任、博士生导师;伍宸,教育学博士,宁波大学教师教育学院学术副院长、教授。

孔子寥寥数语，就深刻刻画了中国传统知识分子的进退取舍之道，以及教化与国家治理的关系。古希腊的哲学家们也揭示了教育与国家治理之间的天然联系，如智者普罗塔哥拉在谈到他的教育目的时说，到他那里求学的人，可以学习到"私人事务以及公共事务中的智慧，学到把自己的家庭处理得井井有条，能够在国家事务方面作最好的发言与活动"[①]。在全面推进国家治理体系和治理能力现代化建设的新阶段，研究教育与国家治理的关系具有重大的理论意义与实践价值。

（一）文献述评

教育是人类独有的社会性活动，在人类文明的延续和创新上发挥着不可替代的作用。长期以来，中外学界在关注教育与国家的关系时，从多个学科视角研究教育与国家发展的关系。有学者对中外有关教育与国家发展关系的研究做了综述，提出当前学界主要从经济学、伦理学、政治学、北美批判学派、"英国学派"、新保守主义、女性主义、制度主义、多元视野等视角开展教育与国家关系的研究和探讨。[②] 教育通过开发人力和知识资源、改善社会基础结构、促进知识和技术创新、推动社会价值观以及整个社会文明的进步等，来促进国家竞争力的提高。[③] 美国古典经济学家索洛(R. Solow)将决定经济增长的因素分为三类，其中第二类"劳动力教育水平的提高"所占权重为30%。[④] 有研究者从教育与人的发展、教育与国家政治稳定、教育与国家经济发展、教育与社会发展等维度，系统论述了教育与国家发展的关系。[⑤] 还有研究者概括了新制度主义学者对三种解释教育影响国家政治发展主要路径的区分：个体社会化模式主张学校教育促使个体社会化；分配模式强调在没有将其他社会化效能归结到学校的情况下，解释教育如何与个体政治参与密切相关；合法化模式认为教育发展及制度化对政治社会中的群体和制度产生直接影响。[⑥]

现有研究成果更多从教育促进经济发展、提升国家竞争力以及与政治模式的关系等方面研究教育与国家发展的关系。整体来看，中外学界还缺乏从治理视角探索教育与国家发展的关系。教育除了具备教化、政治、经济、文化等功能外，还能为国家

---

① 北京大学哲学系外国哲学史教研室编译：《古希腊罗马哲学》，生活·读书·新知三联书店出版社1957年版，第132页。
② 乐先莲：《当代西方教育与国家关系——基于国家利益观视角的思想研究》，教育科学出版社2011年版，第8—18页。
③ 项贤明：《教育发展与国家竞争力的理论探析》，《比较教育研究》2010第6期。
④ Garelli, S., *Top Class Competitors: How Nations, Firms, and Individuals Succeed in the New World of Competitiveness*, England: John wiley & Sons Ltd., p.57.
⑤ 钱民辉、罗淇：《教育与国家发展》，《北京大学学报》（哲学社会科学版）2021年第1期。
⑥ 乐先莲：《试论新制度主义视域中的教育与国家政治发展》，《外国教育研究》2011第1期。

治理贡献直接价值。教育与国家治理之间存在着天然的联系：一方面，教育能够选拔与培养直接参与治国理政的人才，能够对国民起到教化作用，为国家治理营造良好的社会氛围等；另一方面，教育在促进社会治理结构和制度完善方面具有重要作用。在当前我国加快推进国家治理体系和治理能力现代化的宏观背景下，以教育的视角探讨教育在国家有效治理中的作用，具有重大的理论与实践意义。本研究试图从教育与国家治理的中国实践、国际视野、内涵与维度三个方面探讨教育与国家治理的关系，为更好认识教育在推进国家治理体系和治理能力现代化中的作用提供新的认识框架。

（二）分析框架

美国经济学家西奥多·舒尔茨（T. Schultz）在1960年提出人力资本学说，其中心论点是，人力资源的提高对经济增长的作用，远比物质资本的增加重要得多。舒尔茨在其代表作《论人力资本投入》一书中提出，"人力资本，即知识和技能"[1]，具体来说通过包括"正式建立起来的初等、中等和高等教育"等五个因素而形成"人力资本"。[2] 即教育通过提高人力资本质量、提高人的知识技能、提高农民文化科学水平以及调节收入分配结构等方式，实现促进国家经济发展。[3] 由此逻辑推演，教育与国家治理的关系，其逻辑起点在于弄清国家有效治理的核心影响因素。基于此，本文建立起教育与国家治理的逻辑联系，并将之作为理论分析框架。

党的十九届四中全会审议通过的《中共中央关于坚持和完善中国特色社会主义制度 推进国家治理体系和治理能力现代化若干重大问题的决定》（以下简称《决定》），对中国特色社会主义制度图谱进行了系统描述，对我国国家治理体系和治理能力建设应该"坚持和巩固什么、完善和发展什么"进行了全面回答。[4] 有研究者提出：实现国家治理现代化要以制度为基本框架、以人民为价值导向、以党的领导为坚强核心、以依法治国为重要保障、以全球治理为责任担当。[5] 中国国家治理体系是以社会主义为根本和特质，制度、体制、机制运行为一体，具有整体性、协同性、层次性、关联性等系统性特征。[6] 可见，推进国家治理体系和治理能力现代化的核心要素，主要包括体现社会主义国家根本性质的治理理念、完整的治理体系以及先进的制度。国家治理

---

[1] 舒尔茨：《论人力资本投资》，吴珠华等译，北京经济学院出版社1992年版，第43页。
[2] 舒尔茨：《论人力资本投资》，吴珠华等译，北京经济学院出版社1992年版，第9—10页。
[3] 闵维方：《教育促进经济增长的作用机制研究》，《北京大学教育评论》2017年第3期。
[4] 张伟峰、李婉琳、徐绍华：《新时代国家治理体系和治理能力现代化研究综述》，《昆明理工大学学报》（社会科学版）2021年第4期。
[5] 庞金友：《国家治理现代化深刻变革中的理论创新》，《人民论坛》2019年第27期。
[6] 张树华、王阳亮：《制度、体制与机制：对国家治理体系的系统分析》，《管理世界》2022年第1期。

现代化的价值向度取决于作为"软实力"的核心价值观的生命力、凝聚力和感召力。①2013年11月,习近平总书记在党的十八届三中全会第二次全体会议上明确提出了国家治理体系的内涵,他指出,"国家治理体系是在党领导下管理国家的制度体系,包括经济、政治、文化、社会、生态文明和党的建设等各领域体制机制、法律法规安排,也就是一整套紧密相连、相互协调的国家制度"②。

制度是理解现代国家治理体系的有效视角,制度规划和实施能力是现代国家治理能力的关键要素,而制度创新则是国家治理现代化的核心机制。③ 国家治理体系和治理能力是一个有机整体,推进国家治理体系和治理能力现代化与增强国家治理能力,是同一政治过程中相辅相成的两个方面。有了良好的国家治理体系,才能提高国家治理能力;只有提高国家治理能力,才能充分发挥国家治理体系的效能。教育通过国家治理的理念、体系、制度以及治理能力四个方面,与推进国家治理体系和治理能力现代化产生了内在逻辑联系。教育通过理念、体系和制度与国家治理发生直接关系,而治理能力则需要通过发挥教育在治理人才选拔与治理主体培养等方面的功能体现出来。对国家治理能力产生影响的,除制度外,还有一个极其重要的因素,那就是治理主体的素质,既包括官员,也包括普通公民的素质。④ 当然,在教育与国家治理的关系中,创新治理手段、充分发挥数字治理工具也能提升国家治理效能,但限于篇幅,本文不予讨论。本研究关于教育与国家治理关系的理论分析框架,如图1所示。

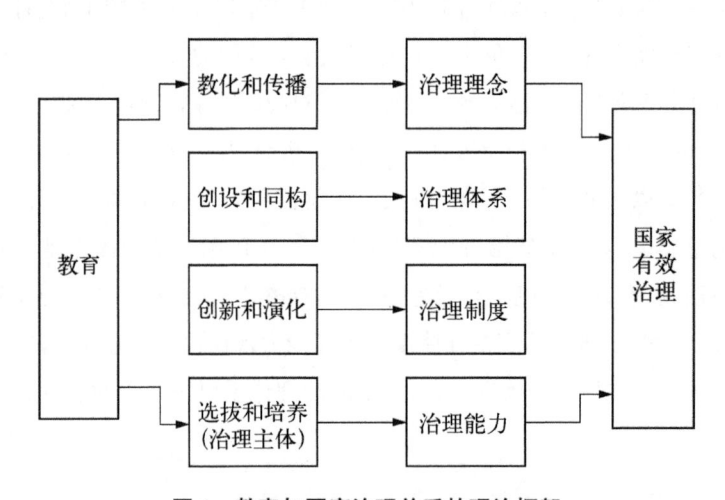

图1 教育与国家治理关系的理论框架

① 王永贵、史献芝:《国家治理现代化的价值向度——学习习近平关于国家治理现代化新理念新思想的重要论述》,《马克思主义研究》2016年第12期。
② 中共中央文献研究室编:《十八大以来重要文献选编》(上),中央文献出版社2014年版,第548页。
③ 唐皇凤:《国家治理体系和治理能力现代化的制度支撑》,《中共党史研究》2019年第12期。
④ 俞可平:《论国家治理现代化》,社会科学文献出版社2014年版,第5页。

二、教育与国家治理关系的中国实践

教育是人类最古老的社会性活动之一,随人类将狩猎与耕种经验传授给下一代的需要而萌发。随着人类活动与社会组织形式不断丰富,教育活动及其组织形式、内涵、功能等也得到不断发展,尤其是教育的功能得到了前所未有的发展。教育不仅要为下一代传授日益复杂的生产生活经验,传承和创新人类文化,还要在国家治理中发挥积极作用。我国有尊师重教的优良历史传统,从古至今,教育在促进国家治理方面发挥了积极作用。

(一) 教化和传播国家治理理念

2019年10月31日,习近平总书记在党的十九届四中全会第二次全体会议上指出:"在几千年的历史演进中,中华民族创造了灿烂的古代文明,形成了关于国家制度和国家治理的丰富思想,包括大道之行、天下为公的大同理想,六合同风、四海一家的大一统传统,德主刑辅、以德化人的德治主张,民贵君轻、政在养民的民本思想,等贵贱均贫富、损有余补不足的平等观念,法不阿贵、绳不挠曲的正义追求,孝悌忠信、礼义廉耻的道德操守,任人唯贤、选贤与能的用人标准,周虽旧邦、其命维新的改革精神,亲仁善邻、协和万邦的外交之道,以和为贵、好战必亡的和平理念,等等。这些思想中的精华是中华优秀传统文化的重要组成部分,也是中华民族精神的重要内容。"[1]这些独特的国家治理理念并非凭空产生,而是在千百年的历史长河中不断凝练而成的。在此过程中,教育发挥了独特作用,如儒家教育理念就对我国国家治理理念起到了根本性的教化和传播作用。儒家的教育理念重视经典的人文教养,以君子为学习的模范,以德行优于知识,以圣人人格为教育的培养目标,强调成人或全人的教育理念,突出"学"和自我的主动性在教育过程中的意义,着眼于把人变成全面发展的高尚的人。[2] 儒家教育理念奠定了我国国家治理理念的底色,教育通过发挥教化和传播作用,促进并形成了我国的国家治理理念。

(二) 促进国家治理体系建设

我国的国家治理体系是在党领导下管理国家的制度体系,包括经济、政治、文化、

---

[1] 习近平:《坚持和完善中国特色社会主义制度 推进国家治理体系和治理能力现代化》,《求是》2020年第1期。
[2] 陈来:《论儒家教育思想的基本理念》,《北京大学学报》(哲学社会科学版)2005年第6期。

社会、生态文明和党的建设等各领域体制机制、法律法规安排,也就是一整套紧密相连、相互协调的国家制度。① 我国教育在促进国家治理体系过程中发挥了积极作用。自中华人民共和国成立以来,我国就建立起了与国家治理体系具有高度一致性的教育治理体系,以教育治理体系促进国家治理体系建设。《中国教育现代化2035》明确提出,要"加大政府教育统筹力度","健全中央层面教育统筹治理协调机制,科学界定相关部门在教育治理中的职责权限。中央层面要加强对区域教育协调发展的统筹,健全教育标准体系,部署重大教育发展改革。省级政府加大省域内各级各类教育的统筹力度,提升政府统筹层级,推动区域、城乡教育资源合理配置,优化布局结构,支持市地、县域内基本公共教育均衡发展"。在促进国家治理体系建设过程中,我国教育治理体系表现出与国家治理体系的高度同构性,这不仅有利于更好发挥政府对教育的统筹协调作用,也有利于教育事业的发展,从而更好地服务于国家治理。

(三) 促进国家治理制度创新

在我国教育发展史上,通过教育活动来促进国家制度建设的案例很多,其中较为典型的是汉代文翁在四川兴办官学的事迹。文翁任蜀郡太守期间,一方面"修兴水利",将都江堰灌溉系统大为扩展,"穿湔江口,灌溉繁田千七百顷";同时又"兴办学校",重视人才培养。兴修水利以发展经济,兴办学校以培养人才,两者相辅相成:经济发展了,才有基础培养人才;培养了人才,才能促进经济发展。文翁兴学的主要办法是:一方面派遣张叔等18人进入京师太学,学成归来即委以重任。另一方面,又在成都城南修建石室学宫(今成都石室中学)。文翁免除了学生的徭役,使其能集中精力学习知识,还常将学生带在身边,协助处理一些公务,甚至允许学生进出内室,以示恩宠和信赖。对于品学兼优的学生,文翁则委以郡、县吏的重任,大力奖掖。此外,他还在巴郡、广汉郡等地兴办学校。② 元朔五年(公元前124年),在文翁石室创立17年之后,汉武帝非常赞赏文翁兴学的做法,下令全国各郡兴办官学,推广蜀郡办教育的先进经验以发展教育。地方官学从此由巴蜀逐步推广到全国,到东汉时出现了"四海之内,学校如林,庠序盈门"(班固《东都赋》语)的盛况。③ 文翁开创性地举办公学,不仅促进了四川一地的发展,还推动了太学制度的建立和完善。文翁兴学的生动教育实践,是我国教育史上通过教育活动促进国家治理制度完善的典型案例之一。因为太学在我国封建社会时期不仅是一种教育制度,还是国家治理制度的重要组成部分。

---

① 张树华、王阳亮:《制度、体制与机制:对国家治理体系的系统分析》,《管理世界》2022年第1期。
② 杨武能、邱沛篁主编:《成都大词典》,四川辞书出版社1995年版,第528页。
③ 张治、刘静:《"文翁兴学"及其影响——北纬30°的基础教育奇迹》,《教育科学论坛》2021年第8期。

汉代的官学与选官制度的建立,造就了一个名士云集、人才辈出的局面。这既有利于巩固中央集权政治,又有利于社会经济发展和文化教育繁荣。

(四)选拔和培养国家治理人才

要实现国家长治久安,除了先进的国家治理理念、健全的国家治理体系和完备的国家治理制度外,还需要不断涌现出德才兼备、具备治理能力的国家治理人才。教育作为有目的、有计划培养人的活动,在各个历史时期对选拔和培养国家治理人才都发挥了重要的、不可替代的作用。从中国教育历史来看,科举考试制度无疑是发挥教育为国家选拔和培养治理人才的典型案例。中国自春秋战国时期便产生了"举贤才"的理念,儒家理论主张精英治国,《论语·子张》载子夏所说的"仕而优则学,学而优则仕",典型地反映了孔门师生主张贤能治国的理想。[1] 在传统治国理念下,教育承担起了为国家选拔和培养治国理政人才的重任,科举考试制度也就应运而生。科举考试制度是封建时代所能采取的最公平的人才选拔形式,它扩展了封建国家选拔人才的社会层面,吸收了大量出身中下层社会的人士进入统治阶级。特别是在唐宋时期,科举制度显示出生气勃勃的进步性,形成了中国古代文化发展的一个黄金时代。[2] 当然,随时代发展进步,教育的内涵和维度得到了前所未有的延展和丰富。当前,我国的社会主义教育不仅要培养各级各类高素质专门人才,还要承担着为党育人、为国育才的重任。

三、教育与国家治理关系的国际视野

欧美等发达国家的教育发展具有悠久历史,在进入资本主义社会特别是工业革命之后,教育在资产阶级国家建设中发挥的作用日益凸显。其中在有些国家,其教育体系甚至要先于国家政权建立。比如,哈佛大学等一批高等教育机构,在成立时间上就先于美国建国。本部分将从国际视野出发,从国家治理的理念、体系和制度三个方面,对教育与国家治理的关系进行进一步阐释与分析,以揭示教育与国家治理之间的独特关系。

---

[1] 刘海峰:《科举停废与文明冲突》,《厦门大学学报》(哲学社会科学版)2006年第4期。
[2] 金铮:《科举制度与中国文化》,上海人民出版社1990年版,第5页。

(一) 教育治理理念丰富了国家治理理念

治理理念亦即治理的价值取向。无论是教育治理还是国家治理,先进的治理理念不可或缺。在欧美等发达国家的教育发展历程中,先进的教育治理理念一方面促进了教育的发展进步,另一方面丰富了国家治理理念。英国是传统的资本主义国家,其秉持的自由主义教育治理理念长期影响着其国家治理理念和治理进程。英国一直以自由、多样性和独立性的教育为傲。雪莱·威廉姆斯(S. Williams)曾说,"英国教育系统的突出特点在于它的灵活性、想象力以及教师在课堂上的自由"[1]。在19世纪的主要国家中,英国是最后一个建立全国性教育体系,并且最不愿意让其受控于公众的国家,英国不仅迟迟没有建立有关学生入学以及对学校和教师进行认证的法律,而且没有建立起全国性的教师培训和考试体系;在很长一段时期内,公众对教育的资助和控制都处于较低水平,这导致教学督导和课程管理都软弱无力。[2] 这种自由教育理念直接影响了其国家治理理念。英国是一个传统的自由主义国家,不论是公民个人的发展还是对于社会的管理,都蕴含着自由自治的理念。[3] 有学者把19世纪英国的自由主义比作一种沉默和不活跃的政府模式,并肯定它在物质生活调节中的重要作用。[4] 在英国的社会治理、专门的社会福利治理、社区治理及行业集团治理等领域,都有自由自治理念,这对于增加社会治理手段的灵活性和单位自我治理效率的提升方面作用较大。[5] 英国的自由主义教育理念不仅对国家治理理念产生了重要影响,而且通过教育对国民进行自由主义理念的教化和传播,进一步丰富了其国家治理理念。

(二) 教育治理体系与国家治理体系同构

国家治理体系是规范社会权力运行和维护公共秩序的一系列制度和程序,包括规范行政行为、市场行为和社会行为的一系列制度和程序。国家治理体系是一个制

---

[1] Shirlay, C., *Redefining the Comprehensive Experience*, Institute of Education, University of London Press, 1987, p.7.
[2] 安迪·格林:《教育与国家形成:英、法、美教育体系起源之比较》,王春华、王爱义、刘翠航译,教育科学出版社 2004 年版,第 224—225 页。
[3] 李全利:《福利国家社会治理模式的上层建筑研究——基于英国社会治理理念、机制与经验的分析》,《湖北社会科学》2017 年第 8 期。
[4] Otter, C., "Making Liberal Objects-British Techno-Social Relations 1800-1900," *Journal of Cultural Studies*, Vol.21, No.4, 2007.
[5] 李全利:《福利国家社会治理模式的上层建筑研究——基于英国社会治理理念、机制与经验的分析》,《湖北社会科学》2017 年第 8 期。

度体系,包括国家的行政体制、经济体制和社会体制。① 政府治理、市场治理和社会治理是现代国家治理体系中三个最重要的次级体系。教育治理体系是一个国家或区域为规范教育权力运行和维护教育发展秩序的一系列制度和程序,与国家治理体系之间存在内在逻辑联系。因为国民教育发展的周期和形式都反映了国家的性质,集权的国家会产生集权的教育机构,而像美国这样的自由国家则会产生更民主的教育体系。② 从治理体系上看,教育与国家治理体系有高度的一致性或者说同构性。例如法国作为中央集权制国家,其教育治理表现为典型的中央集权式治理模式。虽然1968年"五月风暴"以后,社会参与开始进入法国大学领域,大学治理主体逐渐实现多元化。但20世纪90年代以后,法国的高等教育改革总会受到中央集权体制的掣肘。如法国的大学都是公立机构,私立机构不得冠以"大学"称号。③ 而美国作为联邦制国家,州政府拥有广泛的权力。美国把有着"广泛基础"的权力分散到各州,是早期美国政府的组成特点,也是美国政治文化给人一种显著的无政府状态印象的原因之所在。④ 美国没有形成全国统一的教育治理体系,教育治理更多属于州政府的地方事权,这导致不同州之间教育治理模式存在极大差异。美国的教育制度显然受到了分权政治的影响,在公立教育制度建立早期,美国中央政权的参与程度比起欧洲各国来说明显少多了,在很大程度上,美国早期的学校是社会私人办学的产物——有私人也有团体合作举办的。⑤ 西方国家的教育治理体系高度同构于国家治理体系,这既具有必然性也有其合理性:从必然性看,教育治理体系唯有与国家治理体系在结构上保持高度一致性,才能使得国家意志能够有力贯彻到国民教育体系之中;从合理性看,教育作为国家的重要社会性事业,只有与国家治理体系保持同构性,才能保证教育活动的有序开展。

(三) 教育治理制度演化为国家治理制度

在教育治理活动中,除了有治理主体、治理客体等要素外,还包括维持教育治理活动有序开展的教育制度。教育制度包括学校制度(即学制)和管理学校的教育行政

---

① 俞可平:《推进国家治理体系和治理能力现代化》,《前线》2014年第1期。
② 安迪·格林:《教育与国家形成:英、法、美教育体系起源之比较》,王春华、王爱义、刘翠航译,教育科学出版社2004年版,第338页。
③ 王晓辉:《法国大学治理与大学章程》,《现代大学教育》2015年第4期。
④ Skowronek, S., *Building a New American State: The Expansion of National Administrative Capacities*, Cambridge University Press, 1982, p.389.
⑤ 安迪·格林:《教育与国家形成:英、法、美教育体系起源之比较》,王春华、王爱义、刘翠航译,教育科学出版社2004年版,第338页。

体系,是一定社会历史阶段的产物,受一定社会的政治、经济、文化影响和学生身心发展特点的制约。① 由于教育制度具有巨大的社会效益和政策效能,一些发轫于教育领域的制度就逐渐演化为国家治理制度。这以美国的"肯定性行动"(affirmative action)最为典型。该政策最初体现在教育领域尤其是高等教育招生领域,其目的旨在改善非洲裔及其他少数族群的受教育状况。1954年,美国最高法院做出有关"布朗案"②的最后判决,宣布"隔离但平等"原则在教育领域属于违宪。此后,在美国历届政府及总统的努力下,这一行动逐渐演化为美国社会反对种族歧视的法案。20 世纪 50 年代,杜鲁门总统提出《公平施政纲领》,旨在"扩大社会保障覆盖的范围,建立全民医疗保险、提高法定最低工资、建设低收入者保障住房等"③。1961 年 1 月 20 日,肯尼迪正式宣誓就任美国第 35 任总统,他于 1961 年 3 月 6 日签署了第 10925 号行政命令。该命令建立了总统平等就业机会委员会,消除政府内部以及相关企业中的就业歧视,并要求与政府订立合同的承包商,不能以种族、信仰、肤色或民族血统而歧视任何雇员或求职者;承包商应采取"平权法案",保证求职者的录用与雇员的晋升不涉及他们的种族、信仰、肤色或民族血统。④ 此后,约翰逊总统又签署了"平权法案"历史上的关键性文件——11246 号行政命令(又称《平等的就业机会》)。该政令宣布:"美国政府的政策是在联邦政府的雇佣行为中向所有合格者提供平等的就业机会,在雇佣行为中禁止因为种族、信仰、肤色或民族而歧视。在每一个联邦政府的行政部门和机构中,通过积极主动的、持续的计划,推动公平就业机会的全面实现。"⑤ 由此可见,"肯定性行动"最初出现在教育领域,是为解决不同族群之间存在的入学机会不均等问题;此后,由于社会其他领域也广泛存在着种族歧视和社会不公问题,这一在教育领域产生的政策进一步演化为全局性行动——"平权法案"。虽然该行动在美国教育及社会其他领域也造成了各种新问题,但它很大程度上缓解了美国的种族冲突和社会不公问题。

---

① 顾明远主编:《教育大辞典》,上海教育出版社 1998 年版,第 1158 页。
② 家住在堪萨斯州托皮卡的琳达·布朗每天都要搭车到离家很远的黑人学校上学。琳达·布朗尝试取得离她家较近的萨姆纳小学的入学许可,但却因为种族因素而遭到托皮卡教育局的回绝——萨姆纳小学是一所仅供白人小孩子就读的学校。琳达的父亲奥利弗·布朗与其他有着相同背景的家长因此对托皮卡教育局提起集体诉讼,要求停止种族隔离的政策,主张种族隔离的学校已经侵害了琳达·布朗。他们在陈述理由时指出,尽管教育当局设置了隔离但"平等"的学校,但是这些措施实际上的目的,是对黑人实施永久的次等待遇,只提供次等的设备与服务,以达成压迫黑人的效果。
③ 闫玉华、殷倩:《美国"平权法案"出台背景及其影响探析》,《中北大学学报》(社会科学版)2018 年第 1 期。
④ 王凡妹:《"肯定性行动"——美国族群政策的沿革与社会影响》,社会科学文献出版社 2015 年版,第 101—113 页。
⑤ 张立平:《论肯定性行动》,《太平洋学报》2001 年第 3 期。

四、教育与国家治理关系的内涵与维度

(一) 教育与国家治理关系的内涵

1. 国家有效治理的教育视角

国家治理是国家治理者借助于一定的理念、机构、规范、人员等对国家的运行进行综合整治的活动。① 国家治理体系和治理能力现代化的根本目标就是要实现国家的有效治理。国家治理现代化体现了现代国家建构的过程,国家治理的成败取决于国家治理的制度逻辑及其治理的有效性。② 在国家治理体系中,治理体系和治理能力是一个有机整体,推进国家治理体系现代化与增强国家治理能力,是同一政治过程中相辅相成的两个方面。有了良好的国家治理体系才能提高国家治理能力;只有提高国家治理能力,才能充分发挥国家治理体系的效能。③ 因此,实现国家有效治理,一方面要不断提升治理能力现代化水平,实现治理主体的意识、能力和素质的现代化;另一方面要不断完善治理体系,充分发挥治理主体的创新意识和能力。

实现国家有效治理,涉及治理主体的治理能力提升这一根本性问题,包括治理理念的教化和传播、治理体系的创设和同构、治理制度的创新和演化,以及治理人才的选拔与培养等。教育是有目的有意识地培养人的社会性活动,它为实现国家治理目标而培养出具有先进理念和创新能力的治理主体。实现国家有效治理,不能忽视教育的作用。因而基于教育视角对国家治理效能展开论述,具有重要的理论意义与现实需求——从根本上来讲,国家有效治理的目的在于促进人的全面发展以及满足人民群众对美好生活的向往;而实现国家有效治理,离不开具备健全人格、拥有现代化理念和掌握各种治理技能的各级各类治理人才。从中国历史和世界经验看,教育能通过不同方式直接服务于国家有效治理。因此,在推进国家治理体系和治理能力现代化的新阶段,国家有效治理的教育视角不可或缺。

2. 教育与国家治理的逻辑联系

教育与国家治理之间有着天然的逻辑联系。根据前文对教育与国家治理关系的纵向和横向梳理,我们发现教育与国家治理之间有着密切联系,这种密切联系主要表现在如下方面。首先,教育是形成国家治理理念的源头活水,具备对国家治理理念进

---

① 向玉乔:《国家治理的伦理意蕴》,《中国社会科学》2016年第5期。
② 夏志强:《国家治理现代化的逻辑转换》,《中国社会科学》2020年第5期。
③ 俞可平:《国家治理体系的内涵本质》,《理论导报》2014年第4期。

行教化、认同和传播的功能。所谓"理念",同"观念",译自希腊语idea。"通常指思想、主意、见解。亦指表象或客观事物在人脑中留下的概括的形象。"①国家治理需要以治理理念为引领,以治理理念作为纲领性思想,并通过全体国民对治理理念的理解、认同和内化,形成群体性意识与行动准则。而国家治理理念的形成、传播与丰富,离不开教育的重要作用。比如,通过系统的学校教育让青少年形成国家意识、通过课堂教育教学来宣传和传播国家治理理念等。除此之外,教育还通过发挥其教化功能,让全体国民接受国家治理理念并内化为思维方式与行为准则,以此降低国家治理的阻力,提高国家治理效能。其次,教育通过选拔和培养国家治理人才,从而促进国家治理能力提升。教育之于国家治理更为根本和重要的关系在于教育具备教化功能,它能根据国家治理需要来培养相应的治理人才,通过充分发挥治理人才的价值来实现国家有效治理的目的。

3. 教育与国家治理的耦合关系

与经济、政治和文化等活动不同,教育与国家治理之间的关系具有特殊性质。这一性质是由教育活动的特殊性决定的。相较于其他社会活动,教育具有价值引领、塑造和建构社会意识形态、知识创新与传承、培养具有特定价值取向和知识结构的各级各类人才等功能。因此,教育与国家治理之间表现为耦合关系。所谓"耦合",是指"两个(或两个以上的)体系或运动形式之间通过各种相互作用而彼此影响的现象"②。一方面,教育通过发挥其独特功能,为国家治理提供理念、体系、制度与人才支撑;另一方面,国家的有效治理也为教育发展创造更好环境,如提供坚实的物质保障和促进教育发展的制度及政策措施等。国家治理结构在很大程度上直接决定着教育治理结构,两者在结构要素上保持着高度一致,教育发展理念和政策与国家治理理念和政策之间相互影响。

(二)教育与国家治理关系的四重维度

1. 教育与国家治理关系的理念维度

教育理念是人们对教育发展目标、使命以及发展方式的总看法或价值取向。教育理念的形成,受传统文化以及特定历史时期经济社会发展等各方面因素的影响。国家治理理念则是国家管理者对国家发展目标以及发展方式等的基本看法和思想,是关于国家治理的价值取向。现代国家治理的价值目标,首先是要维护国家的基本

---

① 《辞海》(第7版),上海辞书出版社2019年版,https://www.cihai.com.cn/home。
② 《辞海》(第7版),上海辞书出版社2019年版,https://www.cihai.com.cn/home。

秩序和稳定,维护国家历史文明的传承和演进,为社会提供法律框架,保护国家领土免受外来入侵。其次是发展国民经济和提供公共服务,包括调控宏观经济、规范和管理经济活动、抽取社会资源实施再分配、以不同于市场原则的方式提供公共产品和服务、不断提高全民的社会福祉。① 教育与国家治理的理念维度,就是指将国家教育发展的价值理念移植到国家治理体系中,通过发挥教育的教化作用,将国家治理的核心价值理念根植于受教育者内心深处,成为其世界观、人生观和价值观的基本遵循。一般来说,人们所秉持的教育发展理念,既是对社会发展现状的客观反映,也是对人类未来发展方向的一种预期。教育与国家治理的理念维度,一方面保证教育发展的先进理念和价值取向能够及时被国家治理体系所吸收,并转换成国家治理效能;另一方面,国家的有效治理也能推进教育事业进步。

2. 教育与国家治理关系的体系维度

治理体系是由治理要素、治理活动以及相互关系所构成的系统。现代化治理体系是一个有机的、协调的、动态的和整体的制度运行系统。② 教育治理体系有狭义与广义之分,狭义的教育治理体系是指由各级各类主体构成的组织体系或制度体系;广义的教育治理体系不仅包括了组织与制度体系,还包括了治理对象、要素、活动以及关系等。③ 中国语境下的国家治理体系,是指"在党领导下管理国家的制度体系,包括经济、政治、文化、社会、生态文明和党的建设等各领域体制机制、法律法规的安排,也就是一整套紧密相连、相互协调的国家制度"④。教育与国家治理的关系,首先体现在体系上的逻辑联系,也就是说教育治理体系要与国家治理体系同构。无论是从广义还是狭义上讲,教育治理的组织和制度体系与国家治理的组织和制度体系存在内在一致性和同构性。中国语境下的教育治理体系,还要与包括经济、政治、文化、社会、生态文明和党的建设等各领域体制机制、法律法规等保持一致性和同构性。基于结构功能主义的基本观点,社会系统具备一定的组织结构,各个组织之间是有机联系的,并对社会整体具有相应的功能。社会整体在一定时期内是相对稳定的,各组成部分之间虽会发生变化,但具备自我调节能力并趋于新的平衡。⑤ 因此,教育治理体系在很大程度上决定了其功能。教育治理体系与国家治理体系保持同构,就能够在功能上与国家治理体系保持一致。这既是对国家教育事业发展的基本要求,也是教育事业的存在合理性和合法性的基本前提。

---

① 徐湘林:《"国家治理"的理论内涵》,《人民论坛》2014 年第 10 期。
② 俞可平:《论国家治理现代化》,社会科学文献出版社 2014 年版,第 3 页。
③ 苏君阳:《新时代教育治理体系现代化:内涵、特征及其实现路径》,《教育研究》2021 年第 9 期。
④ 习近平:《切实把思想统一到党的十八届三中全会精神上来》,《人民日报》2014 年 1 月 1 日第 2 版。
⑤ 刘润忠:《试析结构功能主义及其社会理论》,《天津社会科学》2005 年第 6 期。

3. 教育与国家治理关系的制度维度

在教育与国家治理的互动过程中，制度发挥着重要的作用。一方面，教育有效治理所产生的教育政策及制度等，逐渐演化为国家治理制度的有机组成部分。另一方面，相关教育制度演化为国家治理制度的组成部分后，也会进一步强化其在教育领域的实施力度，以此达到增强教育治理效能的目的。比如前文所提到的美国教育领域的"肯定性行动"逐渐演化为旨在缓解美国社会种族矛盾的"平权法案"。教育与国家治理关系的制度维度的价值，主要表现在以下方面。一是激发和发挥教育治理主体的制度创新意识和能力。教育是一项充满不确定性的创造性社会活动。教育活动的有序开展，需要充分发挥治理主体的制度创新能力，需要根据时代发展和人的需求变化不断更新教育治理制度。教育制度演化为国家治理制度，能让教育活动主体感受到制度创新的重大意义。二是教育活动的有序开展，需要得到国家制度的支持。在教育活动中产生的制度上升为国家制度后，也能更有效地推动教育活动的开展。三是教育与国家治理关系的制度维度，体现了教育与国家发展之间的紧密联系，即教育制度不能脱离特定的国家制度，国家制度也要根据教育实践的发展而不断革新和进步。

4. 教育与国家治理关系的能力维度

国家治理能力是国家治理主体的思想观念、智力和体力的总和，也是国家治理主体状况与国家治理客观要素的综合；是国家治理过程中所体现的人与制度规则相互作用、相互结合的效能，也是国家治理体系中行为体系、制度体系和价值体系有机结合、相互配合的动能。① 人作为治理活动中的主动性和能动性因素，影响着制度的生成、运转和变迁，决定着政策的产生、落实和监督，人的现代化是国家治理能力现代化的关键。② 教育与国家治理关系的能力维度，集中体现在充分发挥教育在选拔和培养国家治理人才方面的作用，从而实现国家治理主体的现代化，不断提升国家治理能力。习近平总书记强调指出："真正实现社会和谐稳定、国家长治久安，还是要靠制度，靠我们在国家治理上的高超能力，靠高素质的干部队伍。"③总之，人的现代化是不断提升国家治理能力的关键要素，而要实现人的现代化，就必须坚持社会主义办学方向，不断提升教育质量，为国家选拔和培养更多德才兼备、具备高超治理能力的各级各类国家治理人才。在当前复杂多变的国际局势以及全面推进国家治理体系和治理能力现代化背景下，能否培养出一大批德才兼备的高素质国家治理人才，是提高我

---

① 王浦劬：《全面准确深入把握全面深化改革的总目标》，《中国高校社会科学》2014年第1期。
② 屠静芬、马博：《人的现代化视阈下的国家治理体系和治理能力现代化》，《理论导刊》2017年第6期。
③ 习近平：《切实把思想统一到党的十八届三中全会精神上来》，《人民日报》2014年1月1日第2版。

国国家治理能力的关键。在中国特色社会主义新时代,我国教育事业发展,必须始终坚持"四为服务"方向,切实履行为党育人、为国育人的使命任务。

On the Relationship between Education and National Governance
XUAN Yong, WU Chen

Abstract: The relationship between education and national governance entails rich theoretical implications. The study, based on the core elements of effective national governance, establishes the inherent connections between education and national governance from the perspectives of governance philosophy, system, institutions, and capabilities. Examining both Chinese practices and international perspectives, education is regard as engaging with national governance by disseminating governance philosophies, facilitating the construction of national governance systems and the innovation of governance institutions, as well as by selecting and cultivating talents for national governance. In the new era, it is imperative to actively broaden the educational perspective of effective national governance, fully recognizing the crucial role of education in promoting the modernization of national governance systems and governance capabilities.

Keywords: education national governance governance philosophy governace system governance capability

| 道德教育 |

偶像榜样化，榜样偶像化？
——对偶像时代榜样与榜样教育危机的思考

高德胜*

摘　要：当下是偶像盛行的时代。在这个时代，榜样与榜样教育遭遇了前所未有的危机，以偶像拯救榜样就成了一种选择。榜样具有自己的传统与本性，包括道德优秀、纯粹利他、对他人道德自主的尊重等；偶像具有神化自身、追求精神与物质利益、需要他人崇拜等特征，榜样与之格格不入。目前，因对偶像和榜样的错误理解而产生的"偶像榜样化"和"榜样偶像化"想法，是根本行不通的。偶像拯救不了榜样，榜样也无须偶像拯救；回归榜样的本性，榜样教育依然可以富有生命力。

关键词：偶像　榜样　偶像时代　榜样教育　危机

榜样示范法是道德教育的一种常用方法，树立榜样也是社会伦理教育的重要方式之一。过去时代诞生的各种各样的榜样，产生了巨大的社会伦理教化作用。毋庸讳言，过去时代榜样教育的成功，与当时特定的社会条件密切相关。比如，当时社会信息渠道权威而单纯，非常有利于榜样人物事迹的传播，也易获得社会认可。如今，这样的社会条件已不复存在，要想以同样方式复制过去的成功已不再可能。与榜样的光彩日渐黯淡相对应的，是偶像的崛起与盛行。可以说，我们现在正处于偶像时代。偶像不仅在儿童青少年的生活中扮演着重要角色，还在成年人的生活中发挥着

---

* 高德胜，教育学博士，华东师范大学课程与教学研究所教授，博士生导师。

作用。由于榜样与偶像的近似性,有些人产生了"以偶像救榜样"的想法,比如"偶像榜样化"(化偶像为榜样)和"榜样偶像化"(塑榜样为偶像)。

试图以偶像来挽救榜样与榜样教育,其依据在于偶像与榜样的近似性。事实上,偶像与榜样之间的这种表面近似性,掩盖了二者之间的本质性差异。在一定程度上,偶像盛行其实也是榜样危机的根源之一。也就是说,偶像盛行与榜样危机是同时发生的事情,二者之间存在着关联性。因此,试图以偶像来救助榜样与榜样教育的想法,是一种错误的思路。应对榜样与榜样教育的危机,出路并不在以偶像救榜样。

一、偶像盛行的时代

当下时代是偶像盛行的时代,这一判断有多维度的证据。首先是偶像众多、层出不穷。在偶像初始盛行的时候,主要还集中于娱乐行业,配做儿童青少年偶像的,主要是娱乐明星。如今,虽然娱乐明星依然是偶像的主力军,他们往往有庞大的"粉丝群",但偶像已经从娱乐明星扩展到各行各业。比如,很多商界名流、财富精英也成了偶像,甚至是比娱乐明星更有号召力的偶像。一些科学家、学者,也主动跨入偶像行列,以偶像姿态活跃于社会舞台之上。有研究者将偶像分为"消费型偶像"与"生产型偶像"两种类型。[①] 但这种分类,已经无法涵盖当下社会偶像的多样性。比如学者偶像,就不好归入以上两个类型中的任何一个,以至于似乎有了一种新的偶像类型——"思想型偶像"。至于当下社会流行的主播与网红,亦性质多元,兼具生产型偶像与消费型偶像的特征,已超出上述两种偶像分类范畴。

偶像众多的根本原因,在于当下社会有了专门的偶像生产机制。在纸质媒体与电视媒体主导的时代,信息发布受公共机构的主导与控制,其发布出来的信息总是精选、审核过的。在网络时代,个人与各种社会机构都成了信息发布者。各种社会机构,尤其是商业机构,都可以通过信息发布来生产偶像。娱乐公司很快完成了转型,变成了"偶像生产工厂"。就连传统的电视机构,也通过各种大型活动制造偶像,在一定程度上也实现了"偶像生产"的转型。当然,深谙偶像生产之道的还要数商业精英。这些商业精英深谙偶像虹吸财富之道,通过娴熟的商业与广告手段,借助资本与财富的力量,将自身塑造成大众偶像、青年导师、思想领袖等。甚至个人也可以通过发布各种作品,以可视作品来"圈粉"。比如网络歌手完全不依赖任何娱乐公司,就可以在

[①] 利奥·洛文塔尔:《文学、通俗文化和社会》,甘锋译,中国人民大学出版社2012年版,第150页。

网络发布其作品,也可以"圈粉"百万甚至千万,自己将自己制造成偶像。连一些学者也不甘寂寞,跨界进入偶像领域,变成了学术明星、网络偶像。

偶像盛行的基础在于有偶像需求。儿童青少年是偶像需求的主力军。一项调查显示,在小学阶段,明星崇拜的现象已非常普遍,在初中阶段达到顶峰,至高中阶段有所下降,小学生、初中生、高中生崇拜明星的比例分别为69.2%、70.9%、62.7%。[①] 另一项调查发现,46.7%的青年有偶像。[②] 虽然我们还没有成年人偶像崇拜的具体数据,但在生活中,有偶像、追明星的成年人也很常见。可以说,偶像崇拜已经从特定年龄阶段人群的特殊现象,演化成了跨越所有年龄阶段人群的普遍现象。

偶像盛行,主要缘于当下偶像生产机制的强大。除此之外,当下儿童青少年沉重且单一的生活状态也起到了"暗中相助"的作用。适龄儿童从进入学校的那一刻起,就被赋予了"学生"这一社会角色。而"学生"是一种"厚"的社会角色,承载着社会寄予的一系列规范期待与要求。一方面,学生在校期间压力巨大,埋头于书山题海,与同龄人竞争的"弦"不但一直绷得很紧,而且还总被老师"拨来拨去"。另一方面,即便离开学校,到了非上学时间,但还是要做"学生角色"所要求的事情,还是书山题海。也就是说"学生角色"是全时空的,无论何时何地都要做学生,都要完成"学生角色"所要求的任务。[③] 在这种沉重、单一、被动的生活境况下,学生需要心理调节和补偿。心理补偿有正反两个方向:正向的就是偶像崇拜,将偶像作为精神寄托,以偶像来获得心理安慰;反向的则是游戏,以游戏沉溺来麻醉自己。偶像崇拜与游戏沉溺给正规教育带来了诸多麻烦与障碍,可以说是正规教育的"大敌",但吊诡的是,在一定意义上,正规教育也起到了将学生推向其"大敌"的作用,客观上在"暗助"偶像崇拜与游戏沉溺。

二、榜样教育的传统与危机

如何让人变好,如何让人变得有道德,是教育史上的最大难题。"美德是否可教"的问题,从古至今一直萦绕在教育"心头",但也一直没有完全找到确定的答案。榜样教育曾经是用来破解这一难题的"良方":不直接告诉受教育者该如何做,也不费力去

[①] 赵霞:《我国中小学生偶像崇拜调查报告》,《中国青年研究》2013年第3期。
[②] 包蕾萍、邱天敏:《"80后""90后"的偶像选择:后物质主义价值转型与嬗变》,《当代青年研究》2021年第3期。
[③] 高德胜:《沉重的学生负担:角色的过度外溢及其后果》,《华东师范大学学报》(教育科学版)2022年第12期。

讲道德知识、理论,而是以榜样的良好品德与行为来示范、引领。这种示范与引领,可以是有意识的,即教育者有以自身品质与行为为受教育者示范的"教育意图"。但更多的时候是无意识的,即作为教育者不是"为教而行",而是品格使然,作为一个有如此品格的人,自然而然地"以德而行"。自然而行、没有明显的教育意图,并不意味着没有教育意义。良好品格及其行为的存在,本身就是一种暗示与感染力量,对接触到的人可以发挥自然的、有力的暗示与感染作用。这种良好的品格与行为,如果被他人所感悟,就会成为其"心向往之"的目标、成为学习的榜样。

我们可以将"为教而行"命名为"示范榜样",而将"以德而行"命名为"自然榜样"。这两种榜样都是有效的道德教育方式。之所以有效,主要有几个方面的原因。第一,化抽象的道德原则为真实的品格与行为。道德知识、原则、理论精深而抽象,不能直接打动人。但榜样则将其人格化,使其在具体的生活中得到体现,让人看到了道德的真实力量与境界,可以直接打动人。第二,榜样教育作为一种教育方法,给受教育者的道德自主留有空间。人是有自我意识的存在,自主是人最为核心的需要之一。教育,尤其是道德教育,如果挤压、侵犯了人的道德自主性,往往会适得其反。"示范榜样"也好,"自然榜样"也罢,都不是强求对方如何做,而是自己先做好。自己做好之后,对方如何做,主要还是其自己的选择。第三,教育者以身作则。道德是善的体现,不能只说不做。只说不做,就会走向伪善,走向道德的反面。而且只要求别人做,但自己不做,动机就比较可疑,就不能让人信服。无论是哪种意义上的榜样,都是以身作则,以做为主,以教为辅。在这一意义上,榜样与榜样教育,体现的是一种道德真诚与道德正气。

与"自然榜样"相比,"示范榜样"有明显的教育意图。这种教育意图具有正反两方面的效果。在受教育者不知道如何做的时候,示范就是引导与指导;在受教育者有判断与选择的时候,过于明显的教育意图也会引起受教育者的"警觉",甚至逆反心理,尤其是在示范行为与示范者的品格并不那么一致的情况下。因此,"示范榜样"的有效性主要取决于示范者自身的品格:如果示范行为与其品格状态高度一致,其有效性就高;如果示范行为与其品格不符,为教育别人特意而为之的痕迹比较明显,那么其有效性就低。比较而言,"自然榜样"是最为理想的榜样教育方法。榜样者并没有教育别人的意图,甚至并不把自己当作榜样,而是"以德而行"。是否接受教育,是否受到影响,完全取决于受教育者自身的感悟与选择。"自然榜样"具有两个特别突出的特点,一个是对道德的真诚与自然,即"我品格如此,我就这样行为";另一个是对他人道德自主性的尊重,即"我是这样的,要不要学习,完全取决于你自己"。

榜样教育法虽然有这样那样的优势,但也存在一个天然的缺陷,即受众的有限性。"示范榜样"与"自然榜样"都依赖于在场交往,超出在场交往,"为教而行"与"以德而行"都会失去发生的人际情境,从而根本无从发生。也就是说,榜样教育法所能直接影响的人比较有限,局限在那些与榜样能够接触、接近的人。

　　克服榜样教育法天然缺陷的传统方式主要有两种。一种是口传,一种是文学叙事。口传中的榜样与直接接触到的榜样已有所不同,他已经有了间接性。但口传榜样的几个特点,在一定程度上可以弥补这种间接性带来的缺陷。首先,口传者不是榜样人物自己,而是受影响者。由他人来讲述,没有自我标榜的嫌疑,有一定的客观性与可信度。其次,在口传过程中,受影响者将自己对榜样的仰慕、敬爱讲述给他人,是一种现身说法。再次,受影响者的讲述总是带有感情色彩,甚至带有因感情而来的建构性与加工性,这就增加了榜样人物叙事的感人性。即便如此,榜样通过口传而发生作用依然是有条件的,即榜样及其受影响者生活于熟人社会。在熟人社会中,人们之间的交错关系为口耳相传奠定了社会关系基础,"一传十,十传百"的社会效应也就不难发生。但在陌生人社会,信息传播会受到层层阻碍,超出一定的生活圈子,信息传播就会中断。

　　传统榜样大规模传播的另一种方式是文学叙事。文学叙事通过鼓书、说唱、文字作品等,将榜样的事迹广为传播,以克服榜样传播的局限性。其优势在于艺术加工:文学叙事所讲述的榜样故事,已不是原汁原味的了,而是经过艺术加工的故事。也就是说文学叙事中的榜样,其对人的感染包括两个方面,一个是榜样本身的力量,另一个是艺术的力量。但文学叙事所讲述的榜样,其劣势也非常明显,那就是虚构性。进入文学叙事中的榜样,不可避免地带有了虚构性,已不再是生活中的真实存在。因为虚构,文学叙事无论有多感人,都降低了人们对其进行严肃对待的可能性。尤其是那种艺术性水准不高的榜样叙事,既没有艺术感染力,又没有真实性,反而败坏了人们对榜样的向往感情。因为高艺术水准而增强了感染力,也因为其低艺术水准而降低了真实性,文学叙事榜样的优劣可以说是一体两面的。

　　口传榜样和文学叙事榜样,与"自然榜样""示范榜样"相比,有一个比较大的变化,那就是实现了从"以榜样为中心"到"以他人为中心"的转变。在"自然榜样"与"示范榜样"发生作用的地方,只有榜样与受众这两端。到了口传榜样和文学叙事榜样这里,在榜样与受众之间有了第三者,即榜样事迹的传播者或文学叙事者。口传者具有双重身份,既是榜样的受众,也是榜样人格的景仰者。文学叙事者,双重身份已经发生了倾斜,更多的是榜样的建构者与传播者。正是因为或重或轻的双重身份,第三者对榜样还是充满感情的。正是这种感情的存在,弥补了第三者这一间接因素所具有的对榜样效度的削弱性影响。

也许是既看到了榜样的极大作用，又意识到了榜样传播的局限性，受口传、文学叙事的启发，产生了一种新的榜样教育方式，即人为树立榜样。人为树立榜样与其他榜样教育的方式，在诸多维度上都有所不同。从主体上看，榜样建构的主体已不再是榜样本身、自发相传者（口耳相传）、文学叙事者，而是变成了社会组织和团体。主体的转换，带来榜样教育性质的变化。与口耳相传、文学叙事出于真情或艺术不同，群体或实体树立榜样的目的在于教化。群体或实体所树立的榜样，总是代表着树立者所要倡导的价值规范，期望通过榜样对社会大众进行道德教化。榜样的"本心"是道德价值的人格化、具体化，是道德价值与有血有肉的人了无痕迹的结合，榜样带给他人的，是蕴含道德价值的人格魅力。群体或实体树立榜样，所削弱的正是这一点，导致榜样身上的人格性弱了，而价值性明显了。稍微过头一点，榜样就成了道德价值符号，榜样也会由此变得抽象。

从榜样选择来看，榜样是给予的，不是学习者自己选择的。如前所论，"自然榜样"与"示范榜样"作为榜样教育的初始形态，其突出特性就在于尊重学习者的道德自主。口耳相传和文学叙事榜样继承了这一特性，"我只是讲我的感受""讲我所喜欢的故事"，至于听不听得进去，完全是听者、读者个人的事务。群体或实体所树立的榜样，由于其教化功用和群体或实体相对于个人的优越地位，往往使这种树立的榜样对个体来说愈发具有不可选择性，甚至带有了一定的强制性。从叙事方式来看，人为树立的榜样，既没有口耳相传榜样的那种真情实意，也达不到文学叙事的艺术水准，往往给人以明显的虚构感受。从信息渠道来说，其借助的是正式媒介渠道。正式媒介在信息渠道单一的情况下，具有强大的信息传播力，这是其优势。但在信息渠道多元化的情况下，其传播力就会被削弱，而且因为其正式性而带有强制性，容易遭到受众的逆反。

人为树立榜样的这些特点，也可以说是其弱点，只不过在信息渠道单一时代被抑制和掩盖了。因此在历史上，甚至是在当今时代，它都曾有过辉煌成功的时刻。但在目前信息渠道愈发多元化的情况下，这些弱点就会被放大。首先，在信息多元化的社会背景下，虽然群体或实体所树立的榜样通过正式渠道也可以到达"社会终端"，但因为其价值符号性、抽象性，在受众那里往往成了一个"抽象的信息"，失去了榜样应有的打动人心的力量。其次，在信息渠道多元化、信息内容极端丰富的社会条件下，群体或实体为受众所预设的榜样，接受度低，每个人都会按照自己的偏好去选择所要追随的人，人们跟着预设榜样走的概率大大降低。最后，由于缺乏真情实感和艺术性，再加上价值符号的抽象性、教育意图明显，人为树立的榜样给人以比较明显的人为制造、虚构的感觉，从而导致受众不买账，甚至引起受众反感和嘲讽。

曾经很成功的榜样教育方式,在信息渠道多元化时代不那么有效了。但囿于过去成功的经验所产生的思维定式,不同的社会群体和实体仍然试图通过树立榜样的方式来进行价值宣扬和道德教化,往往越是效果不佳,越是更加用力。但这些用力,往往事倍功半,甚至吃力不讨好,榜样与榜样教育的危机由此而生。

三、以偶像拯救榜样的谬误

鉴于偶像盛行且影响广泛而深入、榜样及榜样教育陷入危机,再加上偶像与榜样的近似性,有人就将拯救榜样的希望寄托在偶像身上,渴求以偶像拯救榜样。以偶像拯救榜样的思路有两个,一个是偶像榜样化,另一个是榜样偶像化。这样的思路确实很有魅力。如果走得通,榜样及榜样教育不但可以重新兴盛,偶像及偶像崇拜的危害也可以得到化解,可谓一举两得。问题在于,这个思路是否走得通?

有研究者以"理想化、幻想化、绝对化"来概括偶像的特征,以"相对化、理性化、现实化"来概括榜样的特征,认为这六个方面可以组成一个"偶像与榜样"的六边形。[①]先不论其对榜样的概括以及六边形是否成立,其对偶像的概括还是比较准确的。一句话:偶像就是人的神化,将人塑造成理想化、绝对化的神一样的存在,完美无瑕。对偶像的塑造往往是双向的:一方面,偶像生产者通过包装、打造、铺天盖地的宣传等各种信息灌输手段来神化选中的人,将其推上偶像的神坛;另一方面,偶像崇拜者也会加入神化偶像的机制之中,将自己的幻想投射到偶像身上,将偶像完美化,不接受任何对偶像的指摘。偶像生产机制所选中的被塑造对象,其自身品质如何并不重要,重要的是市场号召力。偶像崇拜者对偶像的自身品质到底如何,也是不予深究的,他们在意的只是偶像给予自己的情感寄托。偶像的双向塑造过程都有非理性特征。偶像生产者利用人的非理性,以非理性方式向目标人群推送偶像;偶像崇拜者以非理性方式建构偶像,以自己的非理性实现偶像的非理性完美。

与偶像对人的神化不同,榜样则是对人的道德优秀的认同。如前所论,从示范榜样、自然榜样、口传榜样到文学叙事榜样,甚至是群体或实体树立的榜样,都是对榜样自身道德品格的认同,只不过认同主体有所不同罢了。示范榜样与自然榜样,是榜样人物自身对道德品格的认同,即相信自身品质及其所蕴含的力量。口传榜样的认同者是口传者,而文学叙事榜样的认同者则是文学叙事的创作者。群体或实体树立的

[①] 岳晓东:《论偶像——榜样教育》,《中国教育学刊》2004 年第 9 期。

榜样，认同者是树立者自身。偶像崇拜是将偶像放上神坛来祭拜，并不渴求自身也成为偶像那样的存在。榜样认同则不同，是认同榜样所拥有的优秀道德品格，是想也成为榜样那样的人，将榜样神化，不符合榜样认同的本性。如前所述，有研究者以"相对化、理性化、现实化"来概括榜样的特性，很有道理，但似乎并不完整。榜样是现实的，也并不完美，更是人通过理性进行选择的；虽然在理性选择之中一定有情感认同，甚至是热爱，但榜样认同中的情感，与偶像崇拜中的那种非理性有本质不同，是一种心向往之、一种对道德优秀的渴望。

偶像与榜样的本性差异决定了二者的存在目的不同。偶像存在的目的是让人崇拜。崇拜（worship）总是与敬神相联系，是由对神的膜拜态度迁移到人的一种献身方式。人与人本来是平等的，崇拜是对这种正常关系的扭曲，让偶像高高在上，让崇拜者匍匐在地。人是群体动物，不能脱离他人而存在，人与人之间需要结成这样那样的关系，但无论是什么样的关系，都应该是以人与人之间的平等为基本精神。而偶像与崇拜者的关系，显然是人与人之间正常关系的异化。被他人崇拜本身就是一种"精神利益"，但偶像的利益追求显然不限于此。在过去时代，偶像人物借助他人的崇拜，实现对他人的精神控制与实际支配。在商业时代，偶像的目的已经转向财富，崇拜者是偶像收割巨额财富的"韭菜"——我们都知道，那些富得流油的偶像，其实都是靠崇拜者（"粉丝"）供养的。

与偶像以对精神与财富的追求为目的不同，榜样是利他的，自身没有利益要求。榜样以自身优良的品质或自然行事，或示范他人，都不是为了自身，而是为了他人。这种为了他人，不是以为了他人为借口试图去控制他人，而是以对他人道德自主的尊重为前提。也就是说，榜样与偶像不同，不是借助受众的非理性，而是激发他人的自主、理性与情感，视他人为有思考能力与道德追求的完整的人。从自然榜样、示范榜样、口传榜样到文学叙事榜样，都没有偶像那种精神利益追求，更没有财富利益目的。只有群体或实体所树立的榜样，有精神利益追求，即通过树立的榜样来传播群体或实体所倡导的价值规范，进而实现对群体或实体成员的道德教化。如前所论，也正是这种近似性，导致了榜样与榜样教育的危机。

认清偶像与榜样在性质上的不同之后，我们就能明了偶像是否能够榜样化、榜样是否能够偶像化。偶像榜样化，意为"化偶像为榜样"。第一，偶像是对人的神化，本身在道德上就是成问题的。对人进行神化，不符合诚实等道德规范。道德教育，包括榜样教育，不但要教人向善，还要以道德的方式教人向善。且不说偶像能否实现这一道德教育目的，偶像存在本身在道德上就是有疑问的，很难符合道德教育的第二条要求。第二，一旦去掉了偶像身上通过理想化、幻想化、绝对化而获得的光环，偶像本尊也许不是什么坏人,但多数在道德上并不那么优秀,没有做榜样的资格。即便是本来不坏的人,一旦被放到偶像的"神坛"上,在偶像光环笼罩下,有几个人能够自制而不膨胀?也就是说,做偶像的过程,其实也是一个心灵腐蚀的过程。一个人,能够经历偶像光环的熏染而又能保持本色,这在逻辑上和事实上都很难成立。从逻辑上看,一个人一旦愿意做偶像,就意味着接受了对自身的过度包装,就意味着愿意接受心灵腐蚀了。从事实上看,有太多的偶像在褪去偶像光环之后,本尊的人品是如此的不堪。偶像的"结局",要么是继续做偶像,要么是跌落神坛、形象坍塌。偶像被打破之后便不再是偶像,也绝没有资格做榜样。由此看来,偶像与理想化、幻想化、绝对化是一体的,且在本质上是有道德缺陷的,他无法转向榜样所要求的道德优秀,无法相对化、理性化、现实化。第三,无论是在生产者那里,还是在崇拜者那里,偶像都不是为了做榜样。偶像及其塑造者的目的不是为了追求道德优秀、不是为了教育他人,而是为了获取名利。他们往往会在道德上给自己贴金,但偶像所进行的道德包装,实际上是将道德作为一种工具。偶像崇拜者对偶像的崇拜,也不是为了道德学习,而是自身幻想与欲求的投射,是一种心理依赖和寄托。如果外力将偶像往榜样的方向转,偶像崇拜者往往会感受到双重冒犯,即对偶像的冒犯和对自身的冒犯。

偶像榜样化走不通,那榜样偶像化呢?这也是走不通的,其原理是一样的。榜样是道德上优秀,一旦偶像化,就是对自己道德优秀的违背。道德优秀,意味着能够正确对待自己,将自己神化是不可接受的。榜样对他人的影响,是以他人道德自主的尊重为前提。如果偶像化,就变成了让别人崇拜自己,这同样是不符合榜样的本性的。榜样只是有意或无意地做出道德示范,让他人由此学会道德思考,自己选择如何行为、如何做事,做什么样的人。偶像崇拜把榜样所遵循的这些原则都撇在一边,以非理性方式激发非理性的精神依赖。榜样如若走向偶像,那就不再是榜样,而是对榜样的违背。

榜样偶像化不仅于理不通,还有一个事实上是否做得到的问题。如前所论,前几种榜样都不具备偶像化的可能,或者说没有将其偶像化的主体。唯一可能走向偶像化的,是群体或实体树立的榜样,群体或实体可作为榜样偶像化的主体,也有将榜样偶像化的动机。问题是榜样一旦偶像化,就不再是榜样,就不再具有榜样的教育意义。更何况榜样很难偶像化,往往会变成"既做不成榜样,又达不到偶像标准"这样不上不下的尴尬状态。榜样与榜样教育的危机,其实就是将榜样偶像化的冲动所导致的榜样的人为性、抽象化、强制性。

四、结语:不受偶像诱惑,重归榜样本质

如果以上论证成立,我们就可以得出几点基本结论。首先,榜样及榜样教育的危机,内因在自身,偶像的抢夺与挤压只是外因。虽然被偶像分散了关注度,但示范性榜样、自然榜样、口传榜样甚至文学叙事榜样,在生活中依然存在并保持教育影响力。如果说有危机的话,那就是群体或实体树立的榜样,在偶像的抢夺与挤压下,其教育效力越来差。这种榜样的危机,根源不在偶像这一外在因素,而在这种榜样本身就是对榜样本性的游离。如前所论,群体或实体人为树立的榜样,有"类偶像化"的倾向,但又因为榜样本性的限定,在无法达到偶像程度的同时,又失去了榜样自身所应有的特征。在信息渠道多元化的时代,这种榜样的失落有其必然性。

其次,渴望以偶像拯救榜样的思路是走不通的。榜样与偶像看似近似,实则本质不同。正是这种不同,使二者的相互转化无法发生。偶像不能榜样化,偶像的结局只有两个,要么继续做偶像,要么偶像坍塌,榜样不是偶像的"中间状态"。同样,榜样也不能偶像化,偶像化是对榜样本性的背离,偶像化的榜样就不再是榜样。而且,偶像的生产有特殊的机制,即便是用足群体或实体的信息资源,也很难将榜样偶像化。

再次,偶像救不了榜样,榜样也无须偶像来拯救,能拯救榜样的还是榜样自身。如前所论,榜样及榜样教育的危机,其实只限于人为树立的榜样的危机。其他几种榜样,虽然也受到各种偶像的冲击,但依然都发挥着不可替代的作用。示范榜样、自然榜样、口传榜样,都是存在于生活之中的,可以称之为"生活中的榜样"。[①] 在生活中,父母、老师、其他成年人,如果他们行端品正,自然就会成为未成年人的榜样。在做"自然榜样"的前提下,我们对孩子的榜样示范才有说服力,才有资格做"示范榜样"。孩子认同了榜样,才会将榜样的事迹向其他人口耳相传,我们才有机会成为"口传榜样"。也就是说,在生活中,不是榜样教育这种方法有什么问题,而是父母、老师、其他成年人等作为教育者,是否达到了成为榜样的标准的问题。

在网络时代,人们的阅读碎片化,文学叙事榜样因此受到的冲击比较大。再加上在物质时代,人们的文学兴趣下降。在这种双重冲击下,文学叙事榜样可以说处于低谷期。但文学叙事榜样依然有走出低谷的可能。一方面,文学是人们不可缺失的精神营养,其慢慢恢复元气,并不是遥不可及的事情;另一方面,人们对道德优秀的需要与向往不会磨灭,品格优良者进入文学叙事作品是理所应当的事情。在过去时代,文

---

① 高德胜:《生活德育论》,人民出版社2005年版,第59页。

学叙事以印刷媒介为载体,从印刷媒介到网络媒介,文学叙事需要一个适应期。等磨合完成,文学叙事找到了网络空间存在的适当方式,文学叙事榜样依然有发挥作用的空间。

最后,在信息多元化时代,人为树立的榜样遭遇危机有其必然性。但不能因为人为树立榜样的问题,而去否定更为根本的其他类型的榜样及其教育功能,更不能希望以偶像的方式来树立榜样。在人为树立榜样这个方向上,反思比固守更为必要。当然,群体或实体,包括学校教育,都有超出直接生活传播榜样的需要。即便如此,我们也不能将需要广泛传播的榜样符号化、抽象化,而应该学习口传榜样、文学叙事榜样的长处,向这两种类型的榜样靠拢,在传播过程中保持榜样的生活性,以及讲究真情实意和艺术性。

Idols as Role Models or Idolized Role Models?
—Reflections on Role Models and Model Education Crisis in the Idol Era

GAO De-sheng

Abstract: In the current era dominated by idol worship, role models and model education face an unprecedented crisis. Resorting to idols as a means to salvage the concept of role models has emerged as a plausible alternative. Role models possess inherent virtues such as moral excellence, pure altruism, and respect for others' moral autonomy. In contrast, idols exhibit traits of self-deification, pursuit of both spiritual and material interests, and the craving for adulation from others. The notions of "using idols as role models" and "idolizing role models" are fundamentally flawed due to a misunderstanding of both idols and role models, rendering them ineffective in addressing the crisis. Idols cannot rescue role models, and role models do not require salvation from idols. By returning to the intrinsic nature of role models, model education can continue to thrive with vitality.

Keywords: idol role model idol era model education crisis

| 人才培养与教学改革 |

新时代生态文明教育的路径优化*

陈时见　杨　盼**

摘　要：生态文明教育是促进人与自然、社会和谐共生的重要支柱，是培养现代文明人生存与发展的必备素养，以及维系生态平衡的关键保障。从关键要素来看，生态文明教育的有效推进源于多方因素的共同作用，其中，在主体要素方面需要增强实施主体的生态责任，在客体要素方面需要培育社会公众的生态意识，在过程要素方面需要提高教育活动的实际成效。目前，生态文明教育的发展面临课程内容设置、组织机构协同、教师教育能力、教育评价监测等诸多方面的现实问题，需要进一步探索生态文明教育的发展路径，培育具有生态人格的现代公民，构建灵活多样的教育体系，打造多元主体协同的发展格局，营造规范有序的教育治理环境。

关键词：生态文明　生态文明教育　高质量教育　高质量发展

近些年来，全球环境问题受到越来越多的关注，使生态文明建设越发受到重视。生态文明教育作为生态文明建设的基础性工程，逐渐成为解决生态环境问题和提升国民生态素养的重要途径，不仅关系着我国生态文明建设的顺利实施，而且影响着社

---

* 本文系教育部人文社会科学重点研究基地重大项目"生态文明教育的国际比较与中国路径研究"（23JJD880002）的研究成果。
** 陈时见，教育学博士，西南大学教师教育学院教授、博士生导师，北京师范大学国际与比较教育研究院兼职教授；杨盼，西南大学教育学部博士研究生。

会主义现代化建设的全面推进。本文立足生态文明建设的战略背景,分析生态文明教育的关键要素,审视生态文明教育的现实挑战,探讨生态文明教育的发展路径,旨在为新时代生态文明教育的有效实施和高质量发展提供参考。

一、生态文明教育的关键要素

生态文明教育的顺利推进是多种因素共同作用的结果,其中,实施主体的生态责任为生态文明教育提供了发展基础,社会公众的价值取向为生态文明教育提供了关键支撑,教育活动的实际成效为生态文明教育提供了重要动力。厘清生态文明教育的关键要素,有助于生态文明教育的科学实施和高质量发展。

(一) 主体要素:增强实施主体的生态责任

生态文明教育的有效推进需要政府、学校、家庭和社会等不同主体的有效参与,从而使生态文明教育逐渐走向规范化、专业化与稳定化。首先,政府层面需要在生态文明教育领域出台专项政策、设立专门条例,并尝试将生态文明教育融入国家发展规划之中,以进一步凸显对于生态文明教育的重视与关切。[1] 在政策保障方面,不仅要加重生态文明教育的政策供给,而且还要编制较为具体和可操作的实施细则,以确保生态文明教育的推进与落实。特别是要在出台的相关政策文件中明确生态文明教育经费的总额或占比,根据整体发展规划设立生态文明教育专项经费,[2] 从而保证生态文明教育经费来源的稳定性。其次,学校层面需要开展规范有序的生态文明教育,并注重学校生态文明教育的品质建设,以不断提升学生的生态素养。一方面,学校要使生态文明教育的开展形式更加多元化,通过在基础课程中渗透生态文明教育、倡导体验式的生态文明教育方式等,使显性教育与隐性教育充分结合,从而高效传递生态文明教育的知识内容,达到预期的教育目标;另一方面,学校在实施与推进生态文明教育的过程中要有意识地提高学校生态文明教育的品质,通过优化相关课程设置、加强师资队伍建设,使学校在生态文明教育方面实现不断地改革与创新。再次,家庭层面需要推动生态文明意识与习惯的代际传递,通过营造重视生态文明教育的良好氛围,

---

[1] 黄宇、张丽萍、谢燕妮:《国际生态文明教育的趋势与动向》,《环境教育》2017 年第 11 期。
[2] 岳伟等:《生态文明教育研究》,中国社会科学出版社 2020 年版,第 181 页。

促进生态文明认识到生态文明实践的不断循环。[①] 一方面,要发挥家长的示范引领作用,家长在开展生态文明教育的过程中要以身作则,积极参加家庭内部以及社会组织的生态文明实践活动;另一方面,要营造浓厚的家庭教育氛围,通过浸润式的家庭教育,引发孩子对生态环境保护的关注,并自发将所学到的生态文明知识内化为良好的行为习惯。最后,在社会层面需要利用社会教育的优势,广泛开展生态文明知识宣传,不断加强生态文明教育资源开发,充分引发民众对环境和资源问题的重视,并逐渐养成良好的生态文明行为习惯。一方面,利用当下的主流媒体广泛开展生态文明教育宣传活动,使民众在耳濡目染的氛围中提高环境保护的自觉性;另一方面,加强展览馆、科技馆和自然博物馆等场所的教育资源开发和生态文化建设,使民众在这些场所中能够切身体验到深刻的生态文明教育。

(二) 客体要素:培育社会公众的生态意识

18世纪60年代以来,科学技术的发展导致了现代工业国家的产生。这种以工业化为核心的社会组织模式虽然带来了经济的增长与商品的丰富,但也急速加剧了地球资源的消耗以及生态环境的污染。现代工业国家的发展模式中深刻蕴含了一种技术官僚世界观,即将有机体和生命系统视为物质成分的有组织结构。在这种系统的机械论图景下,自然世界不再是一个受尊重的主体,而变成了一个被操纵的对象。[②] 工业化的社会文化范式及其相应的教育范式在可持续发展教育中占据重要地位。在这里,教育首先被视为有利于科学和技术知识的转移过程。在这种功利化价值取向的影响下,生态文明教育逐渐处于边缘化状态,并由此导致社会公众生态意识的薄弱。为避免这种功利化价值取向所带来的消极影响,必须加强生态文明教育,使社会公众普遍认识到自己的生态责任,并形成正确的环境价值观。一方面,要培养公众的生态文明意识。传统发展模式虽然带来了经济的增长和物质水平的提高,但也使人与自然之间的关系发生了质变,并由此出现各种生态问题。因此,需要使人们认识到生态危机所带来的巨大危害,并通过避免现代科学技术的滥用、改变粗放型的生产生活方式,实现经济、社会、生态三者之间的平衡与统一。另一方面,要塑造公众的生态文明行为。在严峻的生态危机面前,人们必须不断规范自身的生态责任行为,以维护自己和他人的生态利益。比如,通过转变掠夺式、挥霍式的消费方式,积极参与生态保护的社会实践,不断激发生态保护的自觉性。

---

① 黄丹、石秀秀、贺宇明等:《北欧四国生态文明教育实践与启示》,《河南师范大学学报》(哲学社会科学版) 2019年第6期。
② Grey W., "A Critique of Deep Ecology," *Journal of Applied Philosophy*, Vol. 3, No. 2, 1986.

(三) 过程要素:提高教育活动的实际成效

联合国教科文组织(UNESCO)在推进可持续发展教育过程中,不仅重视将可持续发展问题纳入教育内容,而且还特别重视教学方法的改进。在教育内容方面注重多学科融合,强调跨学科性对于理解可持续发展问题的复杂性至关重要;在教育方法方面基于多元主义注重不同的观点和价值观,强调可持续发展的技能和行动能力的发展。① 生态文明教育可以从国际可持续发展教育中获取有益的借鉴。为提升生态文明教育活动的实际成效,必须将内容和教学方法作为过程要素,并基于整体主义和多元主义的视角来推进生态文明教育。一方面,生态文明教育的内容应该是多维的,因为在现代意义上的"生态"强调经济、社会和自然环境之间的和谐。② 所以生态文明教育的内容建构应从经济、政治、社会和环境等多个领域出发,并从整体主义视角考虑领域之间的相互联系。另一方面,生态文明教育应采取渐进式和变革性的教学方法,并使用以学习者为中心的教学策略,以培养学生对于不同观点的批判性评价。因为从本质上讲,生态文明教育的根本目标在于促进学习,使学习者根据自己的观察了解世界,并培养为促进人与自然、社会和谐共生而采取行动的能力。

二、生态文明教育的现实问题

近些年来,我国积极开展生态文明教育的实践探索,取得了显著的成效以及独具特色的发展经验。但生态文明教育仍然面临诸多的现实问题,对这些问题的不同应答不仅会影响生态文明教育的发展质量,而且会在很大程度上决定着生态文明教育的发展方向。

(一) 课程体系较为单一,课程内容缺乏融合性

生态文明教育本质上是整体的和跨学科的,依赖于各种学科的概念和分析工具。而且任何单一的学科或者某一个领域都无法解决生态环境的现实问题。所以要将生态文明教育视作一项跨学科的综合性教育,对不同学科的内容进行合理整合,使生态

---

① United Nations Educational, Scientific and Cultural Organization (UNESCO), "ESD-Building a Better, Fairer World for the 21st Century," 2013-09-11, http://u4614432.fsdata.se/wp-content/uploads/2013/09/esd.pdf.
② 陈丽鸿编著:《中国生态文明教育理论与实践》,中央编译出版社 2019 年版,第 63 页。

文明教育的相关内容根植于整个课程体系当中。通过这种综合化的过程，才能够使学生从宏观和整体层面认识自然环境，理解不同领域与环境之间的相互作用，并找到解决生态环境问题的有效方法。

当前普遍存在的学科分化使得生态文明教育的相关内容只能以学科渗透的方式简单融入各个学科之中。这种"渗透式"的方式不仅削弱了生态文明知识之间的衔接性，同时也离散了学生对于自然生态环境的整体认知，①具体表现为教育内容的重复性和学科知识的碎片化。一方面，在分科模式下，许多生态环境领域的问题重复地出现在不同学科中，如能源问题在物理和化学中都有所涉及，资源问题在地理和化学中也都有所体现。另一方面，由于缺乏顶层设计和规划，生态文明教育的相关内容往往仅作为不同学科知识的延伸或附加，这使得生态文明教育的系统性被肢解，从而无法发挥其应有的作用。总之，由于课程内容设置的低融合性，使得生态文明教育无法突破学科、课程和专业的限制，难以有效覆盖并渗透到所有教学内容以及知识领域之中。②

（二）统筹协调较为薄弱，组织机构缺乏协同性

生态环境问题的解决应该是一个参与性的过程，即强调打破组织与部门之间的界限，让不同的利益相关者参与进来，以共同定义未来的发展愿景与实践策略。为推动这种协同合作的趋势，《21世纪议程》明确指出："需要由高层做出明确领导，并促进政府机构与正规教育部门、商业部门、社区和青年组织等主要利益相关者之间的合作。"③随后，《联合国2030年可持续发展议程》进一步强调："要在2030年及以后实现向可持续发展的系统转变，就需要采取集体行动，协调多个利益相关者，并在地方一级长期规划活动。"④

对于生态环境问题的整体性认识映射并指导了生态文明教育的开展，同时使生态文明教育成了一项全民性的系统工程。目前，随着党和国家对于生态文明教育的愈加重视以及人民群众生态文明意识的不断觉醒，我国生态文明教育已初步形成"政府主导、多方协同"的发展格局。但由于缺少有效的联动机制，不同组织机构之间的协同性仍有待加强，具体表现为参与主体较为单一、责任分配不够明确等。一方面，

---

① 岳伟等：《生态文明教育研究》，中国社会科学出版社2020年版，第185页。
② 蒋笃君、田慧：《我国生态文明教育的内涵、现状与创新》，《学习与探索》2021年第1期。
③ Smyth, J. C., "Environment and Education: A View of a Changing Scene," *Environmental Education Research*, Vol.12, No.3-4, 2006.
④ Kioupi, V. & Voulvoulis, N., "Education for Sustainable Development: A Systemic Framework for Connecting the SDGs to Educational Outcomes," *Sustainability*, Vol.11, No.21, 2019.

由于生态文明教育的相关知识多在课堂上进行讲授,因此学校通常被视作生态文明教育实施的主阵地,[①]这也在一定程度上影响了其他相关主体参与生态文明教育的积极性,并造成其他参与主体普遍缺失的现象。另一方面,参与主体的单一性进一步导致了主体责任不明确现象的发生。比如,在生态文明教育的组织实施过程中,政府作为生态文明教育的主导者和监督者,没有充分发挥其应有的统筹协调责任。

(三) 队伍建设较为滞后,师资队伍缺乏专业性

教师作为教育活动的主体,在生态文明教育的推进过程中起着至关重要的作用。格罗·H. 布伦特兰(Gro Harlem Brundtland)在《我们共同的未来》报告中指出:"全世界的教师应在传达可持续发展信息方面发挥重要作用。"[②]基于此,联合国教科文组织在《全球可持续发展教育行动计划实施路线图》中进一步指出:"要使教师帮助实现向可持续社会的过渡,他们必须首先获得必要的知识、技能、态度以及价值观。"[③]可见,教师要成为生态文明教育有效开展的关键推动者,其自身也需要具备相应的素养与能力。

生态环境问题具有多维性,涉及生物领域、社会领域和技术领域之间的相互作用,这不仅对于生态文明教育的开展带来了挑战,同时也对教师所应具备的综合素质提出了更高的要求,即教师需要掌握自然科学知识、社会科学知识以及计算机网络技术等。就目前的实际情况来看,有能力利用各种资源开展生态文明教育的教师还比较少,并且教师的生态素养还有待提升。一方面,专业教师资源较为稀缺。由于我国在生态文明教育方面的专业人才培养力度不足,所以目前学校的生态文明教育工作主要依靠一些非专业教师来完成;其中,在中小学主要由地理、自然和化学等学科教师兼任,大学主要由学生辅导员、思政理论课教师等进行推进。另一方面,教师自身专业素养缺失。当前,在国家的推动下,部分教师已经认识到生态文明教育的重要价值与意义,并开始尝试在所教授的学科中融入相关知识与理念,但由于缺乏系统化、专业性的训练,故而只能以延伸或附加的方式简单呈现一些零散的、碎片化的内容。

(四) 评价手段较为简单,教育评价监测缺乏有效性

联合国可持续发展教育十年计划(DESD)将文化与教育确定为七大关键战略之

[①] 汪旭、岳伟:《深层生态文明教育的价值理念及其实现》,《教育研究与实验》2021年第3期。
[②] McKeown, R., Hopkins, C. A. & Rizi, R., "Education for Sustainable Development Toolkit," 2002-07-11, http://kpe-kardits.kar.sch.gr/Aiforia/esd_toolkit_v2.pdf.
[③] UNESCO, "Roadmap for Implementing the Global Action Programme on Education for Sustainable Development," 2014-11-15, https://www.unesco.org/en/publications.

一,并建议联合国教科文组织"在地方、国家、区域和国际各级,为每一项倡议和计划确定合适的、相关的以及可衡量的指标"。① 在此背景下,一些国家开始尝试建立和完善生态文明教育的评价监测体系,以规定生态文明教育的具体内容和工作范围,及时发现相关工作开展过程中存在的问题,并为调整和部署下一阶段的工作提供有效依据。近些年来,随着可持续发展教育的实施与推广,越来越多的国家呼吁对可持续发展教育进行监测和评估,以展示可持续发展教育的成效以及对未来教育政策和实践的影响。

虽然在生态文明建设被纳入"五位一体"的总体战略布局后,我国关于生态文明教育的研究日益增多,但对其评价和有效性的研究却依然有待加强。从研究数量和研究质量来看,还仅仅停留在环境硬性指标评价阶段,对生态文明教育还缺乏系统完整的评价,尤其是对生态文明教育过程的评价更是较为缺乏。② 学术界的研究现状也反映了我国在生态文明教育的评价和监测方面所面临的挑战:一方面,评价与监测的内容多集中在环境保护等单一维度上,缺少对机构建设、师资力量以及学生生态文明意识养成情况的评价,所以无法综合评价生态文明教育的开展情况;另一方面,对于生态文明教育的评价主要依据学习者的自我汇报,③缺乏客观的、可量化的评价指标,因此难以反映当前生态文明教育的发展水平和实施效果。由此可见,制定有效的指标来评估生态文明教育的进展或以合理的方式对生态文明教育进行评估依然是一项非常具有挑战性的任务。

三、生态文明教育的行动路径

生态文明作为"社会和谐的高级形式",不仅是一个旨在实现环境可持续发展的政策和法律框架,同时也包含了社会政治和道德层面的共同愿景。④ 在生态文明的建设与发展中,生态文明教育作为重要的推动力量,发挥着不可或缺的作用。因此要将生态文明教育作为主流教育模式,并从教育目标、教育形态、教育机制和教育制度

---

① Leicht, A., Heiss, J. & Byun, W. J., *Issues and Trends in Education for Sustainable Development*, Paris: UNESCO Publishing, 2018, p.106.
② Ren, P., Liu. X. & Liu, J., "Research on Construction of Indicator System for Evaluation of the Ecological Civilization Education in Chinese Universities," *Cognitive Systems Research*, Vol.52, 2018.
③ 关成华、陈超凡、沈欣忆:《可持续发展教育的时代价值、实践绩效与未来展望》,《教育经济评论》2023年第1期。
④ Hansen, M. H., Li, H. & Svarverud, R., "Ecological Civilization: Interpreting the Chinese Past, Projecting the Global Future," *Global Environmental Change*, Vol.53, 2018.

等多方面着手,以贯彻落实生态文明建设的国家战略。

(一) 重塑教育目标:培育具有生态人格的现代公民

价值观念是人们心目中对于事物的相对固定的看法、评价或价值。在生态文明教育的推进过程中首先要帮助人们树立正确的价值观念,即通过帮助人们深刻理解人与自然、社会之间的关系,使人们明确自身的生态责任和义务,并转变以往的行为方式和生活方式。生态文明价值观的发展与形成需要塑造与其相适应的人格样式——生态人格。① 培育生态人格作为基于生态文明教育对教育目标提出的新要求,其核心在于促成人们"知""情""行"的有机统一。首先,要普及生态文明知识。普及生态文明知识是实施生态文明教育的基础与前提,只有掌握了一定的生态文明知识,才能为之后的意识培养和实践重塑提供有效支撑。生态文明知识的普及一方面需要在学校教育中融入生态环境保护的理念,帮助学生系统全面地掌握生态环境的相关知识,并基于真实体验探究自然万物的不同特性及其相互关系;另一方面需要通过社会宣传使人们了解当前生态环境问题的严峻性,并对恶性环境事件的成因及危害产生充分认识。其次,要培养生态文明情感。情感作为一种非智力因素,其总是伴随着人们的认识而发展,并对人们行为方式的选择起到决定性作用。对于生态文明情感的培养,有助于人们形成稳定性的生态责任感,主要包括不会因外部条件的变化而发生动摇的生态观念和生态行为等。因此需要重视生态文明情感的培养,通过加强教育者与被教育者之间的情感交流,并采用生态文明游戏教育法、音乐教育法、田园教育法等方法,②促使生态文明成为人们的道德自觉。最后,要促进生态文明行为。生态危机的产生与人们不良的生产、生活方式密切相关。生态文明教育要培育具有生态人格的现代公民,不仅需要使其具备生态文明知识与生态文明情感,还要要求公民在生产、生活、消费方式等方面采取积极的行动,如在生产方式上探索创新环保的先进技术、在生活方式上养成节能减排的生活习惯。

(二) 重构教育形态:探索生态文明教育的实施模式

模式作为理论与实践之间的中介环节,兼具理论与实践的内在特征,既具有指导性也具有可操作性。因此,可以将模式作为一种可参考的操作规范,以帮助人们更好地完成实践任务。从课程和教学两个方面探索生态文明教育的模式,可以进一步提

---

① 陈琼珍:《生态人格:生态文明制度的完善路径》,《广西社会科学》2013年第11期。
② 陈士勇:《新时期公民生态文明教育研究》,湖南师范大学出版社2018年版,第156页。

高相关活动开展的针对性与可操作性,从而满足不同群体的教育需求,达到预先设定的教育目标。首先,在课程模式方面需要探索多样化生态文明教育模式。一是跨学科模式。鉴于可持续发展议程的广度和相互关联性,联合国教科文组织提出了采用跨学科方法进行可持续发展教育的必要性,如"应在整体和跨学科的背景下调整现有教育方案,纳入更多与可持续性及其三大支柱(社会、环境和经济)相关的方面,教师也应将可持续性问题纳入课程";"没有一个学科可以自称为可持续发展教育,但所有学科都可以做出贡献"。[1] 为适应生态文明教育的跨学科特征,需要在生态文明教育的相关课程中融合多元的学科视野,提高学生运用多学科知识解决生态环境问题的能力。二是专题教育模式。在专题教育模式推进中需要制定周密的教学计划,因地制宜地开展教学活动,以真正发挥其价值和功能。三是综合实践活动模式。落实综合实践活动模式,需要将课堂场所转移到真实的自然环境中,通过鼓励学生开展自主探究学习,从而深化学生对于生态文明相关知识、实践能力的掌握。其次,在教学模式方面需要探索多种教学方式,增强生态文明教育的实际成效。一是充分利用网络新媒体技术(包括短视频、VR技术以及网络直播等),打破传统教育中人数、地域和时间的限制,扩大生态文明教育的覆盖面,助推生态文明教育进入发展的快车道。二是邀请生态文明教育相关学科的专家学者定期到学校开展科普讲座和组织实践活动,以增强学生爱护生态环境的意识,树立"人与自然和谐共生"的价值观。

(三)创新教育机制:打造多元主体协同的发展格局

麦基翁(McKeown)等人在《可持续发展教育实施指南》报告中指出:由于可持续发展教育是一个终身的过程,因此正规和非正规教育机构应该共同努力,以实现当地的可持续发展目标。[2] 可见,多元主体协同早已成为推进可持续发展教育的重要理念。生态文明教育作为较可持续发展教育更高层次的教育形式,[3] 涵盖了多元主体协同的发展理念及其相应的发展机制。协同机制无疑是生态文明教育有效实施的重要保障,事实上在长期以来的生态文明教育实践中,由于缺少有效的联动机制,各部门单打独斗现象较为明显,生态文明教育合力也难以形成,严重影响了生态文明教育的实际效能。首先,创新生态文明教育的发展机制,就是要通过引入"全机构模式"

---

[1] Annan-Diab, F. & Molinari, C, "Interdisciplinarity: Practical Approach to Advancing Education for Sustainability and for the Sustainable Development Goals," *The International Journal of Management Education*, Vol.15, No.2, 2017.

[2] McKeown, R., Hopkins, C. A. & Rizi, R., "Education for Sustainable Development Toolkit," 2002-07-11, http://kpe-kardits.kar.sch.gr/Aiforia/esd_toolkit_v2.pdf.

[3] 徐洁:《生态文明教育的内涵、特征与实施》,《现代教育科学》2017年第8期。

(Whole Institute Approach)来扩展生态文明教育的实施主体,加强不同组织机构之间的协同合作,并在参与过程中明确不同主体的责任与义务,以打造注重多元参与的生态文明教育发展格局。其次,要凝聚生态文明教育的发展合力。生态文明教育是一项涉及多个领域的宏大事业,需要在不同组织部门的统一整合下进行,仅依靠单一主体的力量很难取得显著进展,这就要求在实践推进中凝聚多方力量并形成建设合力,以保障生态文明教育的高质量发展。一方面,不断扩展生态文明教育的实施主体,吸纳企业、非政府组织、私人团体等利益相关方参与到生态文明教育的推进工作中,以构建全员、全方位的教育格局;另一方面,建立共同的发展目标和良好的沟通渠道,并通过资源共享促使生态文明教育的不同参与主体都能够采取积极的行动,以凝聚发展合力、发挥联动效应。生态文明教育作为一项系统工程需要在推进和落实过程中明确不同参与主体的责任边界,强化不同参与主体的责任意识,以保障生态文明教育的各项工作落到实处。

(四) 完善教育制度:营造规范有序的治理环境

制度是维系一个社会组织有序运转的必要条件,也是规约组织内部不同行动者行动的强制性规则。在生态文明教育领域应加强相应的制度建设,营造更加规范有序的治理环境,以提升生态文明教育的实施成效,并推动生态文明教育走向规范化发展。第一,建立规范的管理制度。规范有序的管理制度能够使生态文明教育摆脱盲目性和随意性的实践困境,使生态文明教育的各项工作得以高效开展。在管理制度的建设中一方面需要加强生态文明教育的顶层设计,通过编制生态文明教育的指导纲要,明确生态文明教育的战略目标与实践路向;另一方面要建立专门的生态文明教育管理机构,以理清不同组织部门的职责权限,确保生态文明教育能够有条不紊地进行。第二,建立科学的评价制度。当前在生态文明教育领域开设的活动日益丰富,但对于活动开展的成效却鲜少有人关注,这对于了解生态文明教育的实际进展以及改进生态文明教育的实施方案带来了极大阻碍。因此需要建立科学合理的评价制度,以确保生态文明教育的开展成效,即通过制定系统完整的评价指标,采用立体多元的评价方法,准确把握各项生态文明教育项目的综合质量和实施程度。第三,建立全面的保障制度。生态文明教育的持续推进需要完善的法律体系、充足的资金保障以及高质量的教师队伍等条件的支持。其中在法治保障方面需要在《宪法》《环境保护法》《教育法》等的基础上,出台国家层面的生态文明教育法律法规,以明确生态文明教育的重点任务和实施标准,确保各项教育要求落到实处;[1]在经济保障方面需要加大对

---

[1] 黄娟:《加快推进我国生态文明教育现代化》,《教育发展研究》2019 年第 12 期。

于生态文明教育的投入力度,建立健全生态文明教育专项资金投入渠道,同时出台严格的资金使用管理办法,以推动生态文明教育实现持久深入发展;在队伍保障方面需要通过开展多样的专业培训活动,以多种渠道吸纳相应人才,加快建立一支具有生态文明素养的卓越教师队伍。

The Path Optimization of Ecological Civilization Education in the New Era
CHEN Shi-jian, YANG Pan

Abstract: Ecological civilization education is an important pillar to promote the harmonious coexistence of man, nature and society, and is the essential quality to cultivate the survival and development of modern civilized people, as well as the key guarantee to maintain the ecological balance. From the perspective of key elements, the effective promotion of ecological civilization education originates from the joint action of many factors, among which the subject elements need to enhance the ecological responsibility of the implementers, the object elements need to cultivate the ecological awareness of the public, and the process elements need to improve the actual effectiveness of educational activities. The current development of ecological civilization education still faces many practical problems in terms of curriculum content setting, organizational coordination, teachers' capability of instruction, educational evaluation and monitoring, etc. Therefore, it is necessary to explore the developmental trajectory of ecological civilization education, foster modern citizens with ecological personality, build a flexible and diverse education system, create a development pattern of multi-subject coordination, and create a standardized and orderly environment for educational governance.

Keywords: ecological civilization ecological civilization education high-quality education high-quality development

从"形具"到"神生"

——通识教育课程建设的阶段及其质量评估要点[*]

陆一 林珊[**]

摘 要：通识教育改革为中国现代大学建设注入了人文精神与理想主义。在以专业化为基本建制的现代大学，通识教育的存在形式体现着大学在育人育才方面的自觉自律，也考验着大学积淀的精神传统和潜在的文化凝聚力。通识教育的建设难点并不在于理念的宣扬、制度的构建、课程的配备等方面；它不只是某些非专业教育要素的集合，其教育质量也不能为课程量和学分量所界定，因而大学通识教育评价的难点在于如何突破形式评价而深入到实质评价。本文根据长期的经验研究，讨论了通识教育两个建设阶段的具体表征——大学通识教育如何从"形式具备"进阶到"精神生成"。

关键词：通识教育质量 形式评价 实质评价 大学精神

在新时期，重建中国大学的通识教育是一项艰巨的事业，这是我国高等教育走出"苏联模式"后建立中国特色现代大学理念与制度的必要环节。对所有追求"一流大学"建设或注重本科教育的中国高校来说，如何理解和实践通识教育都是绕不开的问

---

[*] 本文系全国教育科学"十三五"规划课题"中国大学通识教育建设成效分类评估研究"（CIA190274）的研究成果。
[**] 陆一，教育学博士，复旦大学高等教育研究所副所长、研究员、博士生导师；林珊，复旦大学发展规划处副科长。

题。通识教育没有统一的规格、方案与模式,每一所大学都要摸索自身通识教育的出发点、改革目标和路径。当我们观察和评估一所大学的通识教育改革过程与成效时,既要鉴别其改革的深度和力度、优长与不足,也要尊重大学的独特性与差异化的类型定位。通识教育不只是某些非专业教育要素的集合,其教育质量也不能被课程量和学分量所界定,大学通识教育评价的难点在于如何突破形式评价而深入到实质评价。

美国教育历史学家亚瑟·M.科恩(Arthur M. Cochen)曾说:"在大多数美国高等教育中,通识教育是一个崇高的理想,但实际上却停滞不前。"[1]我国大学轰轰烈烈的通识教育改革也同样存在搁浅的危机。在早期阶段,由于过去的本科教育存在结构性缺陷,只要大学领导层拿出改革决心,通过设置课程与学程、更新培养方案、提出学分要求、开办讲座、出版读本教材等,通识教育就可以达到形式上的完备,这是多数院校都能做到的,所取得的成绩也容易为外界所认知。但其面临的挑战在于,如何在看似相同的通识教育教学形式之下深化内涵、实现整合、变换面貌、形成积淀。只有真正促进学生精神气质的转变,使本科教育面貌焕然一新并形成新的传统,才能说通识教育产生了效果。我国大学的通识教育改革都会经历一个"从形具到神生"的过程,这就要求我们的评估必须设法识别出其不同的阶段及其层次差异。

一、通识教育改革的院校评估框架

在学术界,通识教育已经得到了大量讨论,我们吸收了诸多前期学术成果,试图使这些学术成果更具有实践应用价值。具体而言,针对一所院校的通识教育改革,我们设计了从"形具"(形式具备)到"神生"(精神生成)两个阶段的评估框架和观测要点。

形式具备阶段的评估可以通过检阅院校的相关文本资料与开展管理层访谈来实施。文本资料包括通识教育改革方案、行政文件、典型的本科培养方案、课程与学分设置、师资情况、教学大纲与相关教材等。管理层访谈能够在上述文本资料之外提供更多院校层面的教育理念、改革力度与推行过程等信息。这一阶段的评估点有四个方面,每个方面根据实际情况还可以区分出水平高低,相应的具体观察要点与评价理由将在下文详述。

---

[1] Cohen, A. M. & Brawer, F. B., *The American Community College*, San Francisco, CA: Jossey-Bass, 2008, p.374.

精神生成阶段的评估则要关注到"人"，主要是教师与学生，因此开展较大量的学生调查与师生访谈是比较可靠的途径。同时，学校的改革历程也值得留意。精神生成主要体现在融合了通识教育的本科教育目标是否深入人心，以及师资队伍的整体风貌与教学水准。归根结底，通识教育必须使学生的内在精神发生质的转变。对此，我们可以运用相应的教育测量手段和访谈来揭示。

两阶段的划分并不意味着只有在形式具备阶段做得面面俱到后才能进阶到较高阶段，大学通识精神的凝聚，可能在较早阶段就已经开始。在个别大学，尽管形式上、制度上的条件还不能充分满足，但大学通识精神已经在部分师生身上以及大学的文化氛围中显露出来。因此，我们认为形式上、制度上的保障仍有必要，作为现代大学制度的一环，尤其是在进入高等教育大众化和普及化阶段后，在大学越来越融入社会的背景下，那些人文理想更需要得到制度的维护和传承。当然，更多大学的通识教育建设过程还是沿着"形具而神生"的路径展开。目前，我国绝大多数大学的通识教育都处于前期阶段。

下文列出的评估观测点来自对先驱大学经验的提炼，它既能作为评估工作的依据，也能对大学通识教育的建设过程起到提示和预警作用。这些观测点并没有覆盖大学通识教育的所有方面，我们仅择要取之，以尽可能避免因评价导向而使院校通识教育失去个性特色，也不希望给高校造成评价性负担。出于这一考虑，我们将评估框架的主体落实在通识课程上，不涉及非正式课程或书院寄宿制生活与活动等。我们认为正式课程仍然是大学教育中最具力度的环节，通识教育从"形具"到"神生"之间存在丰富多样的教育活动空间，课程之外的各个环节所起的作用终究会体现在"神生"的表现之中。

二、"形式具备"阶段的评估观测要点

（一）领导人物的推动力

大学的通识教育改革通常由注重本科教育的校级主要领导发起。由于改革牵涉全校各专业院系、学制与培养方案乃至学生工作，并且会遇到种种阻力，若仅依靠行政中层的力量，往往很难推动。校级主要领导不仅要倡导通识教育理念，而且要给予充分的通识教育行政资源，并物色合适的项目领导。

通识教育改革的项目领导通常有两类，第一类是从事人文学术教学和研究并具

有超学科人望的资深教授;第二类是熟悉校情,具有丰富行政经验的中层管理人员。一般情况下,前者的工作会得到行政人员的支持,如果前者同时也具备后者的履历和素质,那就是更理想的情况;如果后者没有过硬的学术背景,则还要物色一位或多位学者形成团队或委员会,才能在推动通识教育改革时更有底气。

除了领导人物,行政制度的支持也是重要的助推力。大学管理有两个层级,教师的人事关系和绩效评价总是由二级单位来具体落实,通识课程教学管理工作必须考虑到这一特点。尤其是通识课程的建设或启动经费以及日常教学经费,虽然它不是决定性资源,但其总量会与其他课程形成对比,折射出大学管理层的意志,其分配方式又会牵连到二级单位和院系的态度。有的大学会将通识课程教学工作量加倍计算,有的则会打折;有的大学将工作量绩效直接分配到教师个人,有的则分配到院系后,再由院系自行决定具体分配方案。这些管理细节都会直接影响到教师教学的态度,因而也是评价中的要点。

(二) 课程结构与学分制度

第一个问题是大学对通识教育课程的范围设置和质量定义。在最宽泛的界定下,所有非专业课程都被纳入通识教育课程之中,如体育课、外语课等。第二个问题是思政课程是否归属于通识教育课程,对此往往存在不同的做法。宽泛的通识教育课程界定将使形成中的通识教育理念趋于松散和模糊,较精细的范围划分则有利于树立通识教育的严格标准。更重要的是大学是否推出通识教育的标杆性课程,并且每位学生是否都会修读。如复旦大学的核心课程、武汉大学的经典导读课程,这类课程的长期存在与优良口碑将给学生留下"通识教育"应该是什么样的范本,并在校内师生之间形成维护通识教育质量的共识。

在确认通识课程质量标准的前提下,符合质量标准的通识课程在本科学习中的结构,如学分数占比、课程之间的关联、课程群所构成的整体,以及学生修读课程的选择自由度等,是一个必须关注的重要问题。

学分数占比的多寡一目了然,多数大学在4—6门或8—12学分的通识课程量上找到了平衡。我们注意到了不同专业教育在学分数上的差异——大多数工科、医科的专业学分数要求高于人文社科类专业。而通识课程的学习内容通常与人文社科更相近或相通,很少能对工程技术类的学习产生直接助益。在实践中,专业教育与通识教育的紧张关系将持续存在,但通识课程不能以质量或数量上的妥协来缓和两者的紧张关系,而必须以扎实健全的通识课程与教学来赢得尊重。

通识教育的课程结构十分重要。我们曾归纳提炼了理念主义和经验主义这两种课程建设路径,它们在实践中往往以其一为主而相互结合。从理念出发的通识课程构建将更具有体系性,更符合通识教育理想,但大学不可能脱离现有的资源条件。从评价的眼光来看,课程群是否体现了本校通识教育的思想理念是第一个观察点,在理念支撑下的课程内容及其结构统整性则是第二个观察点。

通识课程并不是通过与专业课程等量齐观的教学效果来发挥作用的,而要以点带面,触类旁通,具有启发性。在理想的通识课程结构中,学生修读每一门课程都能开辟全新视野,课程之间又能互相支持,帮助学生构成某种稳健的整体性认识。课程结构要让学生既有"获得感"又有"未知感"。随着已知边界的拓展,学生所能感受到的未知空间也会同步扩大。对未知的自觉,不仅为学生进一步求知提供内驱力,而且能使他们更好地将涌现的新知纳入自己的思想体系,从而恰如其分地把握已知内容。

通识课程的统整性、修读的规定性具有不可取代的教育价值,它能为学生群体打下共同的阅读与思想基础,有助于同辈之间相互学习、深入切磋。在此前提下,要尊重学生的个性与兴趣差异,给学生一定的选修自由,但是要注意避免由此带来的消极影响。有时候学生会出于回避困难挑战、贪图给分高等因素去选择一些"水课"。针对这种情况,一是要扎实建好每一门课程,使学生可选范围内的通识课程没有"水课";二是在课程管理与评价中,要弱化学生偏好与否、选修人数多寡等因素的权重,以规避通识教育中易发的"劣币驱逐良币"效应。

(三) 师资队伍的形成

相对于本科生规模与大学体量而言,缺乏足够的通识教育师资是我国高校普遍存在的问题。一般来说,通识教育师资的专业背景主要以文科基础学科为主。目前,除了国内极少数人文学科比较发达的综合性大学外,几乎所有高校通识教育的授课教师都明显不足。不少理工科见长的高校虽然拥有一定数量的社科类教师(如经济、管理、公共管理),但他们仍不足以成为通识课程的最主要师资。同样的情况也发生在行业特色鲜明的高校和应用型高校之中。如何解决这一问题?通过调查,我们发现了以下几种解决途径。

一是新办或扩建现有人文学科。有些高校为了及早组建通识教育师资队伍,往往在人才选聘时侧重于教学和授课,特别是给外专业学生讲授通识课程,而不那么强调教师的科研成果。目前这虽然是一个积极有效的办法,但从长期来看,还需要进一步地改革以调整定位。因为对人文学科院系来说,其专业研究实力仍然是非常重要的,否则它在校内就会沦为非科研的教学型院系,其地位会与"大学英语教学部"之类的纯教学组织趋同,日本大学的"教养部"便是前车之鉴。对于优秀的青年教师来说,其专业化发展也需要得到学术共同体的承认,承担过多的通识教育课程授课任务可能对其专业发展带来一定的制约,从而导致教师的流动性增加。

二是诉诸校外聘用教师,或者使用从外部购买的在线课程。这一做法常见于新建的小规模理工科高校,能够促进这类高校的通识教育快速起步。但外包的教学会使通识教育效果大打折扣,它只能在形式上满足开课需求,增加学生的一些知识涉猎,而无法实现改变学生心智和习惯的教育目的。一种现实可行的办法是,通过先期外包来培育自己的教师,这使本校教师通过学习既有的外来课程,打磨教学,最终接手。如果一所大学通识教育的主体部分长期外包,就很难谈及质量。

三是通识课程的轻量化。其实,那些以理工科见长或行业特色的大学,并不需要达成与综合性大学同样规模和力度的通识教育。如果接受这一点,这些大学便可以立足自身人才培养定位来重新设计课程结构。我们看到,有些大学已做出了有效尝试,如在通识教育内容宽度上做出取舍,精心打磨一两门全校通识课程,这些通识课程通常以中国或西方文明为核心,并不提供系列选项;又如在能力训练上做集成,将原本要通过多门课程开展的阅读、思辨、写作练习,浓缩在一门"集大成"的写作课中。还有高校用系列讲座课程、翻转课程等方式来减轻教师的个人投入等。这些创举在整体上能够轻量化地达到适合本校定位的通识教育,但每一种具体课程都需要有开拓性的教师来承担。

(四)师资的质量

在师资相对满足需求的综合性大学,重要的评价点是通识课程教师的开课动机、稳定性以及他们的学术威望。

在一些大学,通识课程教师普遍比较年轻,资历较浅。由于新教师在院系内很难取得专业课程的授课机会,他们为了完成教学工作量,开设了准入门槛较低、缺乏质量监督的通识课程。在这种情况下,通识课程便出现了"先天不足"的问题,很难得到师生重视,也不容易提升质量。

另一些大学则采取邀请制,这能逆转前述不利,使通识课得到重视和尊重。邀请制的实施,源自管理层对教学的重视,确保了通识教师具备较高的学术威望。其中,教务行政人员发挥了重要作用。在邀请制下,他们不仅仅审批开课申请或者分配教学任务,而是要去物色、打动并说服教师,与之开展积极有效的教育理念对话。这些教师愿意开课,并非为了工作量,而是出于认同和受到的尊重,这是通识课程质量的最重要保障。在邀请制运行顺畅的大学,我们都能找到至少一名具有相当能力的行政人员。

再者,一名教师开过几门通识课程,与一名教师每年连续开课,将一门通识课程讲了十年以上,这是完全不同的水平。只有稳定持续教授的通识课程,才能沉淀为大学通识教育的一部分,也才能达到堪比专业课程的教学质量。因此,在邀请制下,教师是否能够长期连续开课,是一个重要的观察点。

(五) 教学内容与教材

大学课程的名称并不足以呈现其实际教学内容,仅凭课程名称列表也无法评价通识教育的质量,至少需要察看其教学大纲。基于对 300 多份教学大纲和大量的课程教学体验学生调查的对照研究,我们认为,教学大纲中最具价值的内容点涉及两个方面:第一,这门课究竟教什么;第二,它对学生提出了怎样的学习要求。第一个问题通常以经典作品、参考读物或教材章节来体现;第二个问题则体现在平时课前课后的学习要求,以及课程考核要求之中。如果一门通识课程周详地考虑到了针对学习的设计,对作业与考核也能给出比较明确的标准,那么它将显著提升学生的学习体验与学习收获。此外,在教学大纲的基础上,一些建设力度较大、内容较为成熟的课程还会编制读本与教材。

值得一提的是,针对以上教学内容相关的评价都离不开专业学问的支撑。我们始终认为,大学通识教育是建立在专业性基础之上的教育,不可能通过回避专业标准、迎合学生而取得成功。相对而言,教授的内容"过于专业"是个较小的问题,是否成为一个问题,取决于学生的领悟力;但教授的内容"不太专业""显得业余"则是一个较大的问题。个别教师将自己未经专业同行检验的个人业余爱好拓展为通识课,认为通识课是为了提供丰富多彩的业余兴趣,这显然是对通识教育立意的误解。

三、"精神生成"阶段的评估观测要点

大学通识教育改革要达到较高的质量水平,不能只是在名义上被官方措辞接纳、在制度上嵌入本科培养方案、在形式上具备种种教学环节,重要的是在实践中积聚起统一的精神气质,它不只是各种教育要素的加入,而且要为整个大学注入一种健全的灵魂。纽曼(John Henry Newman)在描述理想的大学图景时曾说,"它会带来活生生的教育,随着时间的推移,它会形成一种生生不息、自我发展的传统,或者会形成一个所谓的'人才汇聚地'。这种教育一经诞生就不易挥去,就会一个接一个或多或少地

影响并造就不断被送入其中的每一个人"①。

(一) 通识教育理念渗透本科教育

如何衡量某所大学对通识教育理念以及"通专融合"的培养结构产生了实质性认同？我们发现的重要表征是，这所大学的通识教育理念及其基本框架并不依赖于大学领导人的决策，通识教育已经不是某一轮改革的产物，而是稳固地扎根在本科教育之中。这意味着对于新加入者而言，不论是学生还是教师，甚至管理者都受到通识教育理念的熏染，自觉自愿地成为其中一部分。

以复旦大学为例，自2006年启动通识教育大讨论、构建通识核心课程以来，学校领导经过了多次更迭，通识教育委员会的领导也有更替，但通识核心课程的模块结构以及它在本科教育中的位置始终没有大的变化，有的只是在现有框架下的不断优化和深化。又以北京大学为例，自由学习、跨专业选修课程的风气在其通识教育改革正式启动之前就已盛行，以至于在很多情况下，其他专业的课程会成为另一种形式的通识课程，其双学位、学科交叉项目具有普遍接受度。这些教学和学习上的自觉自发性，已并不取决于领导意志或制度约束。

(二) 通识教育内容实质化

在大学里，通识教育理念要得到承认并非难事，难就难在如何回答"学生应该学什么"这个问题。事实上，即便在以发达的通识教育著称的美国大学，这个问题也越来越难以回答。过去已经习以为常的答案放到今天，不仅可能引起种种反对和争议，甚至会涉及"政治正确"的禁忌。抛开美国面临的文化危机不论，在日本乃至其他注重通识教育的高等教育发达国家，"学生应该学什么"也不是一个容易应对的问题。在学习民主化、自由化，以及"以学生为中心"的观念席卷全球的背景下，教育者越来越丧失教育权和文化威信，他们只能转而用具有实用主义色彩的"通用技能"或者自由选修来避实就虚地回避规定教育内容，这恐怕是通识教育空洞化的重要原因。但为通识教育设定内容、提出什么是"上过大学的人都应该学过的"内容，是教育者义不容辞的责任。

对通识教育内容的质量水平，可以从以下三点进行观察评估：一是体现现代大学对所在文明传统和当前世界的责任；二是连接经典性文本与现代社会生活经验，而不是偏于一方；三是从学科中心转轴为以人的成长发展为中心，使不同学科的知识、视

---

① 约翰·亨利·纽曼：《大学的理想》，徐辉等译，浙江教育出版社2001年版，第67页。

角和方法都汇聚到对"人"的基本问题上,以适合没有深厚专业基础的学生学习。

在这里,我们并非刻意忽视学生的学习兴趣与热情,只是想强调,学生不应该用选择权去换取学习兴趣。其实,通识教育的学习兴趣并不是一个选择问题,而是人的素质问题。对上述内容感兴趣的程度,本身就能柔性地筛选出优秀的学生,而更多学生将受到求知氛围的熏染。通识课程内容必须呈现出相当紧凑、凝练的完整性和文明归属,而不是放任学生去任意拼凑学分。在教学过程中,积极有效地向学生传达学习内容的意义以及学习的责任所在,便体现了一所大学在通识教育上的足够自信。

(三) 从专业课到通识课的自如转化

成熟的通识课教师,首先是成熟的专业学者和教师。在通识课程教学方面,他能自觉、自如地完成转化。通识教育所要求的教学转化,对人文学者和其他专业学者而言有所不同。

对人文学者而言,其专业课本身就不会脱离经典作品展开,其专业教学也要借助对伟大的作品的仔细分析,而涉及对所有人而言同样重要的那些人文主题的重大议题,这些内容和教学方式本身就是通识的。需要教师进一步思考的是,面对今天的学生、面对当今社会,教师自己熟悉的经典在当代青年人的教养结构中具有怎样的意义;如何将古老而又经典的问题和对问题的思考体会方式,真正带到今天的学生面前,使学生能够进入历史(而不是在原地)来欣赏、体悟我们的文明,乃至从我们文明的上游汲取今天生活的意义,以获得安身立命的教育。在这个过程中,教师未必一开始就能统领全程,而是要通过教学互动,从学生那里获取启迪,通过一个又一个学期的教学,领悟通识教育对现代中国文明与文化建设的意义和使命。

对其他专业学者而言,从专业教学向通识教学转换的要点,在于了解和把握非本专业学生的兴趣切入点。激起求知热情是通识课程教学的关键所在,整个教学设计要以此为中心才能起到效果。通识课程的教学目标,不同于专业课程注重的"应知应会",而在于以点带面地激发兴趣和开启门径。因此,娴熟的教师能够把握什么是对非本专业学生最有教育影响力的知识及其表达方式。此外,通识课程教师面对的学生多样性更高,在教学中判断与教师过去的经验发生出入的情况也更常见。有时,在同一个学期,教师讲授的一门通识课同时在两个班级开设,教学效果会有明显差别,这正是由于学生群体的不同所造成。例如,一个班的选课学生会集中在某专业,另一个班的选课学生则集中在别的专业。在这种情况下,执行通识课程的统一教学计划未必奏效,在教学互动中生成的教学方案可能更理想。这就要求教师在每个教学周期都要更加注重学生的反馈,富有弹性地实施教学。

(四)教师的学问面貌更开阔

"通识的学问""通与专的融合",这些理想的教育目标如果不能首先出现在教师身上,那么就很难要求学生达到。这就是说,理想的教育目标必须首先经由教师自身的领会和转变,然后才能抵达学生,这正是任何教育教学改革都面临的难点。目前,在大学任教的绝大多数教师大都以专业立身,他们所受的高等教育都是高度专业化的,也因其专业水平而在大学中得到职位。教师从接受通识教育理念,到能够将其转化为自己可驾驭的课程教学,绝非一蹴而就,而是需要丰厚的学问积淀。除了人文学科,其他各学科的教师在真正能够上好一门通识课之前,都要扩大阅读面,回到"起点"重新看待自己的专业领域。这个"起点"既可以是知识分化的起点,也可以说是为了造福人类文明,各专业领域探索求知的归结点。通常研究学科史和与社会问题相关的专业问题会带来帮助。人文学科教师开设通识课往往采取经典导读形式,他要设法将经典的丰富内涵与深邃思考带给学生,要避免用单一的学科视角来裁剪经典。

长期的通识课程教学将促使负责任的教师开展"两种对话",一是与当前学生所关心的问题对话,二是与自己专业所关心的问题对话。理想的通识教育必须在没有该专业志向的学生身上孵化出与该专业相关的素养。于是,他的学问将因持续不断的"两种对话"变得更加通达,他将能从通识教育的立场反观自身的学术道路与学问根基,甚至自己的专业学术工作也会从中受益。在一些个案中,交叉研究创新的发生也与此有关。

(五)全校性名师名课的荣誉与传统

在全校范围内形成名师名课的荣誉传统,就是说大家普遍认为能够担当通识课程的教师都是学问做得好、教学水平出色的教师。更有甚者,通识课名师会成为大学文化和校园传说的一部分,名师的个性品位与学养风范会为大学记忆增添极富魅力的色彩。于是,不同专业、不同届别的同学校友,会因为上过同一位名师的通识课程而形成相互连接,并强化对母校的认同。反过来,学生会因为没有上过某位名师的课程而感到大学生活体验中的某种缺憾。

制度化的通识教育不止仰赖名师,上好每一门课程同样重要。这事关通识教育的学问尊严。优秀教师如何处理学习材料、如何将具有专业色彩的知识内容转化为适合通识教育目标的教学与学习设计等问题,应当得到交流探讨,并形成文字,在校内达成一定的质量共识。有了这些模范,申请开课的教师就能得到实质性的教学支持,如优化课程大纲、调整教学目标、教学内容择取、对学生学习特征与规律的把握等。在这个过程中,教育学专家也会发挥一定作用。

总之,如果能在校内普遍形成"只有高水平的老师才能上通识课"以及"通识课都是难混的课"这种认识,那么通识教育就能积淀荣誉性传统,从而使通识课程在每学期的教学过程中不断正确反馈,产生对教学质量的自我要求,而不完全依赖外部考评奖惩。

(六) 通识教育教师共同体的结成

通识课程是个体系,它试图精当地向学生传递大学所承载的人类学问的宏阔图景。因此,教师不能孤立地、自顾自地投身教学。如果教师孤立地投身教学,不仅不利于对学生形成系统性的教育效果,也不利于教师准确地把握自己的教学定位。一门门通识课,并不是独立地起作用,而是在相互依靠、相互补充、相互关联、相互对照之中实现教育效果。

正如专业学术共同体(行会)一样,通识教育也要形成教师的共同体。现代大学的基本组织单元和人事关系都是学科化的,因此,通识教育改革要刻意加强教师之间的联系,营造教师共同体风气,促使教师们走出专业的"城池",在通识教育主题下开展深入交流。在先驱大学中,有的开展了教师共同读书、授课小组集体备课等;有的定期开展深度交流会、表彰会。在教学管理的许多细节上,注重营造共同体意识,显著提升了教师的教学热情与群体认同。也就是说,通识课程教师共同体的结成,要特别注重制度规则层面的设计和管理组织上的工作,从而使教师们在通识教育群体中找到同道、交到朋友。

我们还注意到,随着通识教育改革的不断深入,先驱大学的教师共同体已逐渐形成气候,校际交流也变得更有深度,不同大学的通识教育教师之间也越来越熟识。以"大学通识教育联盟"为例,该联盟定期举办的交流研讨会、专门的期刊、媒体和出版物、对杰出者的奖项评选等,都促使通识教育越来越像一个具有自觉自律的专业学术行会,这标志着中国大学通识教育教师共同体的形成。

(七) 学生心灵转向与气质变化

理想的通识教育将会使学有专长的大学生产生怎样的变化?首先,这种变化是内在的,它并不像学会开车、学会一门外语那样,属于显而易见的有用技能。知道许多经典知识,比如知道孔子说了什么、柏拉图说了什么等,也不能以之来证明通识教育的效果。这就是说,对通识教育成效进行外部评价是一件十分困难的事情。要求我们通过有深度的访谈和设计讲究的问卷调查来间接地测评。

通识教育的效果总是直接被学生本人察觉到,学生意识到通识教育的好处本身就是它最重要的效果。如果学生从一开始就发现了其中的好处,拥有了看待自我和周遭世界的崭新视野,那么他便更愿意跟从这种教育的指引,进而获得更大的好处,从而开辟新天地。在这个不断递进的过程中,学生不知不觉地成为一个新的自己,特别是他拥有了开放的求知心灵,掌握了基本的求知方法与途径。这是一种内在的,能够自我引导、不断自我更新的效果。

可能有人会问:这种效果似乎本来就是"教育"所追求的目标,通识教育的特征如何体现呢? 一般认为,通识教育与专业教育相对,专业教育使大学生在求知方面突飞猛进,但同时又把大学教育从开阔的天地逼入狭窄的隧道。现实中的专业学习隐含着局部深入的范式,以及面向职业应用的导向。也就是说,通识教育提供了与专业教育完全相反的导向,即贯通的、体系化的、不自设边界的求知欲(对应专业),以及不把受教育、涨学问当作实现其他目的的手段或途径,学习不问用处,只求善好的观念(对应实用)。所以,通识教育所能带来的独特贡献,便是在学生原本只有"目的—手段单箭头"的心智模式中注入复杂性,打开更多维度空间,使学生转头四顾,尝试漫游,然后再次认识自我。我们认为,通识教育是大学本科教育的必要环节,但并不因此而取代专业教育,每所大学、每位教师、每个学生都要在通与专之间找到适宜的平衡,这才是现实之道。对学生而言,如果不能在大学教育中真切地认识到不同的价值取向,只有世俗成功的欲望,或者只看到专业化的"单箭头",那么他就没有机会真正认识自我和世界。如果学生只见过一种,或者从来没有见过"好的东西",这将是教育最大的遗憾。

从哪些方面去看学生的"气质变化"? 我们将之概括为以下方面。

第一,不限于专业领域,能养成普遍的智识习惯。"博学之,审问之,慎思之,明辨之,笃行之"(《礼记·中庸》)是关于读书人的智识习惯的精当概括。其中,博学、审问、慎思和明辨是学术研究中所能培育的理性能力,而笃行能力还要通过进入生活的经验世界才能培养。其知识储备、思辨能力和判断力不仅要用在理论、文献、数据等学术工作的对象上,更要用在反观自身以及身边周围的生活之中。他对自己已经掌握的和尚不了解的事物都有比较清晰的把握。在访谈中,我们会观察学生对这类问题的理解的反应,如你"接下来想要去读一本什么书""要去学什么、看什么""要去做什么事",并追问其背后的想法。

第二,能够对商业社会、大众媒体、数据智能所营造的流行价值进行批判性反思,对成功学保持谨慎的怀疑,而不是不假思索地以此为目标。一些没有受到通识教育,但拥有雄心壮志和相当才干的大学生容易陷入流俗的意见之中,这就相当于把一个中学生的见识设定为人生目标,然后让一个大学生不去多想,不停地劳作,赌上全部的青春年华去奋斗追求。比如,一种流行于年轻人中的目标——"财务自由"就是一个例子。当然,大学生要从大环境的天罗地网中挣脱出来,成为独立的思想者是极为困难的,但大学通识教育至少要带给学生一种刺激,让学生见识到不同流合污的方式不只有"躺平",还有许许多多更有意义的理想可以追寻、更深思熟虑的道路可以走。

第三,学生的气质变化最终会体现在他的择业与辨志之中。因此,通识教育不是提供一个菜单,让学生尝试口味、择其所好,而是使学生在自己生活的重大选择中更加成熟,能够对自我、家庭和社会负责,成为一个负责任的人。所以,择业与辨志是自我教育的一部分,通识教育所能带给毕业生的,正是这种严肃的内省与自我教育。

(八) 亲其师,乐其友

我们还要留意学生和师友的关系。《礼记·学记》云:"故君子之于学也,藏焉,修焉,息焉,游焉。夫然,故安其学而亲其师,乐其友而信其道。是以虽离师辅而不反也。"具有精神力量的通识教育并不是一个一个地去改变学生,而是要形成大学之外没有的那种群体氛围和心心相印的师生、同学关系。发达的专业化使大学中人各行其是,甚至相互隔膜。通识教育必须重新将大学里的所有人汇聚到一起,形成真正的共同体。一个人要找到自己真正的老师和朋友,大学就是最佳的场所。具有通识精神的大学,也是帮助学生锻炼如何与他人相处,如何成为别人的兄或弟、师或徒的精神家园。纽曼即曾生动描绘了大学的理想图景:"一大群学识渊博的人埋头于各自的学科,又互相竞争,通过熟悉的沟通渠道,为了达到理智上的和谐被召集起来,共同调整各自钻研的学科的要求和相互之间的关系。他们学会了互相尊重,互相磋商,互相帮助。这样就造就了一种纯洁明净的思想氛围。学生也呼吸着这样的空气,尽管他本人只攻读众多学科中的少数几门。"①

如果大学无法使教师和学生在日常过程中建立起情感纽带、在分歧中体会到相互需要并拥有共同的归属感,那么在学业上自我尊重的个人就会如托克维尔(A. C. de Tocqueville)所说,"在任性与奴性之间来回摇摆",这种严重的道德缺陷不仅危害大学与社会,而且也使通识教育沦为虚荣的文化装饰,成为徒增傲慢的意见空谈。因此,我们建议关注大学里的师生关系、同学之间的友谊、教师之间的共鸣,以及校园传统的承续,因为正是这种代代相传的"空气"才是大学通识教育真正的土壤和归宿。

---

① 约翰·亨利·纽曼:《大学的理想》,徐辉等译,浙江教育出版社2001年版,第22页。

From "Form Manifestation" to "Spiritual Emergence"
—Phases and Key Aspects of Quality Assessment in General Education Curriculum Construction

LU Yi, LIN Shan

Abstract: The reform of general education has brought humanistic spirit and idealism to the construction of modern universities in China. In the modern university with specialization as its basic organizational system, the existence of general education reflects the conscious self-discipline of a university in educating people and talents, and also tests the spiritual tradition and potential cultural cohesion accumulated by the university. However, the difficulties in the construction of general education do not lie in the promotion of ideas, the construction of systems and the allocation of courses. General education is not just a collection of certain non professional educational elements, and its educational quality cannot be defined by the quantity of courses and credits. The difficulty in evaluating general education in universities lies is how to break through formal evaluation and delve into substantive evaluation. Based on long-term empirical research, this article attempts to discuss the specific characteristics of two construction stages of general education, that is, how university general education advances from "form manifestation" to "spiritual emergence".

Keywords: quality of general education superficial evaluation substantive evaluation university spirit

教育的节奏与创新人才培养的循环*

陈先哲　王　俊**

摘　要：怀特海的"教育节奏论"对创新人才培养具有重要启示意义。从激发学生学习兴趣的"浪漫阶段"到深化知识的"精确阶段",再到将知识和原理应用于具体场合的"综合应用阶段",有利于唤起学生深度学习,并适用于不同周期形成创新人才培养的循环。在教育体系大循环周期中,学龄前和小学阶段作为浪漫阶段,应通过创设生活性的环境和改革僵硬的考核机制,为学生预留想象力的空间;中学阶段作为精确阶段,应加强知识的精确学习并注重自由与纪律的平衡;大学阶段作为综合应用阶段,应促使学生将知识和原理应用于具体的场合。在大学本科教育的小循环周期中,在浪漫阶段,创新人才培养应以"风格"培育为目标,打造校园人文环境并呵护学生的想象力;在精确阶段,应以解决问题为导向,为学生的知识关联和思维发展提供指导;进入综合应用阶段后,应以项目孵化制为载体,在应用和创造的场景中赋予学生知识力量。

关键词：教育节奏论　教育阶段　教育的循环周期　创新人才

---

* 本文系国家社科基金2023年度教育学一般项目"人口负增长与高等教育扩张的叠加效应及风险规避研究"(BIA230198)的研究成果。
** 陈先哲,教育学博士,华南师范大学教育科学学院教授,博士生导师;王俊,华南师范大学教育科学学院博士研究生。

一、问题的提出

创新是第一动力,它不仅是推动经济发展和社会进步的重要力量,也是满足人民需求和解决社会问题的关键所在。在新一轮科技革命深入发展背景下,开辟发展新领域新赛道、塑造发展新动能和新优势、加快实现高水平科技自立自强,从根本上还是要依靠创新。党的二十大报告强调要完善科技创新体系,加快实施创新驱动发展战略。[1] 创新的关键在培养人才,"人才是创新的根基,创新驱动实质上是人才驱动,谁拥有一流的创新人才,谁就拥有了科技创新的优势和主导权"[2]。十八大以来,我国在人才创新发展方面取得了巨大的成就,已成为全球规模最宏大、门类最齐全的人才资源大国,研发人员总量连续8年稳居世界首位,国际专利申请量稳居世界第一。[3] 但与人才规模发展相比,我国人才质量还有待提升。尤其在新的时代背景下,面对竞争日趋激烈的国际环境,人才"争夺战"此起彼伏,突破"卡脖子"的技术封锁更显迫切,创新人才战略地位愈加凸显,探索创新人才培养模式、加快构建创新人才培养体系依然任重而道远。

学术界有关创新人才培养的相关研究总体上可以分为三个方面:一是政策研究,即分析国内外创新人才培养政策;二是定义研究,即什么是创新人才,创新人才具有怎样的特质、类型等;三是策略研究,即如何培养创新人才。在政策研究方面,有学者关注国家层面的政策演变,将我国创新人才政策分为"统包统揽—高度集中—主导"三个阶段,并分析其变迁规律;[4] 也有学者关注广东、上海等相对发达地区的区域创新人才政策,并进行国内外比较研究,以完善地方人才培养政策。[5] 在定义研究上,学界对什么是创新人才尚未达成共识,但具有代表性的有"实践说""素质说"和"完人说"三种观点,分别代表引领社会发展的实践型人才、有创新精神与实践能力的人才

---

[1] 习近平:《高举中国特色社会主义伟大旗帜 为全面建设社会主义现代化国家而团结奋斗》,《人民日报》2022年10月26日第1版。
[2]《习近平:当好改革开放排头兵创新发展先行者 为构建开放型经济新体制探索新路》,2015年3月5日,https://www.gov.cn/xinwen/2015-03/05/content_2828385.htm。
[3]《聚天下英才而用之——党的十八大以来我国人才事业创新发展综述》,2021年9月28日,https://www.gov.cn/xinwen/2021-09/28/content_5639742.htm。
[4] 代欣玲、彭小兵、王京雷:《中国情境下创新人才培养政策的文献计量分析》,《科研管理》2022年第3期。
[5] 李宁、顾玲琍、杨耀武:《上海与韩国科技创新人才培养政策的比较研究》,《科技管理研究》2019年第16期;陈建新、陈杰、刘佐菁:《国内外创新人才最新政策分析及对广东的启示》,《科技管理研究》2018年第15期。

和德智体美劳全面发展的人才。① 策略研究是学术界重点关注的领域,有学者偏重创新人才培养的宏观设计,提出在理念上,要从技能训练向人格培养、从择优培养向全面培养、从计划管理向服务性管理的转型;②在思维上,要突破学科思维和学科边界,探索学科专业实质性交叉融合的新路径,以培养"重混"能力;③在环境塑造上,要从科研平台、科研指导、科研评价等各个层面为创新人才构建适宜的成长环境。④ 更多学者聚焦创新人才的培养方式,对工程科技⑤、国家安全⑥等具体行业领域创新人才的培养开展研究,或是以高校作为主体,探索创新人才培养的模式⑦等。此外,关于拔尖创新人才的相关研究也颇为丰富,内容涉及政策⑧、内涵⑨、策略⑩等各方面。

现有的研究梳理了我国创新人才培养的政策,丰富了创新人才的时代内涵,凝练并提出了创新人才培养的诸多策略和具体路径,对创新人才培养的理论和实践具有重要价值。但还有两大关键问题亟待解决:一是在创新人才的培养策略上,如何从基于实践探索的经验总结或思辨陈述,走向相对成熟的理论指导或认识其普遍规律;二是在创新人才的培养阶段上,如何从只重视高等教育阶段的培养,走向关注不同学段创新人才培养的完整体系。只有对以上问题做出更加有力的回应,才能真正增强创新人才培养的科学性和系统性。

二、理论视角:教育的节奏与循环周期

事物的发展都有其内在规律,人的发展也不例外。创新人才培养要遵循教育规律,尤其要遵循学生的身心发展规律。已有大量教育心理学家对学生的身心发展规律做出了缜密的论述,但少有学者能将学生身心发展规律与教育哲学紧密结合起来

---

① 叶美兰、金久仁:《地方高校创新人才培养的行动逻辑与实践路向》,《国家教育行政学院学报》2022年第5期。
② 卢东祥、庞波:《新发展格局下高校青年科技创新人才培养的三重逻辑》,《江苏高教》2023年第5期。
③ 韩钰、郑丽娜、张江龙:《未来科技创新人才培养:逻辑思路与路径探索》,《高等工程教育研究》2023年第2期。
④ 代涛、宋洁、张博等:《新时代创新人才成长路径及所需环境》,《中国科学院院刊》2023年第5期。
⑤ 马立超、路超、唐潇风:《共生理论视角下工程科技创新人才培养的产教融合困境——以集成电路行业为例》,《科学管理研究》2023年第1期。
⑥ 方长平、侯力:《践行总体国家安全观 创新人才培养模式》,《中国高等教育》2023年第1期。
⑦ 张徐、赵丽:《"三耦四融"一体化工程创新人才培养体系研究》,《中国大学教学》2022年第7期;陈婧:《论基于混合式教学的高校创新人才培养模式》,《中国人民大学教育学刊》2022年第1期。
⑧ 王新凤、钟秉林:《拔尖创新人才选拔培养的政策协同研究》,《清华大学教育研究》2023年第1期。
⑨ 阎琨、吴菡、张雨颀:《社会责任感:拔尖人才的核心素养》,《华东师范大学学报》(教育科学版)2021年12期。
⑩ 林健:《面向"六卓越一拔尖"人才培养的挑战性学习》,《清华大学教育研究》2020年第2期。

做出精彩论述。英国哲学家艾尔弗雷德·诺思·怀特海(Alfred North Whitehead)提出的"教育节奏论"影响深远。怀特海认为,生命本质上是周期性的,智力发展也有周期,它们会循环重复出现,每个循环也不尽相同。在此基础上,他提出了"教育的节奏",认为要在不同周期采取不同培养策略——"不同的科目和不同的学习方式应该在学生的智力发育达到适当的阶段时采用"[①]。怀特海将教育的节奏划分为"浪漫阶段""精确阶段"和"综合应用阶段",认为这三种节奏可以组成不同的循环周期。将"教育节奏论"用于理解创新人才培养的完整性与规律性,具有重要理论和实践意义。

(一) 教育的三重节奏

1. 浪漫阶段

怀特海认为,浪漫阶段是学习开始领悟的阶段,是对知识产生联想,对学习产生兴趣,在精神上呈现兴奋的阶段。这一阶段的知识具有新奇活力,内容丰富多彩,知识之间存在因果逻辑但还未形成体系。这一阶段的学生是直接认识具体事实,对事物的认知主要是感觉、知觉和表象,偶尔才对事物做理性的分析。他强调了这阶段知识学习的关联性而非专精。因为任何单一的知识都无法理解客观世界的规律,只有将其关联整合,才能形成对世界的整体性认知,从而使学生产生探索世界的兴趣。怀特海认为知识是相互关联的独一无二的整体,他鲜明地反对学生被动接受零碎的不连贯的知识,认为这种知识"没有任何生命的火花闪烁"[②]。知识特征与个体认知特征相合,才能为学生提供充分探索的机会,学生在精神上就会出现兴奋状态。该阶段的知识,应是那种能与丰富多彩的生活相关联的知识,是那种能够和人类的感知、情感、欲望、希望融合在一起,以及能够调节思想和精神活动的具有生命力的知识。[③]此时学习的重心,是通过提供广泛新奇的知识,使学生产生浪漫的遐想,从而激发自己的学习兴趣,了解事实发展的模糊规律,为第二阶段的精确学习打下基础。

2. 精确阶段

精确阶段是知识的增加和补充阶段,怀特海也将其称为"文法规则"阶段,即掌握语言的文法和科学的基本原理。在该阶段,学生知识的广博性居于次要地位,更注重知识的精确性和系统性;学生需要接受一些分析事实的特定方法,有条理地对事实规律进行分析和揭示。他尤其强调精确阶段需要以浪漫阶段为前提,"如果没有前面所

[①] 怀特海:《教育的目的》,徐汝舟译,生活·读书·新知三联书店2022年版,第22页。
[②] 怀特海:《教育的目的》,徐汝舟译,生活·读书·新知三联书店2022年版,第2页。
[③] 陈理宣、温友珺、舒梦:《怀特海智慧教育思想及其启示》,《教育研究与实验》2019年第3期。

说的浪漫阶段,精确阶段是无果的"①。因为只有在浪漫阶段激发学生学习兴趣,才能在精确阶段深化知识的学习,否则学生只会对深奥枯燥的学习产生反感。怀特海非常重视精确阶段的学生思维训练,主张通过知识的专精和关联防止"惰性思维"的形成,认为"不可教太多的科目"和"所教科目必须透彻"。② 任何一种思维,如创新思维、批判思维、逆向思维、求异思维、横向思维等,都可能成为个体成功的关键,教育不可能使人们熟练掌握每一种思维方法,但在这个阶段可以重点培养对"惰性思维"的反思与克服,从而使认知进行反复加工。

3. 综合应用阶段

综合应用阶段是精确性训练的目标,是最终的结果。此时的学生已经了解了一些确定的知识,养成了学习的习惯,理解了一般性规律和原理,形成了一定的抽象思维,而如何综合应用这些规律和原理则是教育的目的。正如怀特海所言,"真正有价值的教育是使学生透彻理解一些普遍的原理,这些原理适用于各种不同的具体事例"③。怀特海特别强调知识的应用,他认为教育的唯一主题就是生活,无论生活的目的是什么,教育都会帮助人们理解生活。"理解"是"应用"的基础。想要"应用",必须先"理解"知识,"过去的知识为其有价值,就在于它武装我们的头脑"。在"理解"过去知识的基础上,要有对知识"关联性"的理解,"将一连串复杂的感性知觉、情感、希望、欲望以及调节思维的精神活动联系在一起"。"证明"则是"应用"的另一个重要过程,"在一个学科训练中,对一个概念所要做的第一件事就是去证明它"。怀特海所说的"证明",是证明其价值,因为只有证明是有价值的知识,才能具有逻辑上的真实性,才能被"应用"。当然,怀特海也承认,从"证明"到"应用"是一个很难实行的过程,这需要教育过程中充满活力而不僵化,这也正是教育的一个难题。④ 因此,当知识不被应用时,它只是存在于客观世界的符号,而只有应用知识来改造世界,它才能显化为需要学习的知识。

(二) 教育的循环周期

怀特海认为教育的三重节奏是在不断重复的循环周期中出现的,可分为大循环周期和小循环周期,贯穿个体学习成长的各个阶段(如图1)。

---

① 怀特海:《教育的目的》,徐汝舟译,生活·读书·新知三联书店2022年版,第27页。
② 怀特海:《教育的目的》,徐汝舟译,生活·读书·新知三联书店2022年版,第2页。
③ 怀特海:《教育的目的》,徐汝舟译,生活·读书·新知三联书店2022年版,第38—39页。
④ 怀特海:《教育的目的》,徐汝舟译,生活·读书·新知三联书店2022年版,第11页。

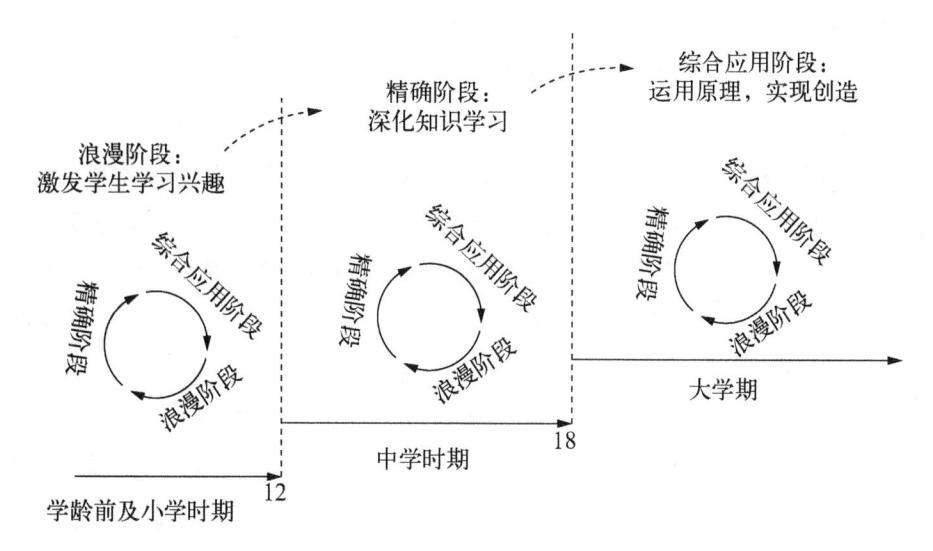

图 1　教育的节奏与循环周期

1. 教育的大循环周期

大循环周期是指个体从婴儿到成年的整个发展时期,分为学龄前及小学教育时期、青少年的中学教育时期,以及迈向成年的大学教育时期,分别对应了浪漫阶段、精确阶段和综合应用阶段。这与皮亚杰(Jean Piaget)的认知发展理论有相似之处——个体在成长中要经历感觉运算、前运算、具体运算阶段,其后则进入形式运算阶段。但与追求科学化的心理学家相比,怀特海的论述显然具有更加浓郁的人文主义色彩。他认为学生在12岁以前,主要处于浪漫阶段,这一阶段"各种概念、事实、关系、故事、历史、可能性、艺术性,它们以词语、声音、形状和色彩的形式涌入儿童的生活,唤起他们的感情,激起他们的鉴赏力,驱使他们做类似的活动"[1]。而大约12岁即接近进入中学以后,学生会逐渐专注于精确知识的学习,"以不连续的精确思维活动独立观察,独立进行试验"[2],通过系统地阐述所学知识的概念,将学习知识融合在一起。当学生进入大学阶段以后,将进入综合应用阶段,综合应用能力应成为教育的主导,学生应该"站立起来并环顾四周……应该从一般概念开始,进而研究如何将这些概念应用于具体的场合"[3]。

2. 教育的小循环周期

小循环周期是指具体知识体系学习的某个过程。长到某种知识的学习周期,短到一节课。怀特海以儿童的语言学习为例,对较长的小循环周期进行论证。他认为

---

[1] 怀特海:《教育的目的》,徐汝舟译,生活·读书·新知三联书店2022年版,第31页。
[2] 怀特海:《教育的目的》,徐汝舟译,生活·读书·新知三联书店2022年版,第34页。
[3] 怀特海:《教育的目的》,徐汝舟译,生活·读书·新知三联书店2022年版,第38页。

儿童的第一次循环周期是语言的学习,在这个学习周期中,注意自己的感觉和身体活动、认识自己和客体世界是最初的浪漫体验;掌握口语并以口语为工具对客体进行分类,加强伙伴关系的理解是精确学习阶段;使用语言描述分类并形成对客体的欣赏是其综合应用阶段。怀特海将这一循环周期称为智力发展的"第一次循环,即从获得知觉到掌握语言,从掌握语言到获得分类思维能力和更敏锐的知觉"[1]。他也论及作为一节课的极短小循环教育周期,"每一节课应该以其自身的方式构成一种涡式的循环,引导出它的下一个过程"[2],即任何一类知识的教学,都要遵循从浪漫阶段到精确阶段再到综合应用阶段的过程——在浪漫阶段,教育要传授广博有趣的知识,激发学生探索的兴趣,给予学生想象空间和浪漫体验,使学生形成对事实的一般性认知;在精确阶段,基于学生的探索和认知,对原有知识体系进行系统整合和深入学习,确保知识精确性和规范性;在综合应用阶段,学生对所掌握的精确性知识进行实践、应用乃至创新。

三、实践策略:新时代我国创新人才培养的节奏与循环周期

虽然怀特海的"教育节奏论"并没有专门指向创新人才培养,但其特别强调人文与科学的交融,这对破解我国创新人才培养长期面临的实践难题有很大启发。怀特海认为,教育的目的是培养"既有文化又掌握专门知识的人才",他进一步解释道,"专业知识为他们奠定起步的基础,而文化则像哲学艺术一样将他们引向深奥高远之境"[3]。一般性的"专业知识"和"文化"显然都是基础,但在两者结合的基础上继续纵深发展,直至走向"深奥高远之境",自然就成为创新人才了。我们在创新人才培养上积累了很多经验,但又常常因为心态过于迫切而欲速则不达,导致我们对于教育节奏把握不准甚至反其道而行之。因此,只有重新思考我国创新人才培养的节奏,在不同循环周期有所侧重,才能更加持续稳定地产出走向"深奥高远之境"的高水平创新人才。

(一)教育大循环周期:创新人才培养的教育节奏审思

1. 学龄前和小学阶段侧重浪漫教育

"内卷"是近年来教育领域备受关注的话题。新生代家长普遍更加担忧"孩子输

---

[1] 怀特海:《教育的目的》,徐汝舟译,生活·读书·新知三联书店2022年版,第29页。
[2] 怀特海:《教育的目的》,徐汝舟译,生活·读书·新知三联书店2022年版,第30页。
[3] 怀特海:《教育的目的》,徐汝舟译,生活·读书·新知三联书店2022年版,第1页。

在起跑线上",学龄前和小学阶段成为教育内卷的重灾区,在"双减"政策出台之前尤甚。这实质上是社会公众对教育节奏规律认识不清的结果,从而导致"剧场效应"和"标配思维"的叠加产生。① 具体而言,就是过度重视精确的教育,认为学习知识越"早"越好、越"多"越好、越"精"越好。这种错误认识,使精确教育向纵向和横向延伸——纵向延伸表现为中等教育时期精确阶段的学习向前延伸,即在本该进行浪漫教育的幼儿园和小学阶段,追求学习的"早",开始学习中学阶段的内容以便更好地升学;②横向延伸体现在教育体系不同阶段的小周期中,追求知识的"多",幼儿及中小学阶段各种辅导班、兴趣班等都是精确化教育的体现。因此,教育内卷的本质是精确教育泛化,破坏了教育的节奏和循环,致使社会投入了更多教育资源但却得不到相应回报。

因此,在此阶段要形成社会共识,重构浪漫教育。首先,要创设生活性的环境,这是浪漫教育的前提。怀特海认为,"教育只有一个主题,那就是五彩缤纷的生活"③。在生活性的环境下,学生可以逐渐了解生活事实,认识自己与环境的主客体关系,产生知识学习的兴趣。其次,要预留想象力空间。浪漫阶段的教育并非直接传授知识,而是给予学生自由想象的空间,支持学生通过独立的探索而获得最真实的体验,鼓励学生对生活产生浪漫的遐想,激发学生自主发展的动力。最后,浪漫的教育需要改革僵硬的考核机制。考核是必然的,但方式可以是多元的,当"金色年华常常笼罩在为应付考试而进行的填鸭式教学阴影里"④,教育就不可能是浪漫的。环境的生活性和认知的想象性决定了考核的浪漫性,意味着该阶段并非选拔良机,而应尽量避免选拔性考试。目前,全国小升初基本是免试就近入学,尽管也不乏争议,但整体而言是更加遵循教育节奏的。它不但有利于创新人才在前期能够获得更加持续的动力,也可减缓整个社会的教育焦虑。

2. 中学阶段侧重精确教育

精确教育是浪漫教育的延续,是对事实的具体化分析,也是对浪漫知识进一步系统化、原理化的学习过程。因此,精确教育首先要继续培养浪漫,以此激发学生的学习动机。但是与学龄前及小学期自由的浪漫不同,中学阶段的浪漫是在"专注于指定的工作时"的浪漫,即有纪律的浪漫。精确的教育其次要注重知识的精确学习。精确并非简单的是非对错的符号,而是一定具体情境下精确和模糊的抽象统一,⑤如数学

---

① 陈先哲:《剧场效应、标配思维下的教育内卷》,《光明日报》2021年4月27日第14版。
② 陈先哲、王俊:《新时代中国拔尖创新人才培养:理念重审与体系优化》,《高等教育研究》2023年第3期。
③ 怀特海:《教育的目的》,徐汝舟译,生活·读书·新知三联书店2022年版,第9页。
④ 怀特海:《教育的目的》,徐汝舟译,生活·读书·新知三联书店2022年版,第9页。
⑤ 骆洪才、王光明:《数学教育:精确与模糊的辩证统一》,《天津师范大学学报》(基础教育版)2007年第4期。

教育在中学阶段的重要性便更加凸显出来。与大学阶段相比,中学阶段主要侧重思维的严谨性和科学性,较有代表性的就是理工类课程的学习。因此,怀特海特别重视中学阶段物理、化学、数学等科学知识的学习。精确教育最后要注重自由与纪律的平衡。浪漫的保持需要自由,只有自由的环境才能让学生独自领会、独自探索;知识的精确学习需要纪律,即学习指定的知识,完成指定的任务,遵守相应的规范。中学阶段是学生系统学习知识、训练思维的阶段,在对浪漫阶段所产生的问题进行探究时,如何选取知识、如何处理知识,都涉及学生思维的运行,应当尤其强调知识的规范性、逻辑性和严谨性。

3. 大学阶段侧重综合应用教育

大学阶段的学生已经了解了一些确定的知识,养成了学习的习惯,理解了一般性规律和原理,形成了一定的抽象思维,而如何综合应用这些规律和原理则是大学的教育目的。正如怀特海所言,大学的课堂应该面向那些对细节和过程都已熟悉的人,如果大学的第一年仍然耗费在用旧的态度重温旧的功课,那是致命的错误。① 应用性是高等教育的基本属性,离开了应用,任何高校都会失去其合法性。② 尽管当前我国大学存在教学型、研究型、应用型等不同定位的划分,但知识的传授、知识的生产与知识的实践,本质上都是知识的应用。因此,知识应用应在大学教育中占主导地位。"真正有价值的教育是使学生透彻理解一些普遍的原理,这些原理适用于各种不同的具体事例。"③具体而言,综合应用的教育强调对知识的实践,从而使知识"由生到熟"。实践是认识的来源,也是认识的目的和最终归宿,学生对知识的掌握程度最终取决于其实践中知识的运用程度。在大学教育中,学校要协助学生整合一般性原理,学习理论应用的方法,提供知识实践的环境,展现知识应用的效果,在实践中领会知识的应用。

(二)教育小循环周期:本科教育阶段创新人才培养的策略

在教育体系大循环周期运行的同时,其内部又包含了很多个小循环周期,本科教育阶段属于创新人才培养的一个较长且关键的小循环周期。怀特海认为,人的自我发展往往发生在16—30岁之间,"人们18岁时怎么样并不重要,重要的是他们后来会如何发展"④。因此,高等教育是创新人才培养的核心环节。怀特海认为人才的培

---

① 怀特海:《教育的目的》,徐汝舟译,生活·读书·新知三联书店2022年版,第37—38页。
② 王建华:《高等教育的应用性》,《教育研究》2013年第4期。
③ 怀特海:《教育的目的》,徐汝舟译,生活·读书·新知三联书店2022年版,第38—39页。
④ 怀特海:《教育的目的》,徐汝舟译,生活·读书·新知三联书店2022年版,第38页。

养应该注重其个体成长,强调其内在发展,其中有两个重要的概念,就是"风格"和"力"。他从教育的功用视角出发,赋予了"风格"完美意义上的定义——"它是受教育活动的文化人最后学到的东西;它也是最有用的东西……是智者的最高德性",而"在风格之上,在知识之上,还存在着某种东西,一种模糊的东西,就好像主宰希腊众神的命运一样。这个东西就是力"。[①] 他尤其强调"力"在高等教育阶段喷薄而出的力量:"一所大学的理想与其说是知识,不如说是力量;大学的目标是把一个孩子的知识转变成成人的力量。"[②]结合这些认识以及我国高等教育阶段的具体情况,在此教育小循环周期,创新人才培养应将"风格"和"力"纳入教育节奏的实施策略之中。

1. 以风格培育为创新人才培养的目标,创设浪漫的教育环境

大学阶段伊始,既是大循环周期中综合应用阶段的起点,也是本科教育小循环周期的起点,在这个关键的转折期,创设好注重兴趣培养的浪漫阶段非常重要。在此期间尤其要警惕的,是中学阶段精确教育的向后延伸,即在本该进行综合应用的大学阶段,如果还是按照中学阶段继续灌输式地教学和注重应试能力考察,就很可能导致进入浪漫阶段的失败。另外,此阶段浪漫教育的侧重点与童年期亦大不相同,应该以综合应用的更高境界为目标去思考创设的策略,亦即要把"风格"的培育和形成作为创新人才培养的目标,并贯穿于该小循环周期的各个阶段。

创设浪漫的教育环境,一方面,要着力打造具有人文气息的校园环境。我国已经进入一个"高等教育空间转型"[③]的时代,大学空间环境对学生审美情趣和精神品质都至关重要,而且是对大学整体"风格"的重要体认。如今,创新人才培养必须科学和人文素养两手都要硬,这已基本成为共识,只是在实践层面还存在较多误区。比如普遍的做法只是多开一些相关课程,虽美其名曰"经典",但仍遵循精确或灌输路数,或是书院制遍地开花,甚至干脆"躲进小楼成一统",实施四年专精的博雅教育,将人文教育进行到底。但结果是要么有名无实,要么受益者少,难以形成良性循环。大学人文环境的创设,不但有利于形成大学的整体风格,也有利于帮助大学生孕育自己的"风格"。因为风格的追求是多元的,如艺术的风格、文学的风格、逻辑的风格、科学的风格、制度的风格,这些风格都蕴含在校园的物质文化环境、精神文化环境、制度文化环境之中。而且,不但不同类型高校可根据自身定位确定不同的人文风格,二级学院也要根据自身学科特征塑造独特的风格。

另一方面,在此阶段尤其要注重呵护和增强学生的想象力。怀特海认为,青年人

[①] 怀特海:《教育的目的》,徐汝舟译,生活·读书·新知三联书店 2022 年版,第 17—18 页。
[②] 怀特海:《教育的目的》,徐汝舟译,生活·读书·新知三联书店 2022 年版,第 39 页。
[③] 陈先哲:《新时代中国高等教育空间转型》,《高等教育研究》2021 年第 8 期。

和想象力的结合是大学区别于其他机构以及中小学的最本质特征,"大学确实传授知识,但它以充满想象力的方式传授知识"①。对想象力的尊崇和保护,是大学的核心价值,也是在浪漫教育阶段的立基之本,而且它天然地会与上述的大学人文环境产生共鸣,并加倍激发学生的好奇心和探索热情。正如怀特海所言:"这种充满想象力的探索会产生令人兴奋的环境氛围,知识在这种环境氛围中会发生变化。某一个事实不再是简单的事实:它具有了自身所有的各种可能性,它不再是记忆的一个负担;它充满活力,像诗人一样激发我们的梦想,像设计师一样为我们制定目标。"②浪漫的教育环境归根结底是培养"浪漫的学生",浪漫环境的持续发展也需要学生浪漫性的创造,这两者之间也构成一种共生关系,并为创新人才成批量地孕育和产生奠定基础。

2. 以解决问题为创新人才培养的手段,强化知识的精确训练

如果说大学一年级更多处于本科小循环周期的浪漫阶段,到大学二年级则普遍应该进入精确阶段。"精确"指向的是知识的专业化,既指知识的深度,也指知识的关联性。关联性的知识,本质上是通过不同的思维链接构建的知识体系——小至课程,大至学科。创新人才的精确训练,是基于学生浪漫阶段对事实的探索,为解决困惑自主学习相关知识并形成体系的过程。

当前,"多学科""跨学科"的教育教学方式已成为潮流,并广泛应用于创新人才的培养模式探索,但更重要的是应从"学科立场"走向"问题立场"。③ 因为事实证明,不管跨学科的课程设计有多完善,都不一定能解决跨学科的问题。问题的复杂性和多元性也决定了其知识领域的不可预测性,否则问题将不是问题。因此,这个阶段的精确教育应该以问题为导向,而不应是中学阶段以识记性、规范性为主的精确教育的延伸。怀特海认为,如果还是以记忆传授的方式教学,只会使学生的学习适得其反——"青年天生渴望发展活动,如果用枯燥的方式将受纪律束缚的知识强加给他们,会使他们感到厌恶"④。因此,对创新人才的知识精确训练应该以解决问题为目标,让他们自主学习需要的知识,以自身的思维对知识进行关联学习,形成自己的学科体系。在此阶段,大学应该提供以解决问题为目标导向并涵盖丰富的课程体系,建立学生知识关联的基础。由于学生的知识学习并非建立在固有的学科体系之上,因此还要有相关的配套措施和辅助支持,尤其是要对学生的知识学习进行多元层级的测评,以多元化评价支撑学生的个性化和差异化发展。此外,学校还应为这一阶段的学生思维

---

① 怀特海:《教育的目的》,徐汝舟译,生活·读书·新知三联书店2022年版,第110页。
② 怀特海:《教育的目的》,徐汝舟译,生活·读书·新知三联书店2022年版,第110—111页。
③ 杨丽、周益春、欧阳晓平等:《从"学科立场"走向"问题立场"培养拔尖人才》,《中国高等教育》2018年第8期。
④ 怀特海:《教育的目的》,徐汝舟译,生活·读书·新知三联书店2022年版,第46页。

发展提供指导。提供指导并非直接为学生规划好知识进阶体系,并按这一体系传授知识,而是要在学生的问题思维下指导学生在哪里学、如何学以及可以学到什么样的知识,学生借此才能在对知识的"自主渴望"下,构建自身的知识体系,不断创新解决问题的思维。

3. 以项目孵化为创新人才培养的载体,促进能力的综合应用

进入大学三、四年级,既是本科小循环周期的综合应用阶段,也是教育大循环周期中"站立起来并环顾四周"的标志性阶段。这个阶段应该在以问题为导向的精确阶段基础上,进一步让学生能够接触到具体的项目,帮助学生思考如何将知识和原理应用于具体场合,激发学生的创造型天赋。有学者将拔尖人才的天赋分为校舍型天赋和创造型天赋,前者致力于现有知识的精深,但很多只是囿于书本知识的"优等生";而后者则侧重新知识的创造,并在应用场景中赋予知识力量。[①] 创新人才明显属于后一种天赋类型。新时代以来,高校已越来越成为国家战略科技力量的重要组成部分,应当更加注重为创新人才创造型天赋的生成和发展提供条件。随着京津冀协同、长三角一体化、粤港澳大湾区建设等成为国家战略,这些区域高等教育集群发展和转型也更利于高校人才培养从"封闭式创新"走向"开放式创新"。[②] 因此,创新人才培养既有外在环境变迁引导下的外驱力,也有学生基于自身兴趣和热情而产生的内驱动力,怀特海所言的"力"在两相结合下就能发挥出更大效力。

项目孵化制的出发点就是实现知识的综合应用,学校、教师、学生以及企事业机构应当各司其职。首先,在项目孵化制中,学校是资源支持者而非主导者,学校需为学生提供相关研究和学习的基础条件,如教师支持团队、研究场地、经费支持等。其次,学校是项目的发起者,学生是项目的开发者。学校可以面向所有学生开放不同领域的问题,并提供解决这些问题可能需要的资源,由学生结合自身兴趣、能力和未来发展,自主选择研究方向、自主选择指导教师、自主学习需要解决问题的知识、自主组建研究团队以致最后自主解决问题,学生在"自由—纪律—自由"[③]的三重节奏循环中,不断面对困难而激发更大的潜能。大学应当为尽可能减少学生学习过程的过多外部控制,为创新人才培养创造良好的制度环境。[④] 最后,学生完成项目的成果作为确定其创新和拔尖的层次,不同人才通过项目的综合实践进行分层,这样拔尖的创新人才会在多次的项目应用中脱颖而出。拔尖创新人才是创新人才的高端层次,其培

---

① Renzulli, J. S., "What Is This Thing Called Giftedness, and How Do We Develop It? A Twenty-Five Year Perspective," *Journal for the Education of the Gifted*, Vol.30, No.3, 1999.
② 陈先哲:《从竞争到竞合:粤港澳大湾区高等教育集群发展》,广东高等教育出版社2022年版,第131页。
③ 怀特海:《教育的目的》,徐汝舟译,生活·读书·新知三联书店2022年版,第44—45页。
④ 马廷奇、张应强:《学习自由的实现及其制度建构——兼论创新人才的培养》,《教育研究》2011年第8期。

养效果关涉我国科教兴国战略、人才强国战略和创新驱动发展战略。党的二十大报告明确提出,要"着力造就拔尖创新人才,聚天下英才而用之"。但目前我国的拔尖创新人才培养模式,通常都将选拔作为培养的前提,这容易忽视创新人才的发展性,而后发优势的学生一样有可能在积累后拔尖。因此,拔尖创新人才培养的核心,不是简单寻找拥有特殊才能的个体,也非确定一系列能够支持卓越发展的变量,更不能脱离创新人才培养的基础而成为空中楼阁。相反,学生的能力、兴趣和特长,以及学生身处的不断变化的外部环境应该给予综合、系统的考量。① 项目孵化制可为所有学生提供平等发展的平台,既是对创新人才的培养,也可实现创新人才的拔尖。

重识怀特海的"教育节奏论",无论对当下我国普遍意义的人才培养还是特定意义的创新人才培养,都具有丰富的启示意义。从"浪漫阶段"到"精确阶段"再到"综合应用阶段",构成了教育的节奏与循环。理想的学习是在浪漫阶段激发学生学习兴趣,在精确阶段深化知识,在综合应用阶段将知识和原理应用于具体的场合并实现创造。这三个阶段也形成了教育的大小循环周期。在教育体系大循环周期中,学龄前和小学阶段需侧重浪漫的教育,通过创设生活性的环境和改革僵硬的考核机制,为学生预留想象力空间;在中学阶段需侧重精确的教育,注重知识的精确学习并注重自由与纪律的平衡;而在大学阶段需侧重综合应用的教育,知识应用应占课程与教学的主导地位,要促使学生站立起来并环顾周围。在大学本科小循环教育周期中,创新人才的培养要以风格培育为目标,在开始阶段为其创设浪漫的教育环境;在中间阶段应以解决问题为手段,强化知识的精确训练;在此基础上进入综合应用阶段,应以项目孵化制为载体,在应用和创造的场景中赋予知识力量。

当然,理论和现实之间常常是有距离的,不仅怀特海的"教育节奏论"有其理想性,而且我国人才培养也还有不少因制度惯性和配套不足等带来的阻力。比如,我国高校在本科课程设置中有一个明显的通病,就是大学四年级往往进入毕业和考研周期,甚至很多学生在大三便已经着手准备,这往往会大大影响大三、大四这个作为本科小循环教育周期中综合应用阶段的培养效果。再比如在不同的教育周期中,创新人才的培养始终离不开教师的引导。尤其在高等教育阶段,怀特海认为,大学的作用就是用充满想象力的方式去掌握知识,但它只能由那些本身就充满想象力的教师去传播,所以"组织建设一所大学的全部艺术就是拥有这样一支教师队伍"②。当前,我国高校教师的竞争激烈程度似乎并未随着"破五唯"等评价导向改变有所减缓,如何

---

① 阎琨、吴菡、张雨颀:《拔尖人才培养的要素、动态和系统视角:基于茨格勒理论》,《清华大学教育研究》2021年第3期。
② 怀特海:《教育的目的》,徐汝舟译,生活·读书·新知三联书店2022年版,第115—116页。

保障这个群体具有想象力,并有更多的闲暇空间去传播知识,仍是待破的课题。但无论如何,让更多的人认识到教育节奏对创新型人才培养的重要性,显然会有助于在实践行动中形成更好的共识,并尽可能去拉近理论与现实之间的鸿沟。因此,重识"教育节奏论",使国家、社会、学校以及个体等都理性地认识教育的规律,并在寻找各自的节奏中形成协奏,创新人才培养和高质量教育体系建设便自然能相得益彰。

The Rhythm of Education and the Cycle of Innovative Talent Cultivation
CHEN Xian-zhe, WANG Jun

Abstract: The remembrance of Whitehead's "educational rhythm theory" holds significant implications for the cultivation of innovative talents. From the "Romantic stage" of stimulating students' interest in learning to the "Precision stage" of deepening knowledge, and then to the "Comprehensive Application stage" of applying knowledge and principles to specific contexts, it can be more conducive to arousing students' deep learning and can be applied in different cycles. Within the broad cycle of the education system, preschool and elementary school, as the Romantic stage, should leave space for students' imagination by creating a living environment and reforming the rigid assessment mechanism; secondary school, as the Precision stage, should strengthen the precise learning of knowledge and emphasize the balance between freedom and discipline; and university, as the Comprehensive Application stage, should prompt students to apply knowledge and principles to specific situations. Within the smaller cycle of undergraduate education, cultivating innovative talents should aim for fostering a distinctive "style", establishing a humanistic campus environment, and nurturing students' imagination; in the Precision stage, the focus should be problem-solving, guiding students' knowledge connections, and fostering cognitive development. Upon entering the Comprehensive Application stage, a project incubation approach should be adopted as a medium, endowing students with the power of knowledge in applied and creative scenarios.

Keywords: educational rhythm theory education stages education cycle innovative talent

| 国际与比较教育 |

卓越人才培养的荣誉逻辑：
基于英美大学荣誉学位制度的反思*

邓 磊 邓媚莎 王红琴**

摘　要：荣誉是卓越人才的高层次追求，荣誉学位既是学业水平的认证方式，也是卓越人才的培养机制。荣誉学位制度首创于英国，后被美国引入，经过三个世纪的发展，积淀了丰富的实践经验和文化内涵。英美大学荣誉学位有两大突出特点：一是能够加强社会各界对大学教育的重视程度，并在大学内部营造浓郁的竞争性学术文化，以打牢本科根基；二是在常规要求的基础上提高培养标准，以激励和保障有天赋的学生发挥潜能、成就卓越。在当前我国着力推进教育强国建设的背景下，借鉴英美大学实施荣誉学位的经验，对课程设置、教学方式和评价制度进行系统革新，有利于提升本科教育质量，培养卓越人才。

关键词：学位制度　荣誉学位　卓越人才

随着建设教育强国战略的持续推进，我国大学的卓越人才培养计划愈发受到重视。卓越人才计划"意在培养信念执着、品德优良、知识丰富、本领过硬的各专业高素

---

* 本文系重庆市教委人文社会科学重点研究项目"地方优师培养模式与实践研究"（23SKZZ002）的研究成果。
** 邓磊，教育学博士，西南大学教师教育学院教授，博士生导师；邓媚莎，西南大学教师教育学院硕士研究生；王红琴，西南大学教师教育学院硕士研究生。

质人才"①。卓越人才培养除了要遵循基本教育规律,还有其独特路径,需要制定与卓越人才成长需求相配套的制度和体系。学位是培养高级专门人才、衡量高等教育质量和评价学术水平的客观标准,改革与完善学位制度是实施卓越人才培养计划的重要手段。我国当前的学位制度源自1981年施行的《中华人民共和国学位条例暂行实施办法》,迄今已有42年的历史。在此期间,我国高等教育毛入学率从2.16%上升到60%以上,不仅完成了从精英化到大众化的跨越,而且已经迈入普及化阶段。伴随着高等教育整体规模的扩大和人才培养目标的调整,学位制度也需要做出相应的变革。荣誉学位的设立,本质上是以提高学术为目的的人才培养模式改革,旨在为学有余力的本科生提供更好的资源,创造更高的奋斗目标。② 在此方面,英美古典大学经验丰富、效果显著,值得借鉴。

一、荣誉学位制度的起源与内涵

(一) 荣誉学位的制度设计

学位制度起源于中世纪,最初是对大学新任教师执教能力的认定,后来演化为衡量学业成就和资格等级的依据,同时也可以激励学者追求较高的学术水平和取得更高的科学成就。③ 现代大学学位,既是学者通过教育活动从事学术研究的表现形式,也是社会通过管理活动对个体学术成果的评价与认可形式。④《中华人民共和国学位法》规定,设立学位的目的在于促进科学专门人才的成长,促进各门学科学术水平的提高和教育、科学事业的发展,以适应社会主义现代化建设的需要。由此可见,学位连接着个体、学校与社会,既是大学人才培养质量的制度保障,也是个体发展和社会进步的智力支持。

荣誉学位(honors degree)在中世纪即已出现,是一种在本科教育阶段实施,与普通或一般学位并行的特别学位。相较于普通学位,荣誉学位授予人数较少、学习难度更大、考核要求极高;申请荣誉学位的学生要比普通或一般学位申请者修习更高深的课程知识、展示更全面的综合能力、体现更好的学术潜力。设置荣誉学位的目的主要

---

① 《教育部、中央政法委员会关于实施卓越法律人才教育培养计划的若干意见》,2011年12月,http://www.moe.gov.cn/srcsite/A08/moe_739/s6550/201112/t20111223_168354.html。
② 《清华大学设立本科生荣誉学位》,2016年9月22日,http://news.tsinghua.edu.cn/publish/thunews/。
③ 钟金明编著:《中外学位制度与学位申请》,武汉大学出版社1988年版,第14页。
④ 康翠萍:《学位论》,人民教育出版社2005年版,第66页。

有两个：一是为天赋出众、努力进取的学生提供认证，敦促其潜心向学、发挥潜能；二是倡导探索精神，凸显学术荣誉，以促进大学内外和社会各界高度认可本科教育的价值与意义，并对学生的学业表现给予充分的关注与支持。在英美等高等教育发达国家的学位制度体系中，荣誉学位具有重要的实践功用和文化内涵，尤其是在高等教育从精英化发展到大众化甚至普及化阶段之后，由于学生规模的膨胀、课程知识的丰富和专业门类的细化，一般性学位变得日益标准化和平庸化，荣誉学位延续了精英高等教育的人文底蕴和卓越追求，是大众化高等教育的有益补充。此外，荣誉学位是最权威的学术与能力凭证，能够作为人才选择和选拔的重要依据，有利于增强社会和公众对高等教育质量的关注与认可。

获取荣誉学位的方式通常有两种：一是在自己所在的学院或学科自主选择修习荣誉课程并通过相应的荣誉测试；二是经选拔后参加学校的荣誉教育项目或荣誉学院，并获得相应的认证。① 容易与本科阶段的荣誉学位混淆的是，欧美大学还存在一种面向社会设置的"荣誉性学位"（honorary degree）。"荣誉性学位"对获得者的学籍、论文和考试没有要求，只授予那些与学术机构没有关系或之前没有受到高等教育，但对某一特定领域或社会做出贡献的知名人士。②

（二）荣誉学位的内涵

作为现代大学制度的重要构成，学位制度在大学人才培养过程中发挥着不可替代的认证作用与教育功能。学位制度的实施具有国家法律和政策依据，具有权威的学术与能力凭证效力，不仅是社会各领域进行人才选择和选拔的核心依据，也是实施学术训练的价值引导。荣誉学位是学位制度的重要组成部分，它不仅是一种学业认证方式，也是一套人才培养机制，尤其是培养卓越人才的模式和机制。卓越人才的培养有一定的特殊性，对学生天赋、训练方式、价值导向都有具体要求，其关键步骤就是将具有潜质的学生培养成拔尖创新人才。③ 根据学者的研究，卓越人才培养需要加强内在激励，充分发挥学生的学术潜力；④应与社会的高速发展紧密相关；⑤应施行跨学科培养，促进复合型人才的发展。⑥ 荣誉学位的实施正符合以上要求，是一种典型

---

① 牛卓：《美国研究型大学的本科生荣誉教育研究》，华东师范大学硕士学位论文，2012年，第23页。
② West Virginia University, "The Honorary Degree," 2021-06-23, https://honorarydegrees.wvu.edu/the-history.
③ 汪睿：《中国精英人才培养的历史考察与研究》，《山西财经大学学报》2015年第1期。
④ 吕成祯、钟蓉戎：《高校荣誉学院内涵式发展的路径探析》，《高等工程教育研究》2016年第5期。
⑤ 陈子辉：《深化校企合作，推动卓越工程师人才培养》，《中国高等教育》2013年第24期。
⑥ 范冬清、王歆玫：《秉承卓越：美国研究型大学跨学科人才培养的特点、趋势及启示》，《国家教育行政学院学报》2017年第9期。

的卓越人才培养模式。

首先,荣誉学位着重激励全体学生自我提升。荣誉学位在敦促全体学生潜心向学的基础上选拔优秀人才,不仅对每一位学生都提出了更高的期望,而且能为天赋出众的学生提供兑现潜力的现实选择。荣誉学位清晰、明确地界定和区分了学生的学业水平与学术潜力,并为天资聪颖者提供进一步提升自我的平台。其授予范围较小但权威性很高,能为学生日后的学术深造和职业发展带来深远影响。

其次,荣誉学位旨在刺激优秀学生追求卓越。荣誉学位是常规学业之外的"自选动作",无论是学习内容和学习方式,都更强调学生的主动性和创造性,同时也更注重培养学生的自律意识和探究精神。荣誉学位面向学有余力的学生设计难度更大的课程和标准更高的考试,考核方式比普通学位更自由、更灵活、更开放。这种设计的目的,不仅在于通过学术竞争激发学生的上进心,更在于通过前沿理论的学习、专业技能的训练和学术论文的撰写来培养创新能力。

最后,荣誉学位还强调大学人才培养的社会联动和全面发展。作为一种兼具学术潜能激发奖励和卓越人才选拔培养功能的制度设计,荣誉学位的实施不仅需要以系统的知识传授与技能训练来保证人才培养的质量,还需要拥有广泛的社会声誉,以体现其激励性和实效性。这就决定了荣誉学位的设计者一方面必须考虑大学教育与社会发展的联动,注重在教育内容、过程和方式方法上与时俱进;另一方面也要注重引导学生综合能力的提升,以满足社会对高层次复合型人才的需求。

二、英美大学荣誉学位的运行机制

荣誉学位有着悠久的历史,对于那些重视教育质量和社会声誉的英美大学,荣誉学位制度不仅是行之有效的卓越人才培养制度,更是内涵丰富的学术共同体荣誉文化。对于学生而言,获得荣誉学位是值得付出最大努力的追求,每一位荣誉学位获得者都会将这项荣誉当作履历中最重要的内容毕生珍视。

英国大学的荣誉学位可以追溯至16世纪,剑桥大学神学院在此方面首开先河。1754年,天文学家内维尔·马斯基林(Nevil Maskelynebe)[①]在剑桥大学获得荣誉学士学位,这是英国大学除神学外设置荣誉学位的早期案例。[②] 1807年,牛津大学各书

[①] 内维尔·马斯基林博士(1732—1811)是第五位英国皇家天文学家,于1765—1811年间任职,是第一个用科学方法测量地球质量的学者。
[②] Malkin, A. T., *The Gallery of Portraits with Memoirs*, Charleston: Nabu Press, 2010, p.20.

院普遍设立旨在鼓励学术竞争的文学、数学和物理学荣誉学位,并对荣誉学位设立等级。[1] 在之后的发展过程中,荣誉学位不仅在牛津大学的各个院系设立,并且在整个英国大学发展开来。直至1918年,英国大学现行的荣誉学位制度最终形成。19世纪中期,荣誉学位传入美国,但直到20世纪初才真正发挥作用。19世纪末20世纪初的美国大学,刚刚在德国大学的影响下完成转型,注重通识教育和刻苦精神的传统书院教育走向衰落,强调科研创新和专业教育的现代研究型大学备受推崇。但因为不具备德国文理中学(Gymnasium)那样根基深厚的中等教育,美国大学生的通识教育基础较差;再加上急功近利的实用主义价值正在盛行,导致本科教育质量急剧下降。当时美国大学的学位制度主要模仿德国,为修满学分的学生提供无差别的普通学位。进入大学后,学习成绩成为死记硬背的代名词,本科生对学术普遍缺乏兴趣,宁可将热情挥洒在运动场上。为了激发学生的学术潜能,也为了改善人才培养模式,美国大学真正开始深入、系统地引入荣誉学位制度。1909年上任的哈佛校长洛厄尔(Abbot Lawrence Lowell)是一位出身名门、学识渊博的人文主义学者,同时也是一位具有长远眼光和现实关怀的改革者。洛厄尔认为,美国大学必须提升本科教育的质量和关注度,必须引导学生将热情和精力放在学业上。为此,他借鉴牛津大学和剑桥大学的经验,在哈佛大学颇为成功地引进和发展了英国大学的荣誉学位制度,引领了美国本科教育的大变革。概括来说,英美大学的荣誉学位在运行机制上具有传承性和共通性,都有以下几个方面的特点。

其一,设立较高的标准,重视学生综合素质的提升。荣誉学位首先对申请者的道德品行具有严格要求,荣誉学位申请者如有任何违反学校章程规定或有其他品行不良的记录,学校即刻剥夺其申请资格。[2] 同时,申请荣誉学位的学生还要体现出强烈的进取精神。除了完成基本的课程要求外,荣誉学位申请者还必须选修"荣誉课程"。较之普通课程,"荣誉课程"难度大,更具有挑战性,常常需要学生进行独立研究。此外,荣誉学位申请者还要在毕业前参加"综合考试"。"综合考试"是相对于普通学位的"分科考试"设计的,着重考查学生对自己所在学科四年所学知识的整体掌握程度,以及融会贯通、综合运用的能力。综合考试一般在本科期间的最后一个学期举行,包括笔试与口试两种形式。"笔试以论文撰写为主,尽管精深程度无法与博士论文相提并论,但也有一部分获得荣誉学位的本科生论文颇有可取之处;口试则是通常意义上

---

[1] Lawrence, L. A., *At War with Academic Traditions in America*, Cambridge: Harvard University Press, 1934, pp. 40 – 166.
[2] Alderman, G., "Tear up the Class System," 2003 – 10 – 14, https://www.theguardian.com/education/2003/oct/14/administration.highereducation.

的答辩。"①只有通过全部测试的学生才有资格获得荣誉学位,测试成绩决定学生的荣誉学位等级。②

其二,针对有潜力的学生,设计卓越人才培养计划。英美大学之所以施行荣誉学位制度,除了意图提升全体学生和社会各界对本科学业的重视之外,同时也因为学生内部的发展出现了明显的分层,常规的课程和教学无法满足优秀学生的需要。20世纪30年代,美国大学在英国大学的基础上进一步发展了荣誉学位制度,设立了荣誉项目(honors program)与荣誉学院(honors college)两种荣誉学位授予机制。③ 荣誉项目与荣誉学院都是向有能力、有追求的学生提供的卓越人才培养计划,二者的不同之处在于,前者稍倾向于培养学生在某一学科或领域的卓越能力,而后者则更注重通识知识的掌握和良好学养的培育。美国学者奥斯丁(C. G. Austin)认为,荣誉项目和荣誉学院是"美国大学企图迎合教育的需求并最大程度激励学生的一系列方法",是"服务有天赋学生的一整套安排"。④ 也有学者指出,"荣誉教育能够为学生提供挑战自我的机会,让他们尽可能地发挥自己的学术潜能"⑤。

其三,控制比例,设立全国性的专业组织以制定教学质量参照标准。英美大学设立荣誉学位的初衷,在于表彰那些领悟深刻、具有独创性的学生,而非奖励在考试中取得好成绩的学生。⑥ 但在后来的发展过程中,按考试成绩排名的做法逐渐流行起来。为了避免因过分追求知识的精确性而在求知方式上失去创造性,牛津和剑桥这两所大学皆对荣誉学位进行了等级划分,不同等级的荣誉学位有着严格的比例控制。⑦ 在英国大学中,荣誉学位通常分为一级荣誉学位(first-class honours)、二级上荣誉学位(upper division)、二级下荣誉学位(lower division)和三级荣誉学位(third-class honours)这三个等级、四个类别,分别对应不同的成绩。⑧ "二级上"荣誉学位是许多英国大学研究生课程的最低要求,这在一定程度上保证了研究生的生源质量。

---

① Michigan State University, "Student Rights and Responsibility," https://spartanexperiences.msu.edu/about/handbook/student-rights-responsibilities/index.html.

② Lawrence, L. A., *At War with Academic Traditions in America*, Cambridge: Harvard University Press, 1934, pp.40 – 166.

③ University of Cambridge, "The Structure of Undergraduate Courses at Cambridge," https://www.camdata.admin.cam.ac.uk/structure-undergraduate-courses-cambridge.

④ Moltz, D., "2-Year Honors Boom-Courses for High-Achieving Community College Students are Getting More Exposure and Becoming More Competitive," *Inside Higher Education*, 2010 – 02 – 03, https://www.insidehighered.com/news/2010/02/04/2-year-honors-boom.

⑤ Austin, C. Grey, "Honors Learning in the Seventies," *Educational Record*, Vol.56, No.3, 1975.

⑥ 熊月之、周武:《圣约翰大学史》,上海人民出版社2007年版,第95页。

⑦ Barrett, D., "Dumbing Down of University Grades Revealed," 2011 – 01 – 01, https://www.telegraph.co.uk/education/universityeducation/8235115/Dumbing-down-of-university-grades-revealed.html.

⑧ 卢晓东:《荣誉学士:为拔尖人才另辟通道》,《中国教育报》2016年8月8日第3版。

美国大学也基本沿用英国大学的三级荣誉学位体系,第一等级是"初等荣誉学位"(cum laude),第二等级是"优等荣誉学位"(magna cum laude),第三等级是"最优荣誉学位"(summa cum laude)。但在20世纪中后期,部分美国大学又添加了"卓越的荣誉学位"(egregia cum laude)和"极高的荣誉学位"(with great honor)两种不经常出现的荣誉学位,只授予学业表现近乎完美的学生。由于每个高校的荣誉学位等级标准都有所不同,为了保证各等级在不同学校所代表的学术水平一致,相关评价机构会对每所大学的教育教学水平进行评估,进而确定荣誉学位的授予比例。英国高等教育质量保证署(QAA)以及全美高校荣誉教育理事会(NCHC),都是保证高等教育质量的独立机构,①其核心工作就是负责评估高等教育质量,为荣誉学位的授予提供全国统一的参照标准。② 因此,尽管各高校的荣誉学位授予比例不同,但皆会尽力保证荣誉学位的含金量,切实评价学生的学术水平和发展潜力,这也是英美大学保持和提升本科教育声誉的重要途径。

其四,注重养成学生的自我教育能力。英美大学普遍葆有这样一种观念:只要设计合理、执行严格,荣誉学位的实施就能够极大地促进学生的主动进取、自主规划和自我反思能力。作为一种学术奖励,荣誉学位是对知识功底扎实、学术见解独到的学生的能力认证,高等级的荣誉学位又是在学术领域继续深造的必备条件,因此荣誉学位制度也是一种高水平学术人才的选拔机制。作为一种精神激励,荣誉学位能够激发学生的求知欲望,促使学生形成自我规划能力,因此,荣誉学位制度也是一种体现综合素质的培养机制。正因为如此,荣誉学位得到了社会各界的认可与尊重,逐渐成为全面衡量学生品行和能力的重要标准。事实上,获得高等级的荣誉学位在英美社会也往往意味着较高的职业起点,这又反过来刺激了学生的自我规划诉求和自我教育能力。

其五,形成了具有广泛影响力的文化传统。以牛津、剑桥、哈佛和耶鲁为代表的英美古典大学有着悠久的办学历史,数百年来英才辈出,积淀了厚重的文化传统,荣誉学位是其中极具特色的组成部分。历代荣誉学位获得者的学业表现和社会成就,不仅是其母校值得骄傲的历史过往,更是教育后来者的宝贵素材,因此英美古典大学非常善于营造荣誉文化。注重荣誉文化的英美大学,或者兴建带有纪念意义的建筑,如哈佛、耶鲁的住宿书院,牛津、剑桥的礼堂和图书馆;或者保留他们的遗迹和遗物,

---

① Smurthwaite, J., "Understanding the Undergraduate Grading System in the UK," 2023 - 04 - 28, https://www.hotcoursesabroad.com/study-in-the-uk/applying-to-university/understanding-undergraduate-grading-system-in-uk/.
② 张世英、肖雄、杨仁斌:《英国QAA评估程序、方法及其启示》,《当代教育论坛》(综合研究)2011年第6期。

譬如弥尔顿手植的桑树、牛顿住过的房间、华兹华斯诗中描绘的"一声是男的,一声是女的"钟声;或者塑造杰出校友的雕像,设计各种带有象征意义的徽章、绶带等荣誉标识,营造具有文化内蕴的场域和追求卓越的氛围。在校外,英美大学也十分注重维护和宣扬自己的荣誉传统,不仅定期与所有校友保持密切联系,而且非常善于借助荣誉校友的力量与社会各界互动,从而保持和扩大学校的影响力。

三、英美荣誉学位对我国大学培养卓越人才的启示

荣誉学位在英美大学学位制度体系中具有不可替代的地位,对于培养卓越人才具有重要意义。目前,我国大学的学位制度还在不断完善,在进一步探索如何鼓励个性发展和培养卓越人才方面,英美大学的实践经验可以为我们提供一定的借鉴。

(一)我国大学学位制度有待完善之处

首先,我国大学学位授予形式较为单一,不利于在新的时代背景下促进卓越人才的培养。自1981年建立以来,我国本科学位制度保持了较长时间的单一性和稳定性。在精英教育阶段,这样的制度设计较为合理。但在进入普及化阶段之后,这种学位制度由于不能区分学生的综合素质和创新能力的差异,已经难以满足人才培养和社会发展的需求。单一的学位设置首先意味着培养目标和发展路径的固化,这不仅导致天赋出众的学生无法获得充分的发展空间,而且也不利于提升全体学生的进取意识和竞争精神。在按部就班的学习过程中,缺乏反思意识和自主能力的学生反而更加适应,其中的一部分还会因此获得较好的成绩;而思维活跃、创造性强的学生,却由于受限于僵化的课程与考核程序,被压制了主动探究的欲望。如此一来,不仅导致卓越人才的发展受到限制,而且不利于全体学生的自我完善。

其次,我国大学学位制度的人才培养模式较为固化,对学生的个性发展鼓励不足。学位作为接受高等教育的权威认证,体现的是综合素质,强调的是知识技能、学习能力和创新意识的整体提升,而不是离散的课程修习和细碎的经验拼凑。反观我国当前的学位制度实施情况,学生进入大学后按照各学科统一的培养方案接受一定年限的教育,积累一定数值的学分,满足硬性要求后,便可在所在学科获得学位认定。由于最后获得的学位认证除专业背景外又不存在任何区别,致使学生的主体性和选择性难以得到体现,自主性和创造性也无法得到有效的激发。分科教学和分课程考核,致使学生在比较被动的情形下修习各门缺乏联系的课程,这就导致学生与学生、学

生与教师，以及教师与教师之间的沟通协作难以得到保障，学习者常常知其然而不知其所以然，对学科知识的综合理解和学习计划的总体把握不足，缺乏对未来的长远规划。

最后，学位考评标准整齐划一，不利于激励优秀学生充分发挥潜能。出于师资力量不足、教学资源有限、学生就业压力以及维护学校名誉等多方面的考虑，"严进宽出"在我国大学，尤其是在那些非顶尖的"普通大学"中已成为普遍现象。如此一来，容易导致用人单位在信息不对称的情形下将"出身"作为重要甚至唯一的评价依据，忽视学生个体的综合素质和发展潜力，从而出现"出身决定论"和"高分低能"两种自相矛盾的双重误解。"出身决定论"是指社会公众和就业市场普遍存在片面重视人才出身和学位等级、过度追求"名校"和"高学历"的现象；"高分低能"则是过度重视学历和出身，忽视主体意识和个性差异导致的必然结果。在"严进宽出"的制度导向下，我国学生在中等教育阶段不得不激发最大的潜力以获得高等教育入学资格，而一旦进入高等教育阶段，相对宽松的培养过程和缺乏区分的学位制度，让自律意识不强的学生失去了动力和方向。进入"名校"的学生在学校光环笼罩下，就业前景相对乐观，如果缺乏外部的严格约束，就不可能再像在中等教育阶段那样认真对待学业；"非名校"的学生则因为无法在学校声誉方面获得支持，容易产生"努力学习也不能为就业增加筹码"的观念，从而导致学习积极性普遍不高，少数进取意识较强者更倾向于追求更能证明个人成就的职业证书和有利于就业的双学位教育，或者选择报考"名校"的研究生以改变"出身"和学历。

（二）英美荣誉学位对于我国大学培养卓越人才的启示

我国高等教育领域正在建设世界一流的大学和学科，实现这个目标的关键举措在于培养具有主体意识、进取精神和创新能力的卓越人才。此前出台的《关于高等学校加快"双一流"建设的指导意见》，明确提出要形成高水平的人才培养体系，培养拔尖创新人才。我国目前的学位制度应综合借鉴英美大学的荣誉学位制度，并结合实际进行创新。

首先，转变人才培养理念，充分发挥学位的导向功能。学位不仅具有认证功能，而且具有理念澄清和价值引导功能。如果将获得学位当作本科教育的终点，将追求学位设计成琐碎僵化的学分累积，学位就失去了最本质的激励和引导作用。实施荣誉学位制度，一方面，有助于改变注重严格纪律和知识传授的集中式教育理念，提倡自主学习、个性发展、反思合作的新理念，引导学生形成自主探究、追求卓越的创造性意识；另一方面，通过卓越人才的培养引领构建"人类命运共同体"，有利于我国大学人才培养理念的国际化。正如习近平总书记所言，"今天的世界是各国共同组成的命运共同体。战胜人类发展面临的各种挑战，需要各国人民同舟共济、携手努力。教育应该顺此大势,通过更加密切的互动交流,促进对人类各种知识和文化的认知,对各民族现实奋斗和未来愿景的体认,以促进各国学生增进相互了解、树立世界眼光、激发创新灵感,确立为人类和平与发展贡献智慧和力量的远大志向"[①]。因此,实施荣誉学位,不仅意味着从学位学历层次开始推动中外高等教育交流与互通,促进高等教育对外开放,而且可以优化高层次人才的培养方式,提高教育对外开放的自信,有利于中国高等教育在构建"人类命运共同体"过程中掌握更多的主动权。

其次,改革考评制度,提高人才培养质量。评价作为教育过程的重要一环,对人才培养质量起着至关重要的作用。围绕荣誉学位授予所进行的评价,不仅需要保障公平与客观,而且更要突出对学生进取意识、自我教育能力和综合素养的考察。学生潜能的激发和素质的提升,皆有赖于自我教育能力;而自我教育能力的提升又离不开两个关键要素:学习兴趣和考评方法。因此,荣誉学位的实施必须能够为学生设置更高一层的学术目标,为具有天赋的学生提供发展平台,鼓励学生挑战高难度的课程与科研项目,帮助他们形成主动学习与自我探索的兴趣。与此同时,还要围绕荣誉学位设置新的考评方法,在各门课程单独考试的基础上,按学科实施综合考试制度,对学生四年的学习经历和效果进行整体考察,鼓励学生将客观知识与主观体验相联系,根据所学知识表达自己独到的观点,以此锻炼学生形成自反性的思维和方法。

再次,改革课程与教学,培养学生的创新能力。综合考试和导师辅导能为学生提供整体性的求知视野和自反性的学习方法。我国大学应该改变专门化、碎片化的课程设置,改变课堂中心、教师主导的教学方式。需要在一般课程的基础上设立具有挑战性的荣誉课程和荣誉项目,为天赋较高的学生提供更高的学术目标。荣誉课程的设置,主要在于培养学生的创新能力,学科知识的交叉往往能够有效激发新思想的涌现和创新性研究的发生。因此,要跨越学科与单一课程的界限,为整体的学术目标服务。荣誉项目的设置则是将学生置身于具体的科研实训中,培养学生的实践操作能力和团队精神。学生的成长需求是多元的,设置荣誉课程与荣誉项目,意味着人才培养过程中资源配置模式的转变,为学生未来的发展奠定广泛的基础与造就无限的可能。为帮助学生顺利完成荣誉课程和荣誉项目,可以为学生配备导师。导师的作用,主要在于为学生提供启发式的课业辅导,进行个别交流,挖掘学生的研究潜质,并指导学生开展具有创新意义的科研项目。

复次,严格控制比例,保证荣誉学位的"含金量"。近几年来,西方国家推行荣誉学位制度存在很大争议,原因在于,由于荣誉学位给学生和学校都带来了较大的利

[①]《清华大学苏世民学者项目启动仪式在京举行 习近平奥巴马致贺信》,《人民日报》2013年4月22日第1版。

益,学校为扩大优秀学生的比例,使大部分学生的综合成绩过高,导致分数膨胀,出现了"教师给予的成绩是丑闻"的现象,以至于哈佛大学不得不减少获得荣誉学位的学生人数。这也为我国设置荣誉学位敲响警钟。卓越人才培养的目的,是在所有学生中挑选出具有良好道德品质和成绩优异的拔尖学生,因此,为了保证荣誉学位的"含金量",防止授予标准出现较大差异,教育行政部门应当引导设立荣誉学位的高校建立联盟,或者引入第三方质量评估机构,以统一标准,设置合理的荣誉学位比例。这样做,一方面能为学生提供大学四年一以贯之的奋斗目标,另一方面也有利于打破高校之间的隔阂,为劳动力市场提供普遍适用的人才衡量标准。

最后,循序渐进地推行改革,先选取试点,然后总结经验逐步推广。以荣誉学位制度为切入点进行卓越人才培养模式改革,涉及课程、教学、考试等方方面面,必须从长计议、循序渐进、平稳推行。卓越人才、各行各业的领军人物的培养,不仅是我国建设人力资源强国的核心任务,也是每所大学追求的目标,但绝不能急于求成。英美大学的荣誉学位体系,从教育理念的澄清到课程体系的设计,再到考核方式的改变和社会认可度的提升,经历了数个世纪的改革历程。它提醒我国大学,必须结合我国国情,从大处着眼、小处着手,有条不紊地做好每一步骤的设计和实施。在小规模试点的同时,也要向学生、家长、社会尤其是企业公开荣誉学位的课程培养方案、考核要求以及设置意义,吸引更多学生参与其中,激发学习积极性,提高荣誉学位的社会价值。

The Honorary Logic of Cultivating Outstanding Talents: Reflection on the Honors Degree of British and American Universities

DENG Lei, DENG Mei-sha, WANG Hong-qin

Abstract: The pursuit of honor is the high-level pursuit of outstanding talents. As a certification of academic standards, Honors degree is also the mechanism of training outstanding talents. Developed by Britain at first, it was introduced into the United States later. Through three centuries of development, honors degree of British and American universities has accumulated rich practical experience and cultural connotation with two distinctive features: for one thing, it is able to attract public attention toward university education, and build strong competitive academic culture within the university, which lays a solid foundation for undergraduates; for another, it motivates and guarantees talented students to realize their potentials and achieve excellence by improving the training standards on the basis of conventional requirements.

Nowadays, as China is making great efforts to promote the construction of education power, learning from the experience of implementing honors degrees in British and American universities, and making systematic innovation of curriculum settings, teaching methods and evaluation systems are conducive to improving the quality of Chinese undergraduate education and cultivating outstanding talents.

Keywords: degree system   honors degree   outstanding talents

"走出去"后如何"走进去"?
——嵌入性视角下马来西亚英国国际学校治理机制变革研究[*]

滕珺 张曦煜[**]

摘 要：作为新时代教育对外开放的重要载体，海外国际学校面临着"走出去"后如何"走进去"的现实困境。英国在马来西亚的国际学校起步最早、发展成熟、体系完备。马来西亚英国国际学校治理在保障、管理和动力机制等方面，经历了"从破壁到融通""从单一到多元""从萌芽到根植"的历史发展与关键变革。未来中国的海外国际学校要从"走出去"到"走进去"，必须以制度嵌入为助推器，加强双边政策对接，完善组织机构建设；必须以结构嵌入为突破口，打造高效学校管理体系，主动创新教育服务；必须以文化嵌入为着力点，建设本土关系网络，深化国际教育品牌建设。

关键词：马来西亚英国国际学校 学校治理 海外国际学校 嵌入性理论

一、问题提出与文献综述

2020年6月，教育部等八部门颁布的《关于加快和扩大新时代教育对外开放的

---

[*] 本文系国家社科基金"十四五"规划2021年度教育学一般课题"世界主要国家中小学全球胜任力课程比较研究"（BDA210078）的研究成果。
[**] 滕珺，教育学博士，北京师范大学国际与比较教育研究院副院长，教授，博士生导师；张曦煜，北京师范大学国际与比较教育研究院博士研究生。

意见》中,明确提出教育对外开放具有重大意义,需加快优化出国留学工作布局、打造教育对外开放新高地、提高教育对外开放新水平。[①]《中国教育现代化2035》进一步提出了加快推进中国特色海外国际学校建设的要求,这也是未来我国着力布局的战略重点。2021年,教育部研制《推进海外中国国际学校建设工作方案》,以促进海外中国国际学校试点建设;2022年,党的二十大更是明确坚持高水平对外开放,加快构建新发展格局。[②] 随着里约赛尔国际学校、迪拜中国国际学校项目的落地,我国教育集团和机构跨出国门进行办学的成果不断涌现。但总体来看,中国国际学校"走出去"的步伐仍较缓慢,且"走出去"后又即刻面临"走进去"的难题。

放眼世界,英国、美国和加拿大等教育强国均将海外国际学校建设视为服务国家政治外交、经济发展和人才引进战略的重要工具,培养并吸引国际人才,推广国际文化与价值体系,进而提升国际影响力。其中,亚洲市场更是其竞相拓展的重要目标——例如近年来,马来西亚经济发展迅速,成为世界各国竞相争抢的新兴市场,是掌控南海领域乃至整个亚洲地区的枢纽。而英国在马来西亚的国际学校起步最早、发展成熟、体系完备。相关研究主要沿两条主线展开,一是从主权国家基础教育境外办学角度,反映出海外国际学校当下建设的共同问题与经验,如关注海外国际学校的人员流动性[③]、文化与身份适应[④]、教师招聘与培训[⑤]、办学募资[⑥],体现出全球化时代

[①] 中华人民共和国教育部:《教育部等八部门印发意见 加快和扩大新时代教育对外开放》,2020年6月23日,http://www.moe.gov.cn/jyb_xwfb/s5147/202006/t20200623_467784.html。

[②] 习近平:《高举中国特色社会主义伟大旗帜 为全面建设社会主义现代化国家而团结奋斗——在中国共产党第二十次全国代表大会上的报告》,2022年10月25日,https://www.gov.cn/xinwen/2022-10/25/content_5721685.htm。

[③] Stasel, R. S., "Beyond the Hue and Cry: Exploring the Challenges and Benefits of Educator Acculturation in Overseas International Schools," *Annual Review of Comparative and International Education*, Vol.42, 2022. Mancuso, S. V., *An Analysis of Factors Associated with Teacher Turnover in American Overseas Schools*, Ed. D. dissertation, Lehigh University, 2010. Odland, G. & Ruzicka, M, "An Investigation into Teacher Turnover in International Schools," *Journal of Research in International Education*, Vol.8, No.1, 2009.

[④] Heyward, M, "From International to Intercultural: Redefining the International School for a Globalized World," *Journal of Research in International Education*, Vol.1, No.1, 2002. Illescas-Glascock, M. L., *Negotiating and Producing Teacher Abroad Identities: Overseas Teachers in an American School in China*, Ph. D. dissertation, The University of Texas at Austin, 2011.

[⑤] Mancuso, S. V., Roberts, L., White, G. P., Yoshida, R. K. & Weston, D., "Strategies to Improve Teacher Retention in American Overseas Schools in the Near East South Asia Region: A Qualitative Analysis," *Journal of School Leadership*, Vol.21, No.6, 2011. Doyle, A. M., Hardy, J., Gamage, S. & Edwards, H., *Understanding the Job Satisfaction and Retention of Overseas-Hire Teachers: A Dimension of International School Improvement*, Master dissertation, The University of New England, 2011. Hardman, J., "Improving Recruitment and Retention of Quality Overseas Teachers," in Blandford, S. & Shaw, M. (eds.), *Managing International Schools*, Routledge, 2004, pp.123-135.

[⑥] DeLamater, L., "Successful Capital Fundraising in Overseas Schools," *The International Schools Journal*, Vol.0, No.36, 1981. DeLamater, L., "Business Support for Fund Raising in Overseas Schools," *The International Schools Journal*, No.53, 1983.

下海外国际学校的新内涵、新挑战与新趋向。二是依托马来西亚基础教育国际化与国际教育研究,切入微观视角,多为个别学校管理与教学的案例研究,如采用访谈和观察分析马来西亚私立国际学校的远程教学情况,得出马来西亚国际学校在线教学仍在初步发展阶段的结论[1];或通过与学校领导层访谈发现在多元文化环境下国际学校领导力的发展特点[2]。但鲜有研究以历史的视角,从系统的学校治理角度出发,梳理马来西亚的英国国际学校如何实现从"走出去"到"走进去"的华丽转身。基于此,本研究以体系成熟的马来西亚英国国际学校作为研究对象,尝试采用历史视角,从马来西亚英国国际学校的发展变迁和关键事件中总结出其在"走出去"过程中遭遇的难点与痛点,及其应对的治理策略与方式,为中国在马来西亚乃至"一带一路"共建国家的海外办学治理提供思路。

二、概念界定与理论框架

(一) 概念界定

1. 海外国际学校

本研究主要关注在马来西亚境内开办的国际学校。借鉴张蓉对于"国际学校"类型的划分[3],由马来西亚的政府(驻外机构)、两个或多个国家的政府或机构联合、基金会、社会团体、教育集团、跨国公司、独立学校在马来西亚设立的分校或个人出资开办的这七类国际学校,都在本文研究范围内。马来西亚国际学校数量庞杂,本文主要关注在马来西亚国际学校联盟(AIMS)成员学校名单上的学校(见表1),这些国际学校主要招收国际学生,整体教学质量较高,颇受国际认可,对其进行研究更具有参考价值。

---

[1] Jan, A., "A Phenomenological Study of Synchronous Teaching during COVID – 19: A Case of an International School in Malaysia," *Social Sciences & Humanities Open*, Vol.2, No.1, 2020.
[2] Adams, D. & Velarde, J. M., "Leadership in a Culturally Diverse Environment: Perspectives from International School Leaders in Malaysia," *Asia Pacific Journal of Education*, Vol. 42, No. 2, 2021; Javadi, V., Bush, T. & Ng, A., "Middle Leadership in International Schools: Evidence from Malaysia," *School Leadership & Management*, Vol.37, No.5, 2017.
[3] 张蓉:《"二战"后国际学校发展历程及当前面临主要问题分析》,福建教育出版社2016年版,第6页。

表 1　马来西亚英国国际学校名单

办学时间	学校名称	办学主体	课程	选址
1946 年	爱丽丝·史密斯国际学校 (The Alice Smith School)	个人	英语国家课程	小学部位于吉隆坡；中学部位于雪兰莪州
1951 年	花园国际学校 (Garden International School)	个人	英国国家课程＋IGCE＋A Level	吉隆坡
1973 年	亚庇国际学校 (Kinabalu International School)	个人	英国国家课程＋IGCE＋A Level	沙巴
1978 年	飞优国际学校 (Fairview International School)	教育集团	IB 课程	槟城/柔佛/吉隆坡
1985 年	赛弗国际学校 (Sayfor International School)	个人	国际幼儿课程(IEYC)＋IGCSE＋A-Level	吉隆坡
1987 年	ELC 国际学校 (ELC International School)	个人	英国国家课程	雪兰莪州
1989 年	KTJ 国际学校 (Kolej Tuanku Ja'afar International School)	森美兰王室	IGCSE＋A-Level 课程	森美兰州
2008 年	马来西亚 Nexus 国际学校 (Nexus International School)	教育集团	IGCE＋A Level	吉隆坡布城
2009 年	吉隆坡英国国际学校 (British International School of Kuala Lumpur, ISKI)	教育集团	英国国家课程（ENC）	吉隆坡
2011 年	威尔斯王子岛国际学校 (Prince of Wales Island International School)	个人	英国国家课程	槟城
2011 年	ISP 国际学校 (International School Park City)	教育集团	国际小学课(IPC)＋IGCE＋A Level	吉隆坡
2011 年	GEMS 国际学校 (GEMS International School)	教育集团	英国国家课程＋IGCE＋A Level	槟城
2012 年	海峡国际学校 (Straits International School)	教育集团	英国国家课程	槟城

续表

办学时间	学校名称	办学主体	课程	选址
2013 年	腾比国际学校(Tenby International School)	教育集团	英国国家课程+IGCE	柔佛
2014 年	马来西亚爱普森国际学院(Epsom College in Malaysia)	英国爱普森学院分校	英国国家课程+IGCE+A Level	吉隆坡
2015 年	布莱顿国际学校(Brighton International School)	教育集团	英国国家课程+IGCE+A Level	吉隆坡
2018 年	国王亨利八世国际学校(King Henry Ⅷ College)	英国布雷肯基督学院分校	英国国家课程	赛城

2. 学校治理机制

学界对学校治理机制的研究主要遵循"工具观"与"过程观"两大观点。"工具观"将治理作为一种办学手段,侧重关注学校目标体系、作用领域和技术平台的改革创新,主要在技术和机制层面寻求学校改进。① 而"过程观"则认为学校治理是相关利益主体在法律章程的指导下,通过多元主体的民主合意、协商对话、合力共治来实现学校共同目标的活动过程,②是一个内部和外部各利益主体合作、自主、民主办学的过程。③ 本研究在遵循"过程观"的主要观点基础上,将"学校治理"作为一种应然的规范性理想,尝试借助"马来西亚英国国际学校"这一典型研究对象的历史发展和行为路径,进一步探讨"国际学校治理"的应有之义。具体而言,学校治理机制涉及学校外部治理主体(政府、家长、社会组织及其他相关群体)以及学校内部治理主体(管理者、教师、学生)针对学校发展规划、管理制度、经费、课程教学等内容,通过协商、谈判、合作和参与等互动方式完成系统管理和问题解决的过程,结合学校实际情况可进而分解为保障、管理和动力机制加以考量。

(二) 理论框架

1. 嵌入性的理论阐释

经济史学家卡尔·波兰尼(Karl Polanyi)最早提出"嵌入性"(embeddedness)这一概念,他在《作为制度过程的经济》一文中认为,"人类的经济行为是嵌入和纠缠在

---

① 曾文婕:《论学校治理价值向度的建构》,《教育学报》2018 年第 14 期。
② 程杞国:《从管理到治理:观念、逻辑、方法》,《南京社会科学》2001 年第 9 期。
③ 范国睿:《基于数据的学校治理什么样》,《中国民族教育》2016 年第 6 期。

经济与非经济系统中的",这意味着人类的经济活动从来不是自发的,而是嵌入整个社会之中。波兰尼在其著作中进一步强调了政府、宗教信仰以及其他的影响因素在经济研究中的重要性;祖琼(Zunkin)等人则提出,"嵌入性"是指某种经济活动在文化、认知、社会结构和政治制度方面的情景依赖性质。① 随着不同学者对"嵌入性"概念的重新解读,"嵌入性"理论得到广泛传播和应用,成为经济社会学中的核心概念,并逐渐演变为多种学科和领域内的一种强有力的解释工具(见表2)。其基本思路是反对社会的非历史性(dehistoricization)和反区域化(anti-regionalization)。② 它反对就事论事的解释路径,认为应将社会事件和实践行为纳入整体时间框架里考量,而不是忽视其历史背景。

表2 嵌入性理论分析框架脉络

研究者	分析框架	主要观点
波兰尼 (Polanyi)	实体性嵌入 (entity embeddedness)	市场是现代社会的重要组成部分,市场交换成为社会交换的形式之一
	形式性嵌入 (formal embeddedness)	市场与社会产生关联,但不成为社会有机组成部分
海里 (Halinen), 托恩卢斯 (Tornroos)	垂直嵌入 (vertical embeddedness)	社会网络中不同层级间关系
	水平嵌入 (horizontal embeddedness)	处于某一特定层次上的成员之间的关系
哈哥多 (Hagedoorn)	环境嵌入性 (environmental embeddedness)	个体行为受所在国家背景和产业结构特性的影响
	组织间嵌入 (interorganizational embeddedness)	个体行为受所处社会关系积累、合作历史、网络环境等因素影响
	双边嵌入性 (dyadic embeddedness)	企业因不断与合作方反复接触产生的影响
格兰诺维特 (Granovetter)	关系嵌入 (relational embeddedness)	基于互惠前提条件,单个主体的经济活动嵌入与其密切相关的关系网络之中
	结构嵌入 (structural embeddedness)	参与者间相互联系的多维度、总体性结构

---

① 兰建平、苗文斌:《嵌入性理论研究综述》,《技术经济》2009年第28期。
② 唐智彬:《农村职业教育办学模式改革研究》,华东师范大学博士学位论文,2012年,第20页。

续表

研究者	分析框架	主要观点
祖琼（Zunkin），迪马吉奥（Dimaggio）	结构嵌入（structural embeddedness）	行为主体的经济交换活动受网络结构的影响和制约
	认知嵌入（cognitive embeddedness）	行为主体在选择时受传统环境、思维意识的引导或限制
	文化嵌入（cultural embeddedness）	行为主体在进行经济活动时受传统价值观、宗教信仰、区域传统文化观念的制约
	政治嵌入（political embeddedness）	行动主体受到所处的政治环境、管理体制和权力结构等的多方影响
安德森（Andersson），福斯格伦（Forsgren），霍尔姆（Holm）	业务嵌入（business embeddedness）	企业间的贸易往来联结及带来的相应社会资源
	技术嵌入（technology embeddedness）	共同技术开发而建立的联系

资料来源：兰建平，苗文斌：《嵌入性理论研究综述》，《技术经济》2009年第28期；杨玉波、李备友、李守伟：《嵌入性理论研究综述：基于普遍联系的视角》，《山东社会科学》2014年第3期；赵艳龙：《基于嵌入性理论的乡村农民精神文化教育研究》，西南大学博士学位论文，2014年，第51—53页。

2. 嵌入性视角下国际学校治理机制构成

为何我们要选择从嵌入性视角入手来考察"国际学校治理"以及英国在马来西亚开办国际学校这一行为？这很大程度上是由国际学校的自身特质所决定的：嵌入性理念强调了社会环境对个体经济行为的影响，将社会关系纳入影响个体行为的重要因素考虑，体现出社会制度（社会结构、集体规范、共同价值）与人类行为的多重关联；而国际学校恰是一类与经济社会发展关系紧密联结的教育类型——不仅因为国际学校的具体办学模式受制于经济社会环境的发展，而且国际学校不可能完全"脱嵌"于社会经济的客观存在，必须充分考虑东道国和办学所在区域的经济社会水平与现实发展条件，并实现自身运作的不断完善。在现实情境中，对于国际学校治理机制变革的嵌入性研究主要运用网络分析方法来探讨社会整体结构和关系网络对具体行动者实践活动的影响，过细地具体划分嵌入类型并没有实际意义。

因此，笔者根据分析需要，结合前文对国际学校治理机制的概念分析和当前国际学校发展实践，以嵌入性理论为基础，将国际学校办学的嵌入性划分为制度性嵌入、结构性嵌入、文化性嵌入，具体的分析维度如表3所示。制度性嵌入是国际学校办学治理受到所嵌入其中的制度环境、权力结构、机构环境的限制,是一种不同国家政府、办学组织、教育系统间互动形成的关系网络;结构性嵌入注重的是研究系统的整体性以及行动者在系统中的功能,主要体现为学校内部组织架构和管理机制;文化性嵌入是指支配办学主体的传统价值观、宗教信仰、区域传统等,以及办学理念、教育传统、品牌影响力等带来的隐性影响。值得一提的是,该嵌入形式分类划分并不是非此即彼,每一层面都有其特殊的作用机制,但彼此是相互渗透和联系的,在三个层面维度的嵌入方式共同作用下,形成了马来西亚英国国际学校的独特治理机制。

表3 马来西亚英国国际学校治理机制分析框架

	微观层面	中观层面	宏观层面
嵌入形式	文化嵌入	结构嵌入	制度嵌入
作用机制	动力机制:信任、互动、连接性	管理机制:劳动分工、结构安排	保障机制:政治法律制度、学校理念、共同规范
具体办学行为	办学理念、愿景规划、口碑认可	招生体系、管理体系、运作方式、课程体系	办学标准、法律规范、政策指引、质量保证制度
利益相关者	学生、教师、行政人员、家长、公众	学校内外部系统、协会运作、教师与学生	政府、社区、学校

三、保障机制:"从破壁到融通"的制度性嵌入

在制度的设计和引导下,行动者必然受到一定的积极或消极影响。[①] 不同国家的学校都需要根据当地法规制定和实施政策来采取具体的办学行动,这是国际学校办学的首务,也是办学主客体国家实现协同办学的基本保证。

(一)法律政策规范:通过磨合趋向协调

在19世纪70年代至20世纪50年代的英国殖民时期,管理马来西亚社会的"分而治之政策"深刻影响了教育领域的分化,阶级分层和教育分流明显。[②] 自1880年起,英国就在马来联邦各大城市设立并管控英语学校,但几乎所有马来亚居民只在自

[①] 许多:《嵌入性理论视角下社会组织提供居家照护服务研究》,华东师范大学博士学位论文,2019年,第15—18页。
[②] Shanmugavelu, G., Ariffin, K., Thambu, N., et al., "Development of British Colonial Education in Malaya, 1816-1957," *Shanlax International Journal of Education*, Vol.8, No.2, 2020.

己社群接受教育,经济较为发达的都市区几乎是非马来人。[①] 1946年,英国教师爱丽丝·费尔菲尔德·史密斯(Alice F. Smith)由于无法在吉隆坡为女儿找到合适的学校,于是遵循英国本土的法律政策和办学条例,自己创建并命名了第一所马来西亚英国国际学校,紧随其后创立的花园国际学校,也基本采用类似的办学与管理方式。

马来西亚在独立初期面临着建设和发展国家经济的任务,为了吸引外资、促进经济增长,改革和完善外资进入法律变得尤为重要,教育政策和制度也随着国家独立而拥有更多的自主权。《1961年教育法令》作为其主要的教育法规,规定了教育体系的组织、管理和监管,以及国际学校在马来西亚设立的合法性。该法令经历多次修订,对国际学校的注册与评估、教师和学生的认证等问题都进行了清晰的要求。这一时期,英国出台的《罗宾斯报告》(Robbins Report)明文提出了教育国际化目标;而随着马来西亚私立教育制度与配套政策逐渐完善,英国国际学校亦开始在这片曾是自家后花园的土地上,重新书写办学之路。1965年,马来西亚《公司法》(Competition Act, 1965)作为一个现代化的法律框架,具体规范了公司设立、运营和管理等方面的法律条文,通过明确管理人员的责任,加强组织内部治理以保护投资者和股东的权益,提高组织管理的公平性、透明度和责任感。该法案的颁布,为马来西亚英国国际学校的运行环境带来更加清晰化和适应性的法律框架,也为这一时期创建的亚庇国际学校、飞优国际学校的开办和发展奠定了基础。随后的《1986年促进投资法》(Promotion of Investment Act, 1986)、《1998年特许经营法》(Franchise Act, 1998)及2012年修订法案,均为英校与外资进入马来西亚提供了许多政策便利。《2016年公司法》(Competition Act, 2016)取代了此前的《1965年公司法》,进一步简化了公司注册要求,对外资投资的独资或合资企业采取与国内企业相同的要求。政府重视和鼓励私营经济发展,支持和推进投资贸易自由化。《2013—2025年教育大蓝图》(Malaysia Education Blueprint, 2013 -2025)提出打造高质高效、公平和谐的教育系统,建立一种以共享经验为基础的多元文化教育体系,"让有着不同背景和宗教信仰的儿童学会尊重和理解彼此差异,使马来西亚成为更加团结的国家"[②]。同时期英国也颁布了第一项教育国际化战略计划,对今后教育国际化品牌的形成起到了引领性作用。

近年来,马来西亚政府加大了鼓励外资的政策力度,并逐步推出了基本涵盖西马

[①] 陈中和:《谈英殖民时期分而治之政策对马来西亚社会之影响》,2015年9月,https://p-library2.s3.filebase.com/books/7ff30e847722485ecb418a9afab8c5d9.pdf.

[②] 马来西亚教育部:《2013—2025马来西亚教育蓝图》,2012年12月,https://jiaozong.org.my/v3/doc/2012/sep/20120912-004.pdf.

及东马两州大部分地区的五大经济发展走廊,制定了多项外商投资税收优惠政策,为所有投资本地区的公司提供相应便利。例如,有关企业机构可申请5—10年免缴所得税,或5年内合格资本支出的全额补贴。这些法律根据现实发展和实际需求不断地修正,有效保护了东道国和投资方的合法权利。由此可见,马来西亚在外商投资领域制定了较为全面完备的规范体系,对外国投资行为持友好且鼓励的态度。马来西亚并无一套统一规范外商投资和市场准入的法律法规,而是分散在不同时期颁布的各种法律条例中,这些法律内容繁杂且易受政治影响变化。而英方的海外基础学校办学始终强调自主和监督——1999年的《服务贸易总协定》为大力开发马来西亚在内的亚洲市场提供了政策便利,2014年颁布的《英国学校海外考察计划》指出,"英国教育部对英格兰地区以外的学校没有实际的管辖权,这些学校的具体问题应直接与学校联系沟通"[①]。随后颁布的《英国海外学校标准》和同年出台的《COBIS"赞助人认证与合规性"标准》,均重申了英国海外学校的办学自主权。为加强对海外学校的宏观调控和监管,英国政府采取出台政策报告或制定办学标准等方式,确保国际学校在东道国相关法律体系范畴内实施高质量办学。2019年至今发布《国际教育战略》系列政策则对教育出口的总体目标、优先发展地区做了整体布局。

表4　马来西亚英国国际学校相关法律文件

英国	马来西亚
1963年《罗宾斯报告》 1994年《服务贸易总协定》 1999年"首项倡议计划" 2002年《基础学校法案》 2014年《英国学校海外考察计划》 2016年《英国学校海外标准》 2019年《国际教育战略:全球潜力,全球增长》 2021年《国际教育战略:支持复苏,推动增长》	《1961年教育法令》 《1965年公司法》(2016年修订) 《1986年促进投资法》 《1996年教育法》 《1998年特许经营法》 《2016年收购、合并和强制收购规则》 《2013—2025年教育大蓝图》

(二) 经费筹措制度:拓宽灵活渠道

殖民时期的马来西亚英国国际学校大部分的经费来源是个人集资,其办学资金的筹集和分配尚未制度化,但随着外部环境的改变和学校内部的不断发展,学校的组织方式和运行模式发生了调整,其筹资形式也随之改变。1946年和1951年分别成

[①] 谭佳:《英国基础教育海外国际学校办学研究》,上海师范大学硕士学位论文,2021年,第23页。

立的爱丽丝国际学校、花园学校,原先都由经济条件优越的家庭出资建立,随着学校运行步入正轨,这些学校开始寻求不同形式的经费筹集方式,新的学校也在借鉴已有经验的基础上,开拓筹资渠道。爱丽丝国际学校在1946年成立后,通过鼓励其他成员家庭加入办学,于1950年成立爱丽丝史密斯学校协会(The Alice Smith Schools Association),以股东大会方式,依据《马来西亚财务报告准则》(*Malaysian Financial Reporting Standards*)及《公司法》等要求共同管理学校财务。① 同时期的花园国际学校,则选择加入马来西亚当地最大的教育集团——泰莱教育集团(Taylor's Education Group),借助集团财务部的整体管理和控制,更好地统筹学校预算安排与财务管理。花园国际学校的这种集团化筹资方式也被后来的许多学校所采用。

20世纪80年代,由马来西亚森美兰王室牵头建设的学校在办学主体上实现了创新,在运行经费上也得到更多马来西亚本土力量的捐赠。例如飞优国际学校、赛弗国际学校、Nexus国际学校,都得到了一定的政府津贴和马来西亚商会、基金会等多方支持。2014—2018年,陆续创办的马来西亚爱普森国际学院、国王亨利八世国际学校均为英国本土老牌私立大学的海外分校,其在办学思路和经费支持上得到母体学校的扶持。近年来,东南亚地区的泰国、马来西亚和新加坡等纷纷开放了国际学校市场,以吸引国际顶尖人才,促进经济发展,减少因本地学生出国留学带来的人才外流情况,并给予声誉优良且办学质量高的国际学校一定的税收优惠,其市场环境优良,吸引了世界范围内包括英国在内的众多国家的目光。

因此,马来西亚英国国际学校经费主要依靠学费、社会捐赠以及附属商业集团的额外收益等,受国家政府干预较少,享有较大的自由使用经费权。这些国际学校根据自身发展定位和客观条件,逐渐形成了股东制和集团制两种较为成熟的经费筹措制度,并持续通过缔结伙伴关系、创新办学路径等方式拓宽多样与灵活的筹资方式。

(三)质量审查制度:由外及内一体化

跨境的国际学校办学是一项复杂工程,如何保障境外办学和境内学校质量的对等性始终是一个关键议题。20世纪70年代以前,由于学校数量稀少,受众需求小,办学最直接的目的和要求即为当地的英国籍家庭和儿童提供英式教育,学校考核评估主要以参加英国1951年起实施的O-Level考试为量化方式②,并参与1965年成立

---

① The Alice Smith School, "Governance," 2023 - 10 - 20, https://www.alice-smith.edu.my/discover/governance.
② Garden International School, "GIS History," 2023 - 10 - 20, https://www.gardenschool.edu.my/about-gis/gis-history/.

的国际学校委员会(Council of International Schools, CIS)的组织认证与授权。当时亚洲地区出现了一批国际学校,这些学校面临着包括教学标准、课程发展、教师培训等方面的共同问题。因此,1968年建立的东亚区域学校理事会(East Asia Regional Council of Schools, EARCOS)为亚洲地区的国际学校提供了一定的办学规范与指引,但这种规范尚未制度化,并不具有强制性。20世纪70年代以后,英国国际学校开始呈发展涌现趋势,并逐渐成为受欢迎的教育选择。然而,由于缺乏监管机构和统一一致的评估标准,学校质量参差不齐,引发了有关海外英国国际学校质量的担忧。

20世纪90年代,为解决办学质量问题,英国教育部开始采取行动,推动建立海外英国国际学校的监管和质量保障制度,特意成立一支特别小组,负责审查和认可海外学校的办学问题,并开始以区域协作方式落实不同地区的学校管理。例如,1988年英国国际学校亚洲联邦(Federation of British International Schools in Asia, FOBISIA)的成立,就是为了通过创建区域学校共同标准来提高会员学校的整体质量。2000年,英国教育部引入英国学校检查局(Ofsted)对海外国际学校的教学质量、学生管理等方面进行评估和审核,并及时发布评估报告。进入2010年,随着海外英国国际学校数量的增加和社会各国对质量保障的要求不断提高,英国教育部和其他相关机构开始思考如何更加有效地监管和保障海外学校质量,这直接导致了英国教育质量保证机构(BSO)的成立,并推动了更为细化和严格的质量标准和审核程序。为此,学校和政府间、教育部、社会行业力量密切联系,在政策制定、财政拨款、教师培训、资历认证等环节加强系统性和针对性,并形成2014年《英国海外学校标准》(*British Schools Overseas: Standards for Schools*)。但在众多相关部门中却没有专门负责教育出口、国际教育工作的协调机制,难以汇聚合力,因此于2019年专门安排了一名国际教育捍卫者(International Education Champion),负责与海外国际学校优先发展地区的政府及其教育部门中的管理人员建立紧密联系和监督反馈,进而形成连接国家、教育部门以及学校间的多方联络合作网络。[①] 英国开始对海外学校实行自愿督训计划,由Ofsted设置监管督巡组对海外英国学校进行督学并出具评估报告。[②] 最近几年,海外英国国际学校的质量保障制度进一步增强,更加注重学术标准、学生福利和教育管理的全面评估。同时,随着技术的发展,在线学习和远程评估

[①] GOV. UK, "How the International Education Strategy Is Championing the UK Education Sector Overseas," 2021 - 10 - 08, https://educationhub.blog.gov.uk/2021/10/08/how-the-international-education-strategy-is-championing-the-uk-education-sector-overseas/.
[②] 卡萨布兰卡英国国际学校:《我校通过英国海外学校(BSO)资历认证》,2020年2月1日,https://www.bisc.ma/images/category/57/BSO_document_BISC_A5_ch.pdf。

等新形式也逐渐被纳入质量保障制度中。

在加强统领性学校质量督导和审查标准制度化同时,在亚洲地区,例如前文提到的有近30年历史的国际学校委员会(CIS)、英国国际学校理事会(COBIS)、英国国际学校亚洲联合会,许多这样的组织的力量仍不容小觑,它们也以集体规范的方式对其成员学校制定了明确的办校要求与标准。FOBISIA和COBIS等国际机构已向在马来西亚的国际学校授予认证,学校还需获得马来西亚教育部的当地认证和许可,并使用私立教育机构的质量保证制度(Sistem Kualiti Instutesi Pengajian Swasta, SKIPS)进行审查和评分。2006年成立马来西亚国际学校联盟(Association of International Malaysian Schools, AIMS)后,东道主国家逐渐重视境内各类型的国际学校的联系和整合,并以成立本土组织机构的方式加强对成员学校的管控和监督。

四、管理机制:"从单一到多元"的结构性嵌入

结构性嵌入注重的是研究系统的整体性以及行动者在系统中的功能,主要关注系统内部的整体功能与实际运作。对于国际学校而言,主要体现在学校内部组织架构和管理机制方面。国际学校作为教育系统中层结构的一类特殊事物,不仅置身于国家内外两大宏观环境中,更涉及微观运作中的人员管理、课堂教学、教师培训、学生心理、资源设施等元素。国际学校的课程体系、资源设施、教学手段是学校整体发展的"硬实力",学校间差异不大,且可通过时间与经费投入等方式加以完善,而真正影响学校治理和发展的是规划定位、管理结构和教师队伍三大关键性因素,这也是目前制约国际学校"走进去"的主要方面。

(一) 学校发展规划:从本土走向世界

20世纪50年代至70年代,陆续成立的爱丽丝史密斯学校、花园国际学校主要面向英国籍以及家庭条件优越的学生,整体办学和发展定位是在靠近市中心的吉隆坡、槟城等经济发达地区创建小型精英学校,其目标是成为"在马来西亚创造一个温馨、热情的英式学校环境"[①]。在随后三四十年的时间里,随着跨国贸易和跨国公司蓬勃发展,英国海外办学机构和私立学校抓住机遇,加速在全球范围内大规模开展海

---

① Garden International School, "Words From Our Principals," 2023 - 10 - 20, https://www.gardenschool.edu.my/.

外办学,在沙巴、柔佛等地区,部分教育集团开始投资和创办国际学校,亚庇国际学校、飞优国际学校等相继开办,并开始提供多样化服务。例如,考虑到马来西亚家长可能有对马来西亚公立学校教育的诉求,它们也提供马来西亚国立课程内容。早期创办的国际学校也开始扩大占地和招生规模,并开始探索幼儿园到中学各个阶段的不同教育教学方式。

进入20世纪80年代,英国国际学校在马来西亚经历了多次的校区选址和搬迁,学校规模已扩大到来自三四十个国家的上百位学生,并在学校发展目标中纳入国际视野,通过精心设计与营造校园环境、引入更多类型的国际课程、寻求更多国际认证,来提供更加优质的国际教育。刚创建之初校名为"花园学校",经历了幼儿园和小学合并、校址搬迁和校区扩建,1985年在校名中加入"国际"一词,其全球化的身份和国际化的教育标准由此确立。① 21世纪以来,全球化进程的加快,促使世界各国政治和经济利益日渐趋同,从而推动国际学校市场的扩张和国际学校的产业化发展,同时也催生了多种类型的国际学校组织。一方面,越来越多的人口在全球范围内流动迁移,进而刺激了对国际学校的需求。另一方面,更多的东道国富裕家庭向往着能够接受国际学校的精英教育,认为国际学校教育体系更优于本国教育。因此,西方国家的海外国际学校正积极向有需求的东道国国民开放,面向当地精英学生的国际学校发展迅速。在《国际教育战略》的引导下,英国海外国际学校作为国际教育品牌的重要抓手,回应英国教育"增加教育出口,实现全球英国"的野心,学校数量逐步增加,教育质量得到不断提升。虽然学校整体上数量基数大、种类繁多,具体的发展定位和规划也不尽相同,但均呈现品牌化、连锁化的发展特征。国际学校定位已从个体学校的顺利运营,发展到建设区域组织网络、推动国际教育品牌落地生根。

(二)管理结构安排:高效兼顾创新

管理海外学校是一项复杂、艰难和长期的任务,尤其是在学校初创期。20世纪50年代陆续成立的爱丽丝·史密斯学校、花园国际学校,均以小规模学校管理为起点。学校规模只有1—2个校区,招收30—50名学生,拥有少数的全职英国教师,一开始仅设置幼儿部和小学部。20世纪60年代后实行合并,并开设中学部,标志着基础教育一体化开始实施。随着学校数量与类型的增加,围绕办学资金、教学资源、后

---

① Garden International School, "Welcome to Garden International School," 2023-10-20, https://www.gardenschool.edu.my.

勤保障等一系列统筹工作复杂,其中又涉及跨国、跨地区和跨文化背景,必须有效地配置资源并获得管理支持以实现组织治理目标,除了大量的时间和精力投入外,还亟须高效灵活的学校管理方式。早期的国际学校一般采用集体负责制,如爱丽丝·史密斯学校通过成立非营利性的中间协会组织,所有学生家长都是协会成员,协会交由理事会管理,并选举出协会主席和理事小组委员会,采取集体决策制,负责学校教学、财务、管理实践、营销、学校评估、学生健康和安全等工作。

20世纪80年代后,国际学校的市场化色彩加强,营利性学校为了更迎合市场需求和学校定位,则采用学院式管理方法。这一时期著名的吉隆坡英国国际学校是英国学校基金会(British Schools Foundation)的成员,旨在共同推动英式教育在全球范围内的发展。英国学校基金会负责制定学校的总体政策和预算报表,并委派校长管理学校的日常运作。① 在学校内部管理架构中,董事会监督学校的一般事务管理,学术和课外事务则交给校长。学校领导决策高效,领导层与教职工之间互相信任、关系和谐,创建出一种学院式的领导管理方式。20世纪90年代以来,学校内部各资源要素开始自由地跨界移动,并主动进行合理配置,在提高学校内部治理效率、创新办学治理模式同时,与外界多方力量广泛合作,重视社会团体、家长协会、国际或区域学校组织参与的外部管理,允许其直接参与学校的创办和认证工作,并帮助设计学校课程教学体系,并共同探讨国际学校运营中涉及如管理机制、教师招聘、学生考核等问题。这种一体化进程,促使学校的组织发展更加需要依靠全球性的行业协会或联合组织来进行统筹,在不断扩张中逐渐呈现全球化和市场化的趋势。

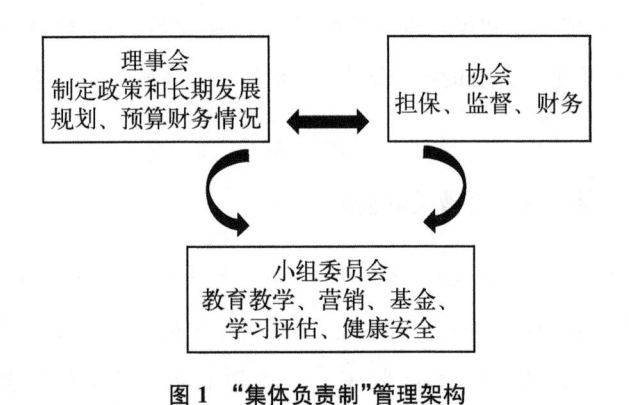

图1 "集体负责制"管理架构

---

① 孔令帅、方蓉:《英国基础教育海外学校评估体系研究》,《比较教育研究》2020年第4期。

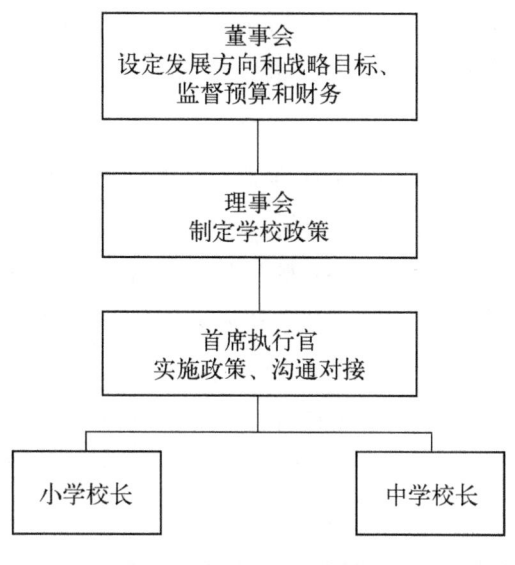

```
        ┌─────────────────────┐
        │      董事会          │
        │ 设定发展方向和战略目标、│
        │   监督预算和财务      │
        └──────────┬──────────┘
                   │
        ┌──────────┴──────────┐
        │      理事会          │
        │    制定学校政策      │
        └──────────┬──────────┘
                   │
        ┌──────────┴──────────┐
        │    首席执行官        │
        │  实施政策、沟通对接  │
        └──────────┬──────────┘
              ┌────┴────┐
     ┌────────┴───┐  ┌──┴────────┐
     │  小学校长   │  │  中学校长 │
     └────────────┘  └───────────┘
```

图 2 "学院式"管理架构图

(三) 教员招聘考核：吸纳多元指标

优秀的管理团队和教师队伍是国际学校的重要竞争因素之一。发展起步期的国际学校数量少，爱丽丝·史密斯学校的发起仅为几个家庭与父母的有心之举，教师来源多为有经验的英国本土教师，甚至学校创建人都要亲自教学。20 世纪 70 年代后，马来西亚逐渐重整建立本国的教育体系，也开始出现多种类型的国际学校，教师来源更加多样，教师招聘和管理问题更为复杂。外籍教师不仅要考虑工作学校的环境和条件，还需要选择长期工作和生活的国家。其教师招聘通常通过传统的招聘渠道，如专业团队宣讲，到本土教育机构和教师组织挑选合适的国内教师任教。招聘主要依赖面试、学历和教学经验等来评估教师的背景和能力。近年来，中介机构和在线网络平台帮助许多学校与海外教师相互联系和配对，提高了教师招聘与管理环节的效率，但也由此带来教师流动性大、质量参差不齐等问题。现今多数国际学校的教学人员基数大，通常由三部分构成：东道国教师、本地招聘的外籍教师以及在海外聘请的外籍人士。考虑到确保外籍老师与本地老师能够融洽相处，使学生享受国际化体验，其比例尽可能维持在本地老师占 60% 和外籍老师占 40%。

在对教职员工的考核评估方面，现有不同类型的教育系统和质量评价体系对海外学校的招聘标准有较大差异，例如《英国海外学校标准》(*The Standards for British Schools Overseas*)提道，"学校管理者应该对每位教职员工进行定期评估，包括资格身份、健康状况、教学情况等";COBIS 提出的《赞助人认证与合规性标准》也指出,"学校的招聘过程必须符合公平和透明原则,所有工作人员均承担保护儿童的责任"。由于管理人员和教师队伍流动性不断增大,海外国际学校更加青睐那些同样经历过文化冲突和适应期的教师,他们往往能更好地帮助那些难以融入新环境的学生。以吉隆坡英国国际学校为例,教师招聘流程严格遵守学校所属的诺德安达教育集团(Nord Anglia Education)制定的《安全招聘与选拔》(Safe Rescruitment and Selection)规定,教师在应聘前需要提供或提前了解的内容有:职业认知和自我陈述、学校应聘表、职位的选拔程序、学校的儿童保护以及其他相关政策。具体选拔方式和流程将根据空缺职位的性质和职责而定,所有符合条件的应聘者都需要参加面试,通过考核后,所有新入职的教职员都需要接受涉及教育教学、学校安全工作实践指导等内容的入职培训,并接受一段时间的考察期。正式入职后,学校每3年对教师的相关信息进行考察和更新,教师任期通常不超过 10 年。此外,英国国际学校旨在招聘优质教师,所有任课教师均具有英国教师资格,并定期接受最新的师资培训。国际学校为教职工营造支持和关怀的教学环境,鼓励和帮助教师实现专业发展。

五、动力机制:"从萌芽到根植"的文化性嵌入

海外国际学校面临的重要挑战之一,是建校成立后的可持续发展问题,实现可持续发展的关键因素在于建立信任关系与实现文化认同。在当今以和平和发展为主旋律的国际环境下,通过文化输出的软性手段来塑造国际形象和影响世界,成为很多国家实施国际教育战略的重要方式之一。

(一)办学理念与价值引领

和普通公立或私立学校一样,国际学校办学实践也主要以办学理念为思想指导。办学理念贯穿学校运行各个方面,不符合实际或有失偏颇的办学理念极易影响学校办学状况和成效。拥有 70 多年发展历史的爱丽丝·史密斯学校旨在通过提供优质的英式教育,来实现个人成功和国际化的未来教育。1951 年成立的花园国际学校则"通过提供全面和个性化的课程,向学生传输全球意识和英国核心价值观,为年轻人应对快速变化的世界做好准备"。1989 年,KTJ 学校提出的"集合英国寄宿教育的优势,注入马来西亚文化活力",体现出国际学校办学理念将英国教育价值观与马来西

亚文化相互融合的趋势,①这种理念也得到了马来西亚教育部和当地各企业商会的支持。进入21世纪,最著名的吉隆坡英国国际学校的办学理念,不仅要帮助学生在学业上有所进步,而且要培养出正直、宽容和诚实的全球公民。

《英国海外学校标准》指出,"英国的海外教育应积极倡导民主、法治、个人自由等本土价值观(Fundamental British Values)""英国教育理念是学生知识学习和素质发展的核心""学校以开放视角,通过多种课程来传播英国价值观"。② 这些表述在一定意义上体现了英国开设海外国际学校是一种思想与价值观输出。英国国际学校善于利用自身教育优势,在学校发展理念中始终嵌入关注学生成长、促进师生共育、提供英式教育的办学宗旨。

(二)品牌认可与信任积累

整体上看,英国海外国际学校品牌建设经历了初步发展到现代化的过程。20世纪中叶,学校的产生来源于外籍人士子女的教育需要,学校经营主要考虑提供英国国际课程和英语教学的目标,品牌建设尚未纳入学校重点工作内容。从20世纪70年代起,随着国际贸易和全球化的发展,许多新型国际学校涌现,旧有学校也进行了一定程度的扩建与改进,以适应不断扩大的学生群体。数量增长必然带来竞争,20世纪90年代后,国际学校开始有意识引入更多的国际认可课程,以吸引更多国际学生。品牌与市场不再是商业世界的专用语,也开始左右私立教育的长期发展。从2000年起,除落实课程建设和寻求认证外,越来越多的英国国际学校转向加入诸如泰莱教育集团、飞优教育集团等大型著名教育集团,以提高自身竞争力,并规避由于不稳定的市场环境带来的风险,同时积极参与国际和区域教育交流活动,来提升自己的声誉和知名度。

在新冠肺炎疫情大流行期间,受萧条经济环境影响的英国学生父母,考虑将孩子转移到学费较低的更实惠的学校,或是能提供优质的在线学习且国际声誉良好的国际学校,马来西亚由此成为大多数父母为孩子寻找学校的首选。英国教育品牌Marlborough、Repton、Charthouse、Epsom、Stonyhurst等纷纷涌入马来西亚。随着教学资源和手段逐渐信息化,英国政府正在拓展"英国教育"(Education UK)官方网站覆盖的服务范围,为留学生提供更多涉及学校课程、奖学金、毕业去向等的全方位信息。英国国际学校也广泛利用社交媒体和网络平台进行宣传,加大海外品牌的宣传

---

① Kojej Tuanku Ja'afar, "Our History," 2023 - 10 - 20, https://www.ktj.edu.my/about-us/our-history.
② GOV.UK, "Guidance on Promoting British Values in Schools Published," 2014 - 11 - 27, https://www.gov.uk/government/news/guidance-on-promoting-british-values-in-schools-published.

推广力度。英国政府还注重将结合市场调研与学术研究,并根据全球市场动态向有关行业提供最新情报,这些都为英国的基础教育海外办学提供了最为有力的支持。

英国政府高度重视英国教育在全球范围内的影响力,主动探索英国国际学校海外布局和平台搭建,同时给予教育机构和社会组织较大的自主权,私立教育机构主动"走出去"的意识和市场整合能力较强,这也符合英国在历史发展进程中构建出"小政府,大社会"的国家与社会关系模式。英国基础教育海外办学在不断发展过程中,逐步确立了包括中国、中东和东南亚等在内的市场成熟且合作稳定的优先发展国家或区域,这也为英国海外国际学校整体办学设计和未来发展提供了清晰的方向。

(三) 历史沉淀与文化联结

马来西亚独立前是英国殖民地,英国对其实行的殖民统治,是马来西亚历史上的重要转折点,除政治和经济影响外,英国殖民主义也极大影响了马来亚地区的社会组织及意识形态。在政治、司法、法律、财政及教育等体制方面,马来西亚融合自身特点,发展出一套独特的教育制度。马来西亚英国国际学校在马来亚占比最大,体系最为成熟,是由英马国际文化建构机制的特色所决定的。英国在漫长的历史进程中,始终保持着对马来西亚的影响力。即使马来西亚已经独立61年,但英国的影响仍然挥之不去。这种积累和发展,深刻地植入英国国际学校结构中,使得国际学生群体对英国认可的共同观念相对统一。其中,英国对推动英语、马来语和淡米尔语教育起到了举足轻重的作用,尤其是英国政府在各民族中大力推行英语教育,不但在各种族文化建立起共同交流平台,还促进了马来西亚更好地与世界接轨[①]。马来西亚当前开放包容的社会氛围,一定程度上也受英国统治时期文化放任自流政策的影响,该政策使马来西亚社会了解西方文化,吸收了自由、民主、平等等西方观念,这些价值观也一并融入国际学校的开办初衷和实际运行之中。2019年英国发布的《国际教育战略:全球潜力和增长》(*International Education Strategy: Global Potential, Global Growth*),将增强文化软实力作为推动英国教育海外发展的主要目的之一,而学校作为人才培养的载体和文化传承与交流的重要场所,自然成为英国在海外拥有巨大的人才"蓄水池"和提升文化软实力的"能量站"[②]。

"文化圈"是地理上的空间概念,如东亚和东南亚常被视为"儒家文化圈"。尽管从地理角度来看,马来西亚和英国空间距离远,地缘文化差距明显,但相同的文化特

---

① Enhamat, A., "English Language in the British Education System in Malaya: Implementation and Implications," *3L: Southeast Asian Journal of English Language Studies*, Vol. 28, No. 4, 2022.
② 苗绿、曲梅:《全球国际学校发展与中国实践》,社会科学文献出版社2022年版,第210页。

质却是使两种看似不同的空间单位的文化形态和特征保持稳定的内核。国际教育战略的各种转折波动,从未在根本上撼动双方的文化建构和思想互动进程。即便经历了漫长时间的洗礼,文化沉淀和烙印仍恒久深远,甚至历久弥新。共同思想观念一旦形成,就难以受到剧烈的扭转和改变,发展至今,双方这种身份建构和文化认可都是稳定缓变的。

六、结语与启示

当前教育市场供不应求、教育资源极其短缺,投资开办国际学校仍然热度不减,中国品牌和私人资本也逐步转向海外市场,开始战略性布局投资。针对中国国际学校建设中的组织管理、教育教学、资金筹备等问题,教育部提出了开展广泛调研、制定试点方案、探索多种办学方式等多项工作要求。2019年7月,马来西亚汉文化馆与知么开门(北京)教育科技有限公司正式签订合作建校协议,开启了马来西亚中国国际学校建设工作,迈出了中国基础教育向东南亚地区延伸的第一步。目前,我国迫切需要整体布局"一带一路"共建国家海外国际学校,马来西亚是我国实现基础教育"走出去"的重要对象国之一。我们不仅要思考走向海外开启国际学校试点的问题,更要思考"走出"本国后如何"走进"当地,如何实现"走入"人心的问题,以及如何使迈出国门的学校能够更好融入当地环境,顺利招生并稳定运营,具备全球影响力和竞争力的问题。

本研究以马来西亚英国国际学校作为典型案例,探讨了传统的教育强国是如何规划和推进海外学校治理等关键问题。我们在嵌入性视角下对马来西亚英国国际学校治理问题的剖析,可能对中国的国际学校走向海外具有一定的启示意义。一是以制度嵌入为助推器,加强双边政策对接,完善相关组织机构建设;二是以结构嵌入为突破口,打造高效学校管理体系,主动创新教育服务;三是以文化嵌入为着力点,建设本土关系网络,深化国际教育品牌建设。借助制度保障、结构管理与文化驱动三大机制共同发力,打造中国式海外国际学校治理机制,实现海外基础教育从"走出去"到"走进去"的跨越式发展。

Transitioning from "Going Out" to "Coming In"? Governance Mechanism Reform in Malaysian British International Schools from an Embeddedness Perspective

TENG Jun, ZHANG Xi-yu

Abstract: As an important carrier of internationalized education in the new era, overseas international schools are facing challenges transitioning from "going out" to "coming in". Among them, British international schools in Malaysia stand out for their early establishment, mature development, and comprehensive system. With the perspective of embeddedness theory, this study explores the historical evolution and critical transformations in the governance of British international schools in Malaysia, including "breaking through the wall to integration", "single to multiple", and "sprouting to rooting" in terms of safeguard, management and motivation mechanisms. This suggests a possible path for Chinese overseas international schools to transform from "going out" to "coming in" in the future: take institutional embedding as a booster, strengthen bilateral policy docking, and improve organizational construction; take structural embedding as a breakthrough, build an efficient school management system, and take the initiative to innovate educational services. The possible path from "system embedding" to "going in": leveraging institutional embedding as a catalyst to enhance bilateral policy alignment and refine organizational structures; utilizing structural embedding as a focal point to construct an efficient school management system and proactively innovate educational services; and emphasizing cultural embedding to cultivate local relationship networks and deepen the construction of an international education brand.

Keywords: British international school in Malaysia　school governance　overseas international schools　embeddedness theory

征稿启事

《浙大教育学刊》是由浙江大学教育学院主办的综合性学术集刊（每半年一辑）。本刊坚持面向学术前沿、政策前沿、实践前沿，聚焦重大教育理论和实践问题，坚持理论联系实际，倡导交叉研究，鼓励学术争鸣，服务教育学科建设，促进教育改革发展的办刊方针。本刊旨在传承学术思想，鼓励新的学术研究范式，反映和介绍国内外教育研究最新学术成果，为我国教育科学研究提供高水平、跨学科交流平台，促进教育科学繁荣发展。

本刊将打破教育学期刊传统的栏目设置方式（主要以教育学二级学科为基础设置栏目），以教育政策和教育改革发展中的重大理论和现实问题为基础，灵活设置栏目。

本刊面向海内外公开发行，凡是与教育学及相关学科交叉的研究成果，均欢迎赐稿。本刊所刊发之文稿均为作者之研究成果，不代表编辑部观点，如涉及剽窃及其他问题，文责自负。所有稿件须为未在任何报刊、书籍或其他正式出版物发表的原创作品。凡在本刊发表的文章，著作权归浙江大学教育学院所有。本刊对来稿拥有修改、删节等相应权利。基于传播和推广学术思想之考虑，本刊对所刊发的文稿，拥有择优在本刊官方网站、微信公众号及其他学术媒体上刊发等权利。若投稿者不同意，请在投稿时予以说明告知。稿件一经刊用，向作者一次性给付文章著作权使用费与本刊稿酬。

来稿请按照本刊稿件规范编辑,并以 Word 电子文档形式发送至我刊编辑部邮箱:zdjyxk@zju.edu.cn。

格式体例:

一、来稿应包括论文题目(中英文)、内容提要(中英文,300 字以内)、关键词(中英文,3—5 个)、作者信息、正文(小 4 号宋体)等内容。研究性论文篇幅以 10000—12000 字为宜;学术动态、书评等字数可在 2000—4000 字。

二、标题序码一律用中文标示,如:一、二、三……;再下面的标题序码,依层次分别用(一)(二)(三)……,1.2.3.……,(1)(2)(3)……标示。

三、引文出处或者说明性的注释,请采用页下注(脚注)(小 5 号宋体),注释序号用①②③……标示,每页重新编号,具体格式如下。

1. 引用专著,须注明:作者、书名、出版社、出版年、页码。例如:

吴康宁:《教育社会学》,人民教育出版社 2019 年版,第 35 页。

马克斯·韦伯:《学术与政治》,冯克利译,生活·读书·新知三联书店 1988 年版,第 88 页。

2. 引用期刊论文,须注明:作者、篇名、期刊名、年期(或卷期、出版年月)。例如:

张应强:《中国教育研究的范式和范式转换——兼论教育研究的文化学范式》,《教育研究》2010 年第 10 期。

3. 引用报刊文章,须注明:作者、篇名、报纸名、出版日期(版次)。例如:

谢希德:《创造学习的新思路》,《人民日报》1998 年 12 月 25 日第 10 版。

4. 引用电子文献,须注明:作者、文献名、发表日期、网址。例如:

国务院办公厅:《关于开展国家教育体制改革试点的通知》,2010 年 10 月 24 日,https://www.gov.cn/zwgk/2011-01/12/content_1783332.htm。

5. 引用外文著作,须注明:作者、书名、出版社、出版年、页码。例如:

Jencks, Christopher & Riesman David, *The Academic Revolution*, Garden City, NY: Doubleday, 1968, pp.56-57.

Peters, Michael A., Cowie, Bronwen & Menter, Ian (eds.), *A Companion to Research in Teacher Education*, Dordrecht: Springer, 2017, pp.176-277.

6. 引用外文期刊论文,须注明:作者、篇名、期刊名、年期(或卷期、出版年月)。例如:

Ball, Stephen, "Education, Governance and the Tyranny of Numbers," *Journal of Education Policy*, 2015, 30(3).